宗教人类学

人类学

陈进国◎主编

王超文◎执行主编

ANTHROPOLOGY
OF RELIGION
(Vol.9)

2023　第九辑

社会科学文献出版社

SSAP

SOCIAL SCIENCES ACADEMIC PRESS (CHINA)

《宗教人类学》编辑委员会

作者简介

艾菊红，民族学博士，大理大学民族文化研究院研究员。

王　昊，文学博士，西安工业大学副教授。

徐伟兵，人类学博士，浙江省社会科学院副研究员。

刘　凡，民族学博士，西北民族大学铸牢中华民族共同体意识研究院副教授。

张真瑞，人类学硕士，上海政和社会事务服务中心研究员。

马平安，历史学博士，中国社会科学院近代史研究所研究员。

向　伟，社会学博士，重庆大学人文社会科学高等研究院讲师。

孙　旭，人类学博士，重庆大学人文社会科学高等研究院副教授。

李若慧，人类学博士，中南民族大学民族学与社会学学院讲师。

孙美子，社会科学文献出版社责任编辑。

宗喀·漾正冈布（Yongdrol Tsongkha），医学博士，兰州大学西北少数民族研究中心暨历史文化学院二级教授，甘肃省人民政府文史研究馆研究员，美国印第安纳大学人类学系资深研究员。

周毛先，民族学博士，西北民族大学格萨尔研究中心副教授。

〔美〕延斯·奎纳斯（Jens Kreinath），美国威奇塔州立大学文化人类学副教授。

樊　静，民族学博士，陕西师范大学外国语学院副教授。

马　强，人类学博士，陕西师范大学中国西部边疆研究院教授。

〔美〕阿卜杜·哈米德·宰尼（Abdul Hamid el-Zein），美国天普大学人类学系教授。

马晓翠，法学博士，甘肃农业大学管理学院讲师。

李维建，宗教学博士，中国社会科学院世界宗教研究所研究员。

赵雪萍，文学硕士，中国人口与发展研究中心。

蔡加琪，文学硕士，日本筑波大学历史·人类学硕士。

目　录

Contents

◎ Field Sites

◎ Book Reviews

◎ Keywords

◎修行人类学

专题按语

　　2017 年 5 月 13~14 日，"修行与精神生活暨第三届宗教人类学工作坊"在浙江宁波金峨禅寺召开。本次会议由中国社会科学院世界宗教研究所、南京大学人类学研究所和华东师范大学人类学研究所、中国宗教学会、宁波金峨寺联合主办。本专题系此次工作坊的部分学术成果，涉及修行人类学的学理反思、修行与精神体验、修行与身体实践、修行的声音感知与视觉等议题。

当代城市基督徒的身份构建

——以圣餐礼为例

艾菊红

摘　要　圣餐礼是基督教最为重要的圣礼之一，也是神学探讨的焦点话题。圣餐是基督徒灵修的重要内容，具有非常强烈的身体实践。通过周期性的圣餐灵修实践，信徒不断经验肉身罪恶的被赦，体验与耶稣基督在身体和灵性上的相通共融，也体验与其他信徒在身体与灵性上的相通共融，进而建构起与超越性神圣的关系，形成自我身份意识，同时构建起基督徒的群体身份意识。都市新教教会圣餐的身体实践对基督徒身份意识的形成具有重要的塑造作用。

关键词　圣餐　身体实践　灵修　身份意识

近些年宗教社会学和宗教人类学对基督教的研究，有很多涉及基督徒的身份问题（吴飞，2013；王莹，2011；曹南来，2013）。在这些研究中，大致可以分为两类：一是与非基督徒进行对照，通过一系列的仪式、语言和行为模式，从而建构出一个在非基督教信仰背景中的基督徒个体和群体身份；二是基督徒如何在地方文化的环境中，成为世界大公教会中地方教会的一员。无论是哪一种类型的研究，都是在"我群"与"他群"的参照中确立：前一种是在与非信徒的"他群"对照中，形成基督徒的身份意识；后一种则是在与大公教会的"他群"对照中，形成大公教会之内地方教会的基督徒身份意识。这种基督徒的身份，更多是在"社会性"意义上的身份认同（黄剑波、胡梦茵，2017：332—343）。目前鲜有研究关注基督徒如何界定自己的基督徒身份，从社会科学的角度来讲，这是一个难以讨论的问题。在基督教内部，关于基督徒的界定就是一个比较困难的问题，很多教会以受洗与否作为标准。但是在基督徒评判自己是否是基督徒时，除了与非基督徒的"他者"进行对照，他们往往也会转回到个体自身，这种判断常常是审视自己与上帝的关系，从而确立自己的信徒身份。这种自我身份的确立就不再是以参照"非我"来界定，而是身份自觉意识（self-conscious），也就是罗宾斯（Joel Robbins）所说的，人类学的基督教研究是基于自己宣称是（claim to be），而非"被界定为"（defined）的人群（Robbins，2014）。

　　然而人如何确立与上帝的关系，这是基督教神学中一个重要的话题。上帝作为具有超越性（transcendence）的神圣，康德（Immannel Kant）认为，人类不可能有关于上帝的任何知识，也不能通过理性断定上帝的存在及其属性（康德，2004：127—152）。黑格尔（G. W. F. Hegel）认为，人"与上帝的关系依然是一个彼岸者、遥远者，甚至是毫不存在者"（黑格尔，2015：214）。黑格尔批判的思想基础是，神圣永远不应该是假以"他人之手"的"事物"，而应该是一个内在的经验。保罗·利科（Paul Ricoeur）认为，人与上帝有着两个区别：一个是创造者与被造物的区别，另一个是人犯罪堕落之后与上帝的区别。特别是在亚当犯罪之后，人与上帝之间出现了断裂，也就是上帝的临在变得不确定（Ricoeur，1998：39—42）。但是随着耶稣基督的来临，这一问题得到解决。对很多基督教徒来说，基督的临在是真实的。比如在圣餐中，神学家马里昂（Jean-Luc Marion）认为，"正是因其高高在上，基督将他自己给我们，以一种可亲近的形式，可被我们吃掉的圣餐饼，"（Milbank，1997b：184，转引自 Engelke，2007：15）这个时候基督的临在就是真实的。在其他的圣礼当中，人们也能获得基督临在的内在感知。但是毕竟基督不是以可触摸的物质形象临在，因而黑格尔对临在的特点有清楚的界定，他认为上帝的临在是基督徒从对基督临在的感知，转变为对上帝在圣灵中的临在的感知。这种圣灵的临在对于基督徒来说，并不能经常感受到，因此神学家米尔班克（John Milbank）称黑格尔的基督教哲学为"基督缺席的痛苦"（Milbank，1997b：183，转引自 Engelke，2007：14）。基督徒常常处在上帝的临在（presence）与缺席（absence）之间的痛苦挣扎中，特蕾莎修女的书信即是一例（Brian，2012）。尽管如此，在黑格尔那里，这并不意味着上帝不能以某种物质形式让基督徒感知到其临在。通过某些物质的方式，比如语言、音乐、绘画、身体等，基督徒可以体会到上帝的临在。对于基督徒来讲，"临在的问题即一个宗教主体如何确定并要求通过对权威，及一些词语、行为及物体的意义的经营，建构与神圣之间的关系"（Engelke，2007：9）。那么，如何感知上帝的临在，在两千多年的基督教传统中，形成了极为丰富的灵修实践，实现并维持人与上帝之间的关系，同时也确立与其他基督徒的关系，从而构建起自己作为基督徒的身份意识。本文旨在通过分析城市新教基督徒灵修生活的身体实践，探讨城市基督徒在信仰中的身份意识构建。

一　身体实践与基督教灵修

社会科学对于身体的研究认为身体具有生物性和社会性两个方面：生物性的身体体验、感知和认识世界，是自我认同的源泉。同时，身体也是在社会互动中形成的，我们对自己身体所拥有的体验和意象并不是由现象学意义上的自我体验所赋予的，而是在相当程度上源于我们对别人的身体所拥有的体验和意象（希林，2010：218）。身体在很多情况下，可以被人们训诫、规制和形塑，以表达个体的认同。20 世纪 80 年代以来，在后现代思潮的推动下，社会科学有关身体的研究提出了"具身体现"（embodiment）的观点，即人的知觉、理智等精神现象与具体的身体密切相关，人的认知和理智是由"具身的"（embodied）经验"形塑"（shaped）的。人们的具身性存在可以使我们重塑周遭的世界，也以此来重塑我们自身（希林，2010：197）。

宗教研究中，身体一直是不容忽视的话题，身体不仅是宗教实践活动的物质载体，更是构成宗教意义的基础，特别是宗教仪式，更是通过身体来实践并实现的，身体是"仪式的核心"（霍皮克，1995：219）。在前现代社会，身体往往会在仪式化的场景下被标识上传统的记号，作为其身份标志。李亦园也认为："在一个仪式主义很浓的社会中，人类的身体最常被人类本身用来作为表达人际关系和人神关系的仪式符号。"（李亦园，2004：52）在基督教的灵修活动中，身体实践则是由来已久。《基督教灵修学》中这样界定基督教的灵修，"是对基督教整体如何实现和维持神人关系的一种反思，当中包括公众崇拜和个人敬虔风险的活动，以及这些活动在基督徒实际生活中所带来的结果"（麦格夫，2004：2）。基督教灵修可以理解为基督徒个体或群体旨在深化自身对上帝的体验所采用得方法，用劳伦斯弟兄（Brother Lawrence，1605—1691）的说法，就是"如何去实践上帝的临在"（麦格夫，2004：4）。从这种解释出发，基督教的灵修实际上是基督徒在日常生活中的生活体验与实践，将某些相关性的元素应用在信仰上的一种努力，其目的就是促进灵性的成长。由于基督教强调人的肉体是罪恶的、堕落的和腐朽的，人一出生就带有原罪，因而在教会两千多年的灵修传统中，特别强调信徒净化（purification）自己，脱离肉体的罪恶，以达到与神联合（union）（彭顺强，2005：1—5）。基于这种认知，基督教灵修特别注重身体的实践。特别是在中世纪，基督徒对充满原罪的身体常常是憎恶的，对身体的规制可以说是达到摧残的地步，比如禁食、节欲、祈祷、守夜，甚至不惜鞭打、残害或者其他严苛的苦行生活。他们认为这种方式可以将原罪带给身体的腐坏降到最低，借此来"净化"自己，以使自己与基督更为接近，以期达到"无罪"的状态。这种中世纪的身体规制可以使基督徒个体重构其自我认同，也就如吉登斯（Anthony Giddens）所言，个体力求在无法控制的世界里稳定其认同时，可以利用身体规制（吉登斯，2011：108—109）。

近现代以来，基督教灵修不再特别针对身体进行严苛的规制，但是仍然在教会礼仪、祈祷、读经等灵修活动中注重对身体的实践。天主教最重要的圣礼是弥撒，弥撒可以理解为让基督的身体和血临在。因此天主教的灵修通过让信徒不断重复，以使信徒成为或者是维持自己是一个基督徒这样的身份观念，比如在洗礼中做出这种决定，在坚振礼中重复这一决定，以及在每一次领圣餐时更新这一决定。而新教则特别强调《圣经》，讲道中基于《圣经》，鼓励信徒读经，教会生活中重视小组查经。传统的新教特别要求信徒每天有一段"安静时间"，在这段"安静时间"里读《圣经》，然后根据所读的内容进行祷告和默想，并竭力在日常生活中将这些内容实践出来。同时，新教的洗礼和圣餐礼也同样与天主教的圣礼有着相同的作用和功效。正是通过这样的灵修实践，基督徒不仅规训自己的身体，约束思想和行为，还在精神和灵性层面建立与上帝之间的关系，体验上帝的临在，因而使基督徒在个体层面确立自己的主体意识。同样，个体在与上帝建立关系的同时，也在体验与他人的关系，在诸个体投入对上帝临在的体验中时，彼此之间也产生互动的效应，建立起群体内部的关系。

二 圣餐仪式的身体实践

基督教的灵修实践活动，包括出席教会活动、教会圣礼、读经、祷告与"安静时间"等方式。其中圣礼更为合适来探讨基督教灵修的身体实践：一方面是因为身体是宗教仪式的核心；另一方面，圣礼的身体实践具有强烈的个人性，能否经验到上帝的临在，完全是个人性的宗教体验。与此同时，圣礼又是基督徒的群体性仪式，在群体当中，个体通过某种符号与神圣连接，形成群体之间的认同。杜尔干（Émile Durkheim）认为诸个体在一个仪式场景中与神圣连接，通过一些共同的符号，比如切割、牺牲、文身、描绘等装饰，来展示确认诸个体在某个共享道德整体中的共有（communion）（杜尔干，1999：255）。本文以国内某大都市一家非建制新教教会 Y 教会为例，尝试讨论圣餐①礼的身体实践对基督徒身份意识的确立。

Y 教会的圣餐礼每个月举行一次，固定在每月的第一周。饼是由教会一位信徒制作的无酵饼，酒则以葡萄汁代替。主日证道结束之后，就是圣餐礼，由教会的传道人主礼。通常的程序是：传道人讲述圣餐的意义，根据《圣经》的相关经文，说明这是耶稣基督所设的圣礼。之后，传道人掰开饼，并念诵《哥林多前书》11 章 24 节，"这是我的身体，为你们舍的，你们应当如此行，为的是记念我"。然后将掰开的饼递给一位信徒，再拿起装有葡萄汁的杯子，继续念诵《哥林多前书》11 章 25 节，"饭后，也照样拿起杯来，说：'这杯是用我的血所立的新约，你们每逢喝的时候，要如此行，为的是记念我。'"。然后递给另一位信徒。这两名信徒将饼和葡萄汁分送给全体会众，待全体会众都领到饼和葡萄汁之后，传道人请大家各自做认罪祷告。祷告结束后，传道人请大家一同领受饼和葡萄汁。最后再由主礼人带领会众做感谢祷告，结束圣餐礼。在圣餐仪式中，通过诵读《圣经》、领受饼和葡萄汁、祷告，信徒以身体实践着与基督联

---

① 圣餐是基督教神学中的重要议题，也是宗教改革运动的一个中心主题，即使在今天也是教会争论的焦点。本文仅对圣餐做简要介绍。

合的仪式。

首先，通过圣餐礼，基督徒个体不仅在身体上与耶稣基督相通共融，更是在灵里与耶稣基督的相通共融。圣餐礼中传道人所念诵的两段经文直接提到饼是耶稣的身体，葡萄汁（在教会中常用杯来称呼）是耶稣的血。信徒吃饼喝杯，意味着纪念耶稣为世人的罪被钉死在十字架上。也就是说，在圣餐礼中，饼和杯不再是普通意义上的饼与杯，而代表着基督的身体与血，信徒所吃喝的是耶稣基督的身体与血。当然教会对于圣餐的理解并非是一致的，早期教会中就有三种观点：灵意的（Spiritualistic）、象征的（Symbolic）和实在的（Realsitic）（濮荣健，2011：28）。[1] 安波罗修斯（Ambrosius，约339—397）和查斯丁（Justin，约100—约165）属于实在论（Realism）的观点，他们认为圣餐中的饼和杯并非普通之物，而是真实的耶稣基督的身体与血，通过吃饼喝杯，耶稣的身体与血可以改变我们的身体和血。奥古斯丁（Saint Aurelius Augustines）则认为圣餐可以从两个方面来进行解释：一方面，基督的身体在圣餐中是真实临在的，信徒在圣餐礼上所吃喝的饼和杯，就是吃喝基督的身体和血，是为了与基督合一（To dwell in Christ，and to have Christ dwelling in him）；另一方面，则是象征性的解释，即圣餐中临在的基督的身体并不是历史中真实的耶稣。（毕尔麦尔等，2010：76—77）马丁·路德（Martin Luther）对圣餐的定义如下："上帝的话语或应许，伴随着神圣的记号，即饼和酒在其下基督的身体和血真实临在。"[2]（LW35：94）在这个定义中，路德认为作为物质的饼和杯可以作为基督真实临在的记号，通过饼和杯，上帝的灵临在在信徒中间。因为在路德看来，上帝的灵无法与人类直接遭遇（Encounter），"圣灵只有在物质上和肉体上的事物中，诸如话语、水等，只有在基督的肉身中，在地上的那些事物中才能与我们同在"（LW37：95）。加尔文（Jean Chauvin）在《基督教要义》中特别论述了圣餐及其意义。他认为饼和杯象征耶稣基督的肉和血，基督是信徒灵魂的唯一粮食，因吃了基督而得到属灵生命的更新（加尔文，2010：1400）。加尔文用 koinonia 这一

---

[1] 濮荣健在《阿奎纳变质说研究》一书中，系统论述了圣餐在《圣经》中的表述，以及古代教父的观点和相关的历史背景。

[2] 原文是：It is God's word or promise，together with a sacred sign，the bread and the wine under which Christ's flesh and blood are truly present.

词来表明信徒与基督之间的连接，不仅是身体上的，也是灵里的"相通共融"。圣餐则是见证信徒与基督彼此连接，甚至基督所拥有的一切能够被说成属于信徒（加尔文，2010：1401）。加尔文特别指出，在圣餐礼中，基督徒在身体和灵魂上与基督合而为一，这种连接正是由于圣灵的作用，圣灵正像是某种管子，让基督所有的一切都能通到基督徒那里（加尔文，2010：1414）。也就是说，在圣餐礼中，圣灵通过饼和杯这些物质记号，让基督真实地临在在信徒之间。

尽管 Y 教会的信徒并不一定都知道圣餐礼中饼和杯在神学上的确切含义，但是至少经常参加圣餐礼的信徒知道饼和杯代表的是耶稣基督的身体与血。笔者访谈的一位信徒说她在刚刚信耶稣的时候，每一次领圣餐都吃不下去，因为她觉得那就是耶稣的身体与血。在圣餐礼上，曾经有一位信徒如此祷告："主耶稣，当我们手捧你的身体和宝血的时候，我们的心在颤抖。"在这样的祷告词中，可以看到，信徒将饼与杯当作真实的耶稣基督的身体与血。当将饼与杯吃喝之后，也就是将自己的身体与耶稣基督的身体联合成为一体，达到相通共融的状态。有个有意思的细节，Y 教会特别要求做圣餐饼的信徒要将饼尽量烤得干一点，以便在掰开饼的时候有清脆的"咔嚓"声音，从而使信徒能够更强烈感受到耶稣身体的破碎。而且这也确实起到了相应的作用，笔者在访谈时，不少信徒说当听到饼被掰开的"咔嚓"声时，心灵深受感动，仿佛真的看到耶稣身体的破碎。有一位信徒如此描绘："圣餐时，最怕听到饼被掰开时候的'咔嚓'声，心都不由自主地抽抽。"也就是说，无论 Y 教会的信徒对圣餐的神学含义了解多少，他们都会在圣餐礼中意识到通过吃饼和喝杯，信徒与基督在身体上与灵里达到联合。

在圣餐礼中，不可忽视的一个重要环节就是认罪和悔改的祷告，在会众都领到饼和杯之后进行。通常的祷告词如下："主耶稣，谢谢你将你的身体献上作为祭物，背负我的罪。借着你身体的破碎和你的宝血，将我的罪洗净赦免。让我可以成为神的儿女，得以站立在你的面前。"① 在这段祷告词中，可以看到信徒对于自我身份的界定。首先信徒认同自己是一个罪人，正是因为耶稣基督作为赎罪的祭物，因而使自己的罪得以赦免。然

---

① 每次圣餐礼时的祷告词并不完全一致，但大致的内容相似。

后，信徒获得一个新的身份——上帝的儿女，从而建立起与耶稣基督的关系，也就是基督徒的身份。需要特别提到的是，在圣餐礼开始之前，主礼人就要求如果觉得自己有罪还未真正悔改，最好暂时不要领受圣餐。也就是说，罪是信徒与上帝建立关系的障碍，必须要经过认罪悔改，才能消除这种障碍。在圣餐礼上经常看到信徒在领圣餐的时候哭泣，这种身体的外在表现，反映出信徒对于自己罪人身份的认同。正是由于耶稣基督为自己而死，自己的罪被赦免，从而获得一个全新的身份。因此，从 Y 教会的圣餐礼中，可以看到 Y 教会的信徒理解圣餐是上帝与相信之人的相遇，耶稣基督以饼和杯为记号，真实地临在于圣餐中。相信之人真实地体会到圣灵的临在，也相信借着耶稣基督的身体与血，自己的罪被赦免。这是必须相信耶稣基督的人才能得到的特殊的礼物，因而领受圣餐的人要凭着信心领受，正如加尔文所说："信徒唯独在圣礼中，知道和确信自己拥有这些恩赐（即罪得赦免的恩赐）。"（加尔文，2010：1340）

此外，借着圣餐中的饼与杯，所传达的不仅是信徒与基督之间的相通共融，也是信徒之间的相通共融。在 Y 教会，制作的圣餐饼一定是一张，然后由主礼人当着会众的面掰开，表明这是耶稣的身体为众人所破碎，大家领受的是同一个饼，即代表是同一个身体。这是新教的教会观念，即认为世界上的教会是同一个教会，会众是同一个教会的肢体。《约翰福音》15 章 5 节也用葡萄树来比喻耶稣，将耶稣的门徒比喻成葡萄树的枝子，所代表的含义就是所有信徒同是一个身体，每个信徒不过是这个身体的一部分。因而，信徒共同领受圣餐，无论是在身体上，还是在灵里完成了一种契合，即信徒之间，与耶稣之间的"共通"。《哥林多前书》10 章 16～17 节说："我们所祝福的杯，岂不是同领基督的血吗？我们所掰开的饼，岂不是同领基督的身体吗？我们虽多，仍是一个饼，一个身体，因为我们都是分受这一个饼。"路德对圣餐的这种作用有详细的阐释："在饼和酒中领受这个圣礼，正是领受一个可靠的记号，代表与基督和所有圣徒的这种团契和合一……在这个圣礼中，我们从上帝那里得到可靠的记号，保证我们与基督和所有圣徒合一，与他们共享一切，基督的受苦和生命就是我们自己的受苦和生命。"（麦格拉斯，2017：455）同为宗教改革运动领袖的慈运理更强调，圣礼表明信徒个体属于信仰团契（麦格拉斯，2017：455）。加尔文在《基督教要义》中也特别论述了这种含义，他说因为在圣餐中，信徒个体通过吃饼喝杯与基督徒联合，"那么，既然他只有一个身体，且我们都吃这身体，我们这样吃使我们合而为一是必需的"。而且这种合而为一不仅是身体上的，也是思想上的（加尔文，2010：1460）。也就是说，通过圣餐礼，信徒个人与耶稣基督相通共融，在身体与灵里与基督联合，信徒彼此之间也在身体与灵里达到相通共融。彼此之间共同分享耶稣基督的灵性，也彼此分享着欢乐和痛苦。

Y教会通过每月一次的圣餐礼，使信徒通过具身性实践强化着自己与耶稣基督及其他信徒的联合。这种联合既可视作身体上的联合，也可以视作灵性上的联合。尽管并不一定每一个信徒在圣餐礼中都能感受到上帝的临在。事实上，这种临在的感觉很可能是极少数信徒偶尔的个体体验。耶稣基督并非真实的身体在场，而是符号在场。但这种重复的礼仪，强化着信徒个体与上帝之间的关系，也在强化着信徒之间的关系。从而让信徒在心理上不断意识到自己与上帝的立约，是一个基督徒，而且也在不断规训自己的行为和思想，调整自己与上帝以及他人之间的位置关系，从而形成个体的身份意识，也建立起因信仰耶稣基督而形成的共同体意识。

结语：通过身体实践的身份自觉

身体既是自我认同产生的源泉，也是社会效应的作用场所身体的生物性和社会性是相互作用的。人身份的自我认同由身体实践锻造形成，圣餐是具有强烈身体感的仪式。通过饼与杯这些符号，信徒不仅确立个体与超越性神圣之间的关系，也因为诸个体与超越性神圣之间的关系，建立群体之间的关系，从而构建个体身份意识与群体身份意识。这种身体的实践，不仅是信徒真实参与其中的，而且也是信徒在感知上经验到上帝的临在。这种身份意识的形成，不仅要考虑个体与超越性神圣之间的关系，也要考虑个体与他者的关系。圣餐礼是我们讨论基督教灵修过程中，身体实践与身份意识的切入点。

但是基督徒个体的身份意识毕竟不同于社会性的身份意识，对于信徒来讲，能否宣称自己是基督徒，更为重要的是与上帝之间的关系，用基督教的话语来讲，就是"生命"是否成熟到可以被上帝接纳并认可为基督徒。信徒也常常认为，基督徒的"生命"是界定一个基督徒是否合格的标准，但是如何界定"生命"的程度，则是一个非常模糊的标准。基督徒的身份界定并不是一个瞬间的过程，而是作为信徒一生的过程，是正在进行时。基督徒的身份确立是不断经历悔改重生的一个过程，以基督教的语言表达就是原来生命的不断死去（mortification），新的生命经历从无到有的过程，也就是重生（vivification）。在这样的过程中，按照耶稣基督的标准塑造和规训自己，以达到真正与基督的融合，成为一个"完全的人"。Y教会每月一次的圣餐礼，让信徒不断经历在身体上与灵里与基督联合，是一个不断经历悔改重生的过程，也就是不断将自己修正成为一个基督徒（becoming a Christian）。成为基督徒，对于信徒来讲是一个具有属灵生命的人，实际上就是指"一个完全的人"，也就是具有属灵生命的人不仅包括人的精神，也包括人的思想、意志、情感和身体。检验基督教灵性的关键就在于信徒的心灵与生命是否同耶稣基督的信仰与品行保持真正的一致性。因此，在这个意义上，探讨基督徒身份意识时必须注重其与基督教教义的联结，关注在真实的宗教实践中，基督徒对身份意识的自我认知。

通过圣礼的身体实践，信徒达到与基督的身体联合，从而界定自己的身份。这种基督徒的自我身份界定，更多是身份的自觉。但这种自我身份意识也并不完全与外界没有关系，乔治·赫伯特·米德（George Herbert Mead）主张，不同个体在其身体实践中，彼此会产生互动效应，即实践性的主体间性（Mead，1932：169，转引自希林，2010：219）。个体发展出一套连贯协调的具身性自我认同的过程，并不只是将群体态度径直内化，而是"客我"，即其他人赋予我们的身份与"主我"，即我们对于这种身份的主体反思之间的内部对话（Mead，1934，转引自希林，2010：219）。在圣餐礼中，信徒在身体实践上不仅与超越性的神圣联结，信徒之间的互动，比如认罪、祷告、哭泣，以及一同领受饼和杯等共同的行为，也促使个体调整自身行动以适应群体行动的需要，这样的调适激发出某种反思性的自我意识，使个体能够从其他人的角度来思考自己的身体存在。除了信徒群体内部的相互影响，信徒与非信徒的对照，也影响信徒个体的身份意识。在Y教会的圣餐礼上，有一个重要的环节，就是在圣餐礼开始之际，主礼人会强调，只有受过洗的人才可以领圣餐，建议那些还没有受洗的慕道友不要领圣餐，这就意味着以受洗作为一个界限，以是否能领受圣餐，确立信徒的身份。未受洗的慕道友或者由信徒带来的朋友参加圣餐礼，这些人只能观礼，不能领受圣餐。此种领受圣餐的信徒与不能领受圣餐的慕道友和非信徒之间的区别，不仅强化了信徒的身份意识，而且也强化了信徒群体意识。

圣餐礼中，信徒的身份意识要参照与上帝的关系、与其他信徒的关系、与非信徒的关系，这种身体实践不仅是社会科学意义上的身体实践，而且含有非常丰富的神学内涵。圣餐礼是基督新教最为重要的两大圣礼之一，有关圣餐的神学含义一直是基督宗教神学上的焦点问题。本文通过 Y 教会的圣餐礼的身体实践，探讨基督教灵修的身体实践对个体身份意识的构建尝试，尝试以社会科学的身体实践研究，从宗教群体内部的视角探讨自我的身份意识。

参考文献

中文

〔德〕毕尔麦尔等编著《中世纪教会史》，雷立柏译，宗教文化出版社，2010。

曹南来：《建设中国的耶路撒冷：基督教与城市现代性变迁》，香港大学出版社，2013。

〔德〕黑格尔：《黑格尔著作集第 17 卷·宗教哲学讲演录Ⅱ》，燕宏远、张松、郭成译，人民出版社，2015。

黄剑波、胡梦茵：《祈祷与基督徒的主体形成：以三段祈祷词为例的尝试性探讨》，陈进国主编《宗教人类学》（第七辑），社会科学文献出版社，2017。

〔英〕安东尼·吉登斯：《现代性的后果》，田禾译，黄平校，译林出版社，2011。

〔德〕伊曼努尔·康德：《康德论上帝与宗教》，李秋零编译，中国人民大学出版社，2004。

李亦园：《宗教与神话》，广西师范大学出版社，2004。

〔英〕麦格夫：《基督教灵修学》，赵崇明译，基道出版社，2004。

〔英〕阿利斯特·麦格拉斯：《基督教神学导论》（第 5 版），赵城艺、石衡潭译，北京联合出版公司，2017。

彭顺强：《二千年灵修神学历史》，天道书楼有限公司，2005。

〔英〕C. Y. 霍皮克：《社会之发》，史宗主编《20 世纪西方宗教人类学文选》，金泽等译，生活·读书·新知三联书店，1995。

濮荣健：《阿奎纳变质说研究》，人民出版社，2011。

〔法〕E. 杜尔干：《宗教生活的初级形式》，林宗锦、彭守义译，林耀华校，中央民族大学出版社，1999。

王莹：《身份建构与文化融合：中原地区基督教会个案研究》，上海人民出版社，2011。

吴飞：《麦芒上的圣言：一个乡村天主教群体中的信仰和生活》，宗教文化出版社，2013。

〔英〕克里斯·希林：《身体与社会理论》（第二版），李康译，北京大学出版社，2010。

英文

Engelke，Matthew

2007. *A Problem of Presence：Beyond Scripture in an African Church*，Berkeley：University of California Press.

Kolodiejchuk，Brian Edited

2012. *Mother Teresa：Come Be My Light*，St. Anthony Messenger Press.

Luther，Martin

1961. "A Treatise on the New Testament，that is，the Holy Mass，" in *Luther's Works：American Edition*，56 Vols. Vol. 35. edited by Jaroslav Pelikan and Helmut T. Lehman. St. Louis-Philadelphia：Concordia Publishing House.

Luther，Martin

1961. "A Treatise on the New Testament，that is，the Holy Mass，" in *Luther's Works：American Edition*，56 Vols. Vol. 37. edited by Jaroslav Pelikan and Helmut T. Lehman. St. Louis-Philadelphia：Concordia Publishing House.

Ricoeur，Paul

1998. "Thinking Creation，" in *Thinking Biblically：Exegetical and Hermeneutical Studies*，By André LaCocque and Paul Ricoeur，translated by David Pellauer，Chicogo：University of Chicago Press.

Robbins，Joel

2014. "The Anthropology of Christianity-Unity，Diversity，New Directions，" in *Current Anthropology*，Vol. 55，S10.

唱经、过会和守庙：关中乡民日常修行方式研究[*]

王 昊

摘 要 关中地区乡民的日常修行方式可归纳为唱经、过会、守庙三种。唱经实现了乡民精神气质上的超越，整体提升了其心性修养，成为过会和守庙的原动力。过会和守庙则完成了信仰力量对灵验的超越，将修行推至纯粹的精神层面，从而实现了从重"外在超越"到重"内在超越"的转变。三者之间在阶段上虽有次序、层级的分别，在实际修行过程中，三者之间是连续的整体，呈现出关照部分与整体，不偏一隅的修行观。

关键词 日常修行 唱经 过会 守庙

"修"在中国信仰体系中是一个非常重要的概念，儒、释、道都将"修"视为生命中最为重要的事情，从而在普通百姓的生活中也具有深远和普遍的影响。本文立足陕西省关中乡村信仰实践者的修行方式，自 2017 年 6 月始，笔者用了一年时间调研了户县、周至 28 位乡村宗教信仰实践者，力图用深度访谈的方式展现修行与其人生的紧密关系，及对他们精神世界的重大改变。唱经、过会、守庙是关中乡村实践宗教信仰的三种主要方式，三者不存在绝对意义上的先后顺序，却有明显的阶序性。

---

* 本文系教育部人文社科一般项目"基于社群文化振兴的关中乡村庙会研究"（19XJC840004）的阶段性成果。

一　唱经：身心安适与品性修养

在关中，唱经是信仰者的一个标志，信仰者因会唱经被乡民尊为经师。[①] 何以走入唱经，信仰者的生活经历各不相同。W 在讲述自己唱经的时候卓有神采，当我继续探问她唱经的原因时，她闪亮的眼眸一下子黯淡下来，高亢的声音也陡然落寞："说起唱经，还不都是病拿的，我才 30 岁出头，不知道怎么得上这晕眩症，一晕就天旋地转，没法干活，开始一天晕三两阵子，我想扛扛也就过去了，后来就止不住了，能治的地方也都去了，不管用，到最后就晕得爬不起床，成了个废人……那个时候觉得真苦，家里顾不得，娃娃也顾不得，拿起绳子想死连个力气都没有。"除了顽疾难愈，受访者还讲述了家中接连不断的祸事，L 讲道："本来家里也都太平，那年冬里男人在工地上砸伤了腿，包工的给了很少一点钱就让回来了，医生说好了也不可能像之前这么灵活，当时我刚生了二娃，家里都指望着他，这一弄不知道怎么过。大娃顾不过来，就送到娘家看，管得不好，落下了一个咳嗽的病根，现在一不精心也好犯。来年秋里婆婆突然又得了脑梗，瘫在了床上，一年家里一下子出了这么多事儿，我的人就垮了。"虽然户县、周至位属关中平原的核心地带，乡村经济状况相对较好，但仍然可以感受到这种平安需要乡民日常兢兢业业的维护，一旦适龄劳动力出现身体或精神上的重负，会在短时间内令家庭陷入困顿。此外，还有一种是因为自小及长的爱好，"我自小的时候就喜欢在庙上看人家念经，没想到就走上这个圈子，没这个缘分，不会给你安这个机会让你到庙上去"。

对于疾困，关中的惯常解决办法是卜问灵媒。同为乡村宗教的信仰者和实践者，灵媒和普通信仰者的区别是显而易见的。信仰者多为中年人，且女性居多，乡民指出"女的精细，唱经并不是容易的事儿，要识字，要合歌，一样一样的，反复练，男的多干不来"。唱经最重要的就是文字的通畅和声调的配合，声调多使用乡民耳熟能详的乡村小调和红色歌曲，

---

① 目前，关中地区的经师分为两类：一类是因为虔诚信仰，自愿成为经师的，所以在唱经与吃素上自我要求严格；另一类是因为祭祀、祈福场合众多，出于经济考虑成为经师的，这类经师在日常并不唱经，也无法坚持常年茹素，一般只在初一、十五吃素。

其中对于红色歌曲的使用可见 20 世纪政治运动的痕迹。受访者均表示经文是固定的，但曲调不一定，由于乡民喜闻乐见的曲调并不庞杂，所以在不固定中又有了固定性。唱经的学习一般采取老带新的方式，灵媒偶尔也会参与唱经的教学，"我们唱经都是跟着会唱的学的，顶神（指灵媒）也会教，很少的，他们忙得很，时间少"。

唱诵经文是信仰者"身份识别"的标志，唱经既是区别普通乡民和信仰者的显著标识，又是信仰者体悟经书精义的一种方式方法，也是民间信仰科仪制度的重要组成部分。唱经是关中村民信仰实践中最普遍初阶的修行方法，标志着从乡民从"宗教人"到"宗教徒"的转变。茹素也是乡民对经师的要求，一般乡民请经师上门，都会询问经师是否吃素，用乡民的话来说："不吃素，唱的经不清净，用不得。"吃素在修持者和普通乡民心中，具有净身清心的重要作用。

习得唱经后，乡村信仰者便有了施展本领的多重场景。首先，参加各种庙会的唱经仪式；其次，参与乡村生活性的仪式，比如动土、安神、送葬等。个体的日常唱经也具有重要的意义，虽然这些经文大多属于小经，但仍具有鲜明的宗教义理。信仰者表示，他们日常做家务或者外出务工都时常哼唱经文，已经成为惯习，可见经文的唱念已经渗透进信仰者的日常生活，成为其生活的一部分。

唱经具有两重功能。第一重是音乐的治疗作用。在关中地区，经文都不采用诵读的方式，均采用因声循调而唱，特别在公众场合，一众信徒合唱，人数越多，声势越大。受访者多使用"舒坦（舒服）""气顺了""不燥闷"等词语形容唱经给他们心理带来的巨大改变，而愉悦的心境本身对于修行者也是非常重要的。Combarieu 指出，音乐在任何时候都对情绪有着促进或缓和的作用及兴奋或松弛的作用，趋向治愈某种紊乱、稳定情绪、促使其恢复正常（范欣生，1994：42）。可以说音乐有助于增强自我、帮助释放和控制情绪，使人产生一种意图感；音乐能使某些情绪得到升华，通过审美和情绪体验，使愿望得到最大的满足（张鸿懿，2005：5）。

第二重是对信仰者心性和品行产生持久而深刻的影响。目前搜集的户县、周至的民间经本有 50 余部，大致可以分为两种类型，即大经和小经（见表1），其中演唱频率高的经本有 7 部，即《请神经》《莲花宝忏》

《弥陀经》《血盆经》《法华经》《地母经》《阴阳经》。从经文的体例可看出是典型的宝卷，"属于在宗教活动中演唱的说唱文本，演绎宗教教义，是宗教的经卷，这类宝卷大部分不是文学作品"（车锡伦，2009：2），承担着"在民间更为主动地承担了劝善教化的功能，对民间社会的恶行恶德与善行善德作了细致的区分。并主要依托着佛教的果报、地狱观念，对实践它们的不同结果做了明确的揭示。通过相关作品的宣念或阅读，宝卷在明清以来的市井乡村发挥着重要的劝化作用。宝卷俨然已成为民间的道德、行为的教科书"（陆永峰，2011：172）。这些经本展现出两个重要的主题——忏悔和行善。

表1　经文的适用场合及示例

经文类型		适用场合	示例
大经	神佛赞颂经	专门在神前唱诵	《观音经》《玉皇经》
	生活仪式经	专门用于生活仪式，葬礼、祭拜、安神、动土等仪式	《倒头经》《烧衣经》《阴阳经》《血盆经》
小经		非仪式场合，合唱、独唱皆可，广泛用于信仰者之间的日常交往和娱乐	《十二个月朝山》《十个灶儿台》

　　忏悔指向修养心性，让信仰者检视自我，谦卑慈让以使灾业尽消。这种内视功能对个体产生的作用相当大，一位访谈者的改善婆媳关系的经历就较有代表性。结婚以来她觉得婆婆对自己一直很苛刻，最令人厌烦的是经常给丈夫说自己的不是，明里暗里让自己很不舒服，致使自己和婆婆时常争吵，甚至动手。自己唱经以后，经文里教人要常常悔罪，这样才能消业得太平，"我看看我婆婆，她也真不容易，我公公40多岁就没有了，虽然那个时候我男人和大姑子也都十来岁了，但还不顶事，她这些年把女儿嫁了，把媳妇娶了，也是硬硬扛下来，我刚结婚年轻心气盛，况且也看不上她那种老把式，总也不对付，现在念了经，我凡事多为她想一些，家里也就顺当得多"。忏悔促使信仰者进行换位思考，这种换位使家庭内部的矛盾因体谅而得以化解；行善指向修养品德，与人为善，多行善举，才能积累福报。"行善是好事，之前觉得行善也不错，但对于做没多少想法。

走了这个道，现在觉得行善特别好，行善能辨别出人的好坏，你能交到真心的人，能知道什么事情才有意义，才能看到你在这个社会里有多么大的意义，自从我信了这个，就不由自主想行善。人不行善，就是神佛也不会保佑你，作恶只会得报应。"唱经不单整体上提升了乡民的精神境界，还提升了信仰者的心性修养。

修道先修心，心是修行的基础和根本。唱诵经文完成了这一修心的过程，使得感应、认知意义的心灵，具有了更好的思维、辨识、省思的能力，修道者对于外物与私欲也拥有了更好的应对之力，不会走偏。经文深刻揭示出"业由心做"这一理念，这使得修行者不再把个体命运视作冥冥之中无法把握的安排，而是将生命与个体行为紧密贴合，这促使他们积极调整自身的行动，从而深刻改变了个体与个体、个体与整体之间的关系。"一个人的心念影响着他看待事情的视野与行为处事的方式"（钟云莺，2011：167），正是心念的端正开启了修行者对自我生命奥秘的真正探索。

二 过会：身体力行与尽职尽责

过会是关中乡村庙会的方言表达，关中乡村庙会可分为两种：一种是一个村庙庙会，另一种是灵媒的家中过会。信仰者在两种庙会中都是筹备和执行的主要力量，所承担的工作也具有趋同性。这种宗教实践活动，不仅是品性修养的外在体现，更透过庙会期间的一举一动，让人效法。

庙会的准备可分为三个阶段。第一个阶段在家庭内完成，"过会是个大事情，忙得很，提前一个多月，就要在家里置办供品"。信徒在家里要完成三种类型的供品制作。第一种为金银元宝、金银莲花、金银砖等，"简单的是叠制金银莲花、元宝、方砖，这个容易，不过量大，怎么也要弄个十斗八斗的，要花费些时间"。第二种是烧送给神灵的衣饰，"难的是做给各位爷的糊制衣服，要寻思，女神头冠就得做一两天，要想着怎么好看，男神厚底高靴要立得挺，都是精细活"。先要根据神灵的品阶与性别，设计出衣饰鞋帽的配色、样式，一套衣服分为内搭和外套，女性神灵的衣饰上面需要配置的相应的剪纸花纹，颜色确定后，则要去采购相应的纸品。购买归来后，用彩纸做原料裁剪衣服，进行糊制，并使用剪纸的技法为衣服配置上形制不同花纹，剪好后粘贴在纸质的衣服上。对于主要供奉的神灵一般烧送三套衣服，次要供奉的神灵则烧送一套衣服。叠制粘贴完毕，再将衣服按照里外次序整理好。此外还要准备给神灵烧送的铺盖，一般象征性的购买成捆的彩纸，不再进行剪裁。庙会一般会有专门的架子和绳子来摆放所有的供品，金银莲花等由斗盛放，衣服、靴鞋等放置在架子上，头饰则因其立体性悬挂在绳子上。第三种是花馍（"面花"），陕西花馍已经成为国家级非物质文化遗产，逢年过节、婚丧嫁娶、祭奠祖先、供奉神佛、人生庆典都有着各种各样的花馍，"爷的花馍要气派，要大，各种各样的蒸好了，涂上色，一两天也就没了"，可见乡村庙会中的花馍往往形制巨大，工艺复杂，一般由信仰者在家中蒸制好花馍的各个部件，用塑料袋按照大小分装携带至庙会礼供神堂中。信仰者将各种配件和主体大馍逐一在炕上摆开，先在花馍上完成大型配饰的装点，然后再装小一点的配饰，花馍组装的过程实际就是艺术再创造的过程。虽然有规制，但信徒们总是将主馍做得非常巨大，从而增加配饰的种类和数量。安装花馍往往由几个信徒共同完成，她们一边赞叹着花馍的精巧，一边用牙签将每一个配件插好，互相商量，尽可能将每一个部件摆插得更加完美。

随着老年信仰者去世或者年老力衰，能够制作这样复杂衣饰、花馍的信仰者越来越少。一般70岁以上且身体康健的老妇人才愿意这样制作供品，她们一般已经完成孙辈的抚育工作，也不再需要外出谋生，有大量空闲时间用来完成这样费时费力的事务。现今很多关中乡村庙会已经将这个步骤变易为购买大量彩色的成捆纸张，在上供的时候烧送即可，使庙会烧送供品环节的隆重性大幅度降低。很多庙会虽然很难维持数量繁多、样式庄重的衣饰、花馍，但仍会想尽办法制作一些相对简单的，以此来丰富重要环节。

从制作供品的过程，可以看出艺术和宗教的密切关系在民间信仰中的突出表现。正如黑格尔在《美学》中说："最接近艺术而又比艺术高一级的领域就是宗教"，"宗教往往利用艺术，来使得我们更好地感动宗教的真理"（黑格尔，1996）。乡间信仰者设计出样式繁复、设色大胆的衣饰和花馍，通过制作供品的艺术创作来获取自身的善业资粮，在制作过程中通过对作品的观想、启迪和引导，进一步领受着经本的教义。

第二阶段，是打扫布置村庙，一般需要3~7天的时间，视庙宇大小而定。"庙会就像家里过年一样，就是要干净，就是要齐整。庙里平时就三两个人照看，忙不过来，没时间打扫，庙会首先就是个大扫除。沟沟渠渠该通的就通，爷们的神像都要擦，殿里面的供桌椅子也要擦，有些供神的器物破旧了要烧送，留下地方给来庙会的上新供品。打扫完了就要开始买吃的了，我们庙会大，要来万把人呢，人人来庙里给爷上香，都要讨碗素面吃，沾沾爷的神气，图个吉利，所以快到庙会那两三天，就要买菜买面条，把灶房清理出来，那些油盐酱醋的都得添置上，柴火也要提前备好。一般中午从十点多开始煮面，一直得煮到下午两点多，来的都得照顾到，不能怠慢了谁。"这段时间信徒们相互配合，没事的村民也都前来帮衬，让庙会一切准备工作就绪。

第三阶段则是庙会过程，通常有两项比较重要的工作。一项是神前的唱经仪式，一般在两个小时以上。唱经内容可分为三类：专门赞颂神佛的经文、为众生消灾祈福的经文、为亡人以及孤魂野鬼超度的经文。另一项是维护殿宇内乡民的祭拜仪礼，如乡民磕头要敲磬。通常在这段时间内，信徒都不归家，全部安住在庙宇中，日夜守护。庙会结束后，信徒们再用一两天时间收拾庙宇，理清账目后方才回家。

信徒们在庙会期间的工作没有酬劳，所有供品制作全部由私人出资，信徒们乐意甚至热衷这种无私的供奉与施与，这将为他们日后升入光明神圣之境积累丰厚的资粮。

三　守庙：持之以恒与融洽乡里

如果说过会只是阶段性的宗教修行方式，那么守庙则是日常化的宗教修行方式。如今能够做到每天守庙，做到三餐供奉、香火不断的信徒极少。在调研中，能够做到守庙的信徒，年龄在 65～78 岁，守庙显示出民间信仰的"管理化"倾向，这种管理并不具有明显的组织方式。

公共空间作为乡村空间最为核心的部分，是乡民日常生活交往的重要场所，是乡民的社交中心。它涉及乡民日常的经济、政治、文化与生活的诸多方面，对于乡村社区的和谐稳定发展具有重要的意义（董磊明，2010：51—57）。随着改革开放后现代化进程的加速，乡村传统的公共空间逐渐式微，村庙亦如此。很多上了年纪的村民纷纷回忆村庙原来的热闹，"以前这庙天天开着，大家心里有个什么事情就来了，也能拉个话儿，也能唱个戏"。但随着乡村空心化进程的加速，村庙也渐渐失去了其功能意义，常年大门紧锁，只有过会、过年时开放几日。改革开放后，村庙再现生机，部分村庙有了守庙人，多由本村的信仰者自愿担当。在守庙人的看护下，村庙重新焕发生机，生成着乡村自发性的公共空间，契合着乡民的生存需求。

首先，村庙在村庄中具有很强的精神实用功能。乡民有寻求慰藉的精神需求，选择他们自幼熟悉、耳濡目染的本土民间信仰是水到渠成的事情，且民间信仰具有一套完整的符号系统，能有效阐释村庄生活的内容和意义，建构村庄公共生活的精神家园。

其次，守庙人独特的人格魅力，成为维系整个庙宇公共空间性的关键。守庙人在村庄中享受较高的人格威望和声誉，乡民对之进行评价时常用"人善得很""不计较""对大家的事情热心着呢""爱帮衬人"等描述。守庙人在村中具有道德典范的作用，是精神类的非正式乡村精英。正是基于这种人格尊崇带来的道德认同，守庙人往往具有较高的社会协调能力和动员能力，成为村庄公共性的捍卫者，这突出表现在合作促成、通力互助、调解矛盾三个方面。

现代性要素的进入，乡村家庭日益的私密性，人口的流动性不断增强，使得乡民更加"原子化"和异质化，乡村认同弱化，这使得乡村合作变得困难（马永强，2011：179—183）。守庙人对公共事业通常表现出极大的热情，这对于他们来说是善业资粮的积累。他们在守庙过程中，利用道德认同来整合村民。

基于守庙人的身份，乡民也愿意与其做人情上的流动。守庙人往往能够建立起村庄特有的、致密性的人际交往网络，如果村中有人需要帮助，他们能够立刻发起动员实施救助。比如在 S 村，一位老年男性突发心脏病，全家仅剩的两个成年人要去医院照顾，家里两个上小学的孩子无人看管，守庙人则自愿担当起照顾孩子饮食起居的责任，并很快得到了乡里几位妇女的协助。"我们都是乡里乡亲，经上说助人一乐，自得一乐，这是好事情，我们做这，一点也不受累，心里很高兴很愿意。"每提到此类乡邻的互助之事，他们还是常常夸赞。

守庙人往往在庙宇中利用经文中忏悔的品行内视功能，对前来庙里诉苦的乡民进行劝说，起到了和睦家庭的良好效果。"我常给他们说，我们老了，对年轻的事情别管那么多，他们有他们的想法，我们跟不上也正常，只要不出格，就由着年轻人去做吧。年轻人要对老人多担待，他们都是苦过来的人，有些事情年轻人没经历过，不懂老人的心，但总是为了你们好，让日子更好，年轻人要理解要包容。"守庙人利用村庙这一公共空间，促进了乡村社会的自组织体系形成，他们的行动有效地弥合着公共领域和私人领域的断裂。

除了对公共关系的调解，庙宇维护的工作也相当的繁重。每逢寺庙重修、扩建工程，工期长达 1~2 月，守庙人天天都要出去采买食材、做饭。即使是一些看似平常的小活，如捡拾柴火等几乎每天都要做，"捡柴看着小，其实是个长久的事儿，庙里日常烧水、庙会做饭、冬天烧炕，都要用柴，所以只要看到能用的柴我们就捡着"。

能够长年累月帮助多个庙会过会的守庙人，通常都有相对稳定的家庭收入，经济是支撑他们修行的坚实基础。他们通常具有以下四个特征：首先，夫妻双方至少有一方具有稳定收入，家庭经济自足；其次，身体状况相对健康，具有一定的劳动能力；再次，儿女已经完全能够自立门户，最起码不再需要父母的支持和帮助，很多出于奉守孝道，还经常在经济上给予父母援助；最后，他们也完成了对于孙辈的辅助性抚育工作。此外家庭成员都普遍支持他们信仰，虽然很少有夫妻和儿女也同为信仰者的情况，但是家庭成员对其信仰表示尊重和理解，这很大程度取决于修行者因为信仰所建立起来的良好的人际关系，所以很多子女愿意提供经济和事务上的支持，比如女儿时常跟随他们来庙里为过会忙碌，儿子也愿意义务为寺庙的各种维修出钱出力。"我对我妈信这个挺支持的，之前她脾气暴得很，我爸也倔，两个人经常吵架，后来我妈信了这，脾气好多了，常常跟着人出去念经，跑跑也开解人，见的事也多了，对家里这些事也不那么计较了。""我对我家这口子念经还是愿意的，她内向爱钻个牛角尖，好生闷气，其实我觉得她那个病也就是这么来的，念经能消灭人心里头的火，让人能宽心，能往好里想好里做，你说的那些个花销是有，要给爷们买钱粮，上个香火钱，贴补庙里一些，但她平时出去给人家发葬、安神了，也有一些收入，我不觉得有啥额外负担，觉不出来。"换言之，经济原因制约了很多信仰者的实践，这也使唱经因其简单易行成为信仰者最为普遍的选择。

当问及守庙人这些所作所为的意义，他们通常会回答"唱了这么久的经，这都是经书上教的，行善助人，给神做事"。守庙人常常为在自己的带动下其他乡民进入信仰修行而感到欢欣鼓舞，因之村庙又成为他们教习唱经的固定场所。这些行动坚固着他们的信仰，深化了他们对于经本的领悟和践行。

结　语

唱经使信仰者在精神气质上实现了超越，朝着美与善不断发展，促使信仰者开启了对于生命意义的另一种追求方式，对乡民精神修养和道德人格具有一定的提升牵引的力量。在心性修养不断提升的过程中，信仰者逐渐弱化了对灵验的心理感应及依赖，很多人已经不再向神灵祈求世俗愿望。38 位年龄超过 65 岁的信仰者在访谈中表示，现在"拜神就是拜神，唱经就是唱经，我多少年不向神佛要这要那，我什么都有，已经很满足了，只要按照经书上说的做，就是最好的"。灵验驱动了乡民的信仰的力量，而信仰的力量最终超越了灵验，将修行推至了纯粹的精神层面的修行，摆脱了世俗的羁绊，从而实现了从重"外在超越"到重"内在超越"的转变（余英时，2004）。

斯特伦（Frederick J. Streng）提出"宗教是一种实现根本转变的手段"，其真谛是为实现人的"终极转变"，其过程其实是人的动态的转变过程（斯特伦，1991：2—4）。关中地区的唱经、过会、守庙体现了这种知与行的合一建构，实现了信仰者自我的成长与完善，并最终实现了信仰者的根本转变。唱经是最为普遍、传播最广的修行方式，唱经带给修行者身体和心理的安慰和解脱，实现了对其修身养性的生命提升。外出唱经、过会和守庙，也促使民间信仰的进一步传播。

"唱经、过会、守庙"是关中乡民修行的三种主要方式，三者之间在阶段有次序、层级的分别，在实际修行过程中，三者构成连续的整体，缺一不可。即使信仰者受制于客观条件无法参与过会和守庙，但仍对之表现出强烈的渴望和不懈追求，这使得关中乡民的修行方式呈现出关照部分与整体、不偏一隅的修行观。

参考文献

范欣生编著《传统音乐疗法》，东南大学出版社，1994。

张鸿懿：《音乐治疗学基础》，中国电子音像出版社，2005。

钟云莺：《修心、修炼、修道：清末民初民间儒教的修行观》，《世界宗教研究》2011 年第 1 期。

车锡伦：《中国宝卷研究》，广西师范大学出版社，2009。

陆永峰：《论宝卷的劝善功能》，《世界宗教研究》2011 年第 3 期。

〔德〕黑格尔：《美学》（第一卷），朱光潜译，商务印书馆，1996。

董磊明：《村庄公共空间的萎缩与拓展》，《江苏行政学院学报》2010 年第 5 期。

马永强：《重建乡村公共文化空间的意义与实现途径》，《甘肃社会科学》2011 年第 3 期。

〔美〕斯特伦：《人与神：宗教生活的理解》，金泽、何其敏译，上海人民出版社，1991。

余英时：《从价值系统看中国文化的现代意义》，广西师范大学出版社，2004。

余英时：《儒家伦理与商人精神》，广西师范大学出版社，2004。

傣族"持戒老人"的日常修行[*]

徐伟兵

摘　要　布施、持戒与禅修是南传佛教信仰实践的重要内容。既往研究多关注布施仪式实践的社会意义，对于持戒、禅修的行为缺少应有的关注。从身体技术、经验知识、身心观念等方面考察"持戒老人"的坐禅行为，可以看到修行者所追求的由凡入圣过程，是超越现实的，人之存在的另一种可能。

关键词　坐禅　傣族老人　南传佛教

一般认为，南传上部座佛教是公元前 3 世纪从印度向南传入斯里兰卡、缅甸等地而形成的佛教体系，之后逐步传入中国云南西双版纳和德宏等地。不同于中后期发展出的北传佛教，南传佛教以其遵奉佛陀为导师、严格遵从佛陀教法为特色，其目标在于通过布施、持戒、禅修等方式断除烦恼，证悟解脱。因此，南传佛教有一套系统、完备、实用的关于修行的知识方法。其中，禅修是信徒断除烦恼过程中的重要方式，至今普遍于傣族社会的僧侣和在家修行者中实践。

既往对傣族南传佛教信仰实践之研究，主要涉及南传佛教的历史源流、组织与功能、经济理性、价值观念等方面。实践层面，尤其重视对宗教仪式的分析，例如对傣族社会中各种"赕"① 仪式的分析阐述，相对而

---

*　本文系国家社科基金项目"中国南传佛教僧侣流动与社会发展研究"（17BMZ048）的阶段性成果。

①　"赕"直译为布施。在傣族村寨中可视为一种宗教民俗活动。这方面的研究较为丰富，代表作如《芒市边民的摆》（田汝康，2008）；《圣俗之间：西双版纳傣族赕佛世俗化的人类学研究》（龚锐，2008）；《西双版纳傣族赕文化》（艾罕炳，2010）等。

言，对南传佛教禅修实践的研究并不多见，虽然有的学者对傣族村寨中的在家持戒群体有所关注，但偏重于群体行为在社会组织与社会连接中的功能意义①，而忽视持戒者本身进行的身体实践经验，及其对社会关系的影响。本文以傣族村寨中的"持戒老人"为对象，试图回到修行者的日常生活，尝试理解坐禅在修行中所呈现的身体技术、经验知识、身心观念，进而探讨坐禅中的身体经验与社会文化的构建，并以此理解修行者在日常修行中最终超越日常，由凡入圣，人之存在的另一种可能。

本田野报告来自云南省西双版纳傣族自治州勐仑镇曼景。曼景位于澜沧江支流罗梭江与南仑（河）交汇的坝区中，是勐仑最大的自然村，据2016年统计全寨283户，1275人，全寨以傣族为主，仅极个别村民为汉族和哈尼族。曼景传统上以稻作农耕为主要生计，最近十年来，橡胶种植后来居上，加上土地被征用于交通建设和旅游发展，村民已很少从事传统农耕。曼景历史上为土司官寨，其村寨寺院系勐仑的中心佛寺，至今仍发挥着联络周边自然村寨寺院、集中僧侣进行宗教活动，以及指导村中持戒老人进行禅修的作用。

一 "持戒老人"的坐禅

在曼景傣族村民看来，佛陀并非是神，而是实实在在的人。佛陀得以成道入圣即是其通过修行断除烦恼的结果。持戒老人的傣语音译为"滚陶帕豪"，直译为"穿白色衣服的老人"。在日常宗教仪式和禅修（巴利语音译为"帕瓦那"）活动中，他们皆身着白色衣、裤/筒裙②。曼景全寨的持戒老人目前共有15位，男性4位，女性11位，平均年龄75岁，持戒的平均时间为15年。除3位老人持守"八戒"外③，其他12位老人

---

① 这方面的研究参见郑筱筠《历史上中国南传上座部佛教的组织制度与社会组织制度之互动——以云南西双版纳傣族地区为例》，《世界宗教研究》2007年第4期；张振伟《南传上座部佛教地区老人持戒仪式分析》，《西南边疆民族研究》2011年第1期；田素庆《阿昌族"上奘"的田野调查及研究》，《宗教学研究》2012年第4期。

② 传统上，傣族以棉线纺织布匹，制作衣裤/裙。女性所着上衣与筒裙饰以染色的花边，而以姜黄等植物汁液染成土黄色的布料，则供僧侣做袈裟之用。因此，素白之色将持戒老人与村民、僧侣相区分。

③ 持守"八戒"的老人表示，只有在每年雨安居的三个月内，他们才持"八戒"，平日还是以"五戒"要求自己。

都是持"五戒"者①。

持戒老人一般在家中和寺院进行禅修。傣历每月的初八、十五、二十三、二十九（或三十）会在寺院集中禅修，其主要方式即为坐禅，在静坐中专注于"观"呼吸。下文将呈现2017年4月11日的集中禅修。

4月11日距离傣历新年（1379）还有一周。因为寺院住持将新年浴佛活动临时调整到当日上午，因此原本要进行的一日早晚两次集中禅修只举行下午场。

下午一点前后，除3位85岁以上的老人因身体原因未能到场外，诸位老人已到达寺院，打扫卫生后在大殿席地静坐；两点钟"波章"②按时到场，禅修开始。与所有正式的宗教集会仪式一样，众人面对大殿佛陀塑像，席地"天神坐"，即左腿呈半跏，向内弯曲，右脚向外弯曲，置于身后。波章先诵念一段引曲，每诵一句，众人叩拜佛陀一次，共三次。③ 随后众人跟随波章依次诵念"拿摩"④"三皈依"⑤"五戒"。波章诵念一句，众人跟诵一句，随后静默。静默约五分钟后，众人随同波章一边左手执掌，右手捻珠，一边轻轻发出"布陀"（佛）、"坦木"（法）、"桑哈"（僧），每一次发声间隔一分钟，如此三分钟后，双手搓揉佛珠后将佛珠扣于掌心，合掌上举过头顶顶礼佛陀，共同诵念"宛达密布陀"，即对禅修过程中因诵经或坐姿等的不规范向佛陀忏悔，并三叩首。

稍做中场休息后，众人跟随波章诵念"侬滴毗嗦"经文三遍，静坐，默念"布陀"以数息（计数呼吸的次数）；三分钟后，跟随波章诵念"萨瓦哈托"经文三遍，静坐，默念"坦木"以数息；又三分钟后，跟随波章诵念"速般滴般若"经文三遍，静坐，默念"桑哈"以数息。

---

① "五戒"指的是不杀生、不偷盗、不妄语、不邪淫、不饮酒。在此基础上，增加不非时食、不坐卧高广大床、不着香华，是"八戒"。

② 波章是介于信徒和僧侣之间的宗教仪轨师，在各类代表信众的宗教仪式中扮演引领者的角色，一般当过寺院住持，精通相关佛教教义和仪轨，并由村民推选而出。

③ 波章解释，这段引曲的目的在于迎请护法天神亲临现场，该引曲经文的傣语称为"sa gie"。

④ 在正式的宗教集会中，必须诵念这段礼敬佛陀的经文。全文音译为：拿摩 达萨 帕浩瓦多 阿拉哈多 萨玛萨菩达萨！意思为：礼敬彼世尊、阿拉汉、正自觉者！

⑤ 三皈依即皈依佛、皈依法、皈依僧。佛、法、僧三宝分别音译为布陀、坦木、桑哈。

最后众人点燃蜡烛，跟随波章念诵"嘎拉涅"（《滴水经》），左手执掌，右手将水瓶中的水缓缓滴入备好的盆中，并回向给一切有情。至此，整个禅修的过程结束。除开头常规的礼佛、三皈依、持五戒采用"天神坐"外，后续的整个过程都是跏趺坐，即右脚放在左边的大腿上，左脚放在右边的大腿上，互相盘住，脚底朝天的"如意吉祥坐"。坐禅结束后，波章还为老人讲述了"丢瓦达"的内容，即描述禅修到一定境界后出现的身体飘浮状态。

除了每月四次的寺院集中禅修，持戒老人一般在家时会进行早、中、晚一日三次的坐禅，每次20分钟左右，主要内容仍是在静坐中集中心力，体会一呼一吸间的自如。持戒者家中不设佛堂或经堂，只要身体允许，老人会尽可能到寺院坐禅。因为寺院一般坐落在小山包上，偏于一隅，可隔绝人声喧哗，加之绿树婆娑、清风徐来，禅修者与导师佛陀之间"无言的交流"更具可能。因此，持戒老人乐意到寺院中，并经常变换地点，在大殿中、佛塔旁、菩提树下静坐良久。

总之，坐禅是傣族持戒老人所采用的固定、持续的禅修形式，其内容以观息（呼吸）为重点，不仅包括一日三次的自我实践、每月四次的集中禅修，也包括在雨安居①内更为频繁和长时间的在寺院入寝、礼佛和坐禅，也就是说，禅修不仅包括坐禅，还包括在此期间的仪式体验和经文学习。

二 坐禅的宗教经验与身体实践

有关南传佛教禅修的思想阐述和实践指南等典籍十分丰富。对于曼景傣族村民而言，这些知识的获得主要是通过寺院住持与波章的讲习、传授。住持与波章都是村寨中最为熟悉佛法教义的信徒，其知识的获得主要来自南传佛教高僧的著作，且他们与缅甸当世的高僧颇有联系。② 在日复一日的村寨宗教仪式中，不仅有对逝者的追思，也含有生者对未来的期

---

① 雨安居，俗称"关门节"，时间一般在傣历的九月中旬至十一月中旬（公历7月中旬至10月中旬）。其间会举办大量的公共仪式和私人仪式，是一年中宗教活动最为集中稳定的时间。

② 在引领老人的禅修过程中，波章主要参考的是缅甸大其力的祜巴香腊大师的著作。

望。特别是在雨安居的三个月中大量的仪式操办，比如"赕坦"仪式①中僧侣对信众或个别信徒的宣法，有力将佛法的教义、思想传给信徒，尤其是佛陀本生经故事②得以广泛传诵。本生经故事将佛陀一生修行的事迹以通俗易懂的方式表现出来。因此，信众感受到的是佛陀作为真实存在的修行者，通过亲身实践最终成为证悟涅槃的正自觉者。个人的亲自实践与体悟，是南传佛教最为强调的。

通俗而言，南传佛教视人生为苦，佛教的目的是要通过修行了断苦恼。汉传佛教中以布施、持戒、忍辱、精进、禅定、智慧为修行六度；在南传佛教中，布施、持戒、禅修则最为基本。戒、定、慧三学也是南传佛教最为根本的宗教修持，所谓"戒为定基，因定生慧"（蒲正信，2010：14），因此持戒被视为修行的基础，而在此意义上，持戒者才能被称为佛教徒。从广义的修行而言，三者之间有其次第顺序，每一个行为也照样分解为诸多步骤，渐次推进。与热衷于做"赕"（布施）的村民不同，持戒、禅修是少数人才能进行的宗教实践。虽然诸如傣历新年、关门节等举办的集体宗教仪式中，全体村民都会跟随波章诵念礼佛、三皈依、持五戒等经文，但真正可以持守五戒的也只有这些老人。因为从事生产劳动的人很难不违反戒律。例如，经常在寺院打扫卫生、照顾僧侣的老人就告诉我，"清理寺庙周边迅速生长的野草、种植果树和茶叶，不可避免要伤害到微小生命"，这让他们无法做到"不杀生"；嗜好烟酒的村民也会因为难舍此等享受而无法持戒。即便如此，佛教仍然为此广开方便之门，时时提醒人要尽力按照佛陀的教诲去做。每次宗教仪式都会不断重复三皈依、持五戒经文的诵念形式。这是村民信徒与持戒者的共同之处，也是两者处于不同阶段的表现。

每次集体禅修结束后，波章会不定期为老人讲述佛陀禅修时的故事。例如有关佛陀闭气、断食等苦行行为的"布陀衮"、有关佛陀为五位弟子初转法轮的"塔木衮"、有关佛陀五位弟子得道的"桑哈衮"。③ 波章将

① "赕坦"直译为献经，届时信徒可手抄或请人抄写某部经书，献给寺院。寺院僧侣则为献经者诵念、讲解该本经书。
② 巴利三藏中的《经藏》主要由《长部》《中部》《相应部》《增支部》《小部》五部汇成。《小部》收录了诗偈、论文、故事等，仅故事类就含有500多则佛本生故事。
③ 这样的故事还包括僧侣227戒的"西腊"、形容禅修后达到飘浮状态的"丢瓦哒"、美好境界实现的"扎嘎"、佛陀不生不灭状态的"乌巴桑巴达"。

这三部分内容分别形容为佛教的根、枝、花，即佛、法、僧三宝作为佛教信仰与实践的重要意义，告诫修行者要像佛弟子追随觉悟者的教导一样，坚定信念，渐次修行。

布施、持戒基础上的禅修，与之最为密切的是修行者对身体的运用和感受。事实上，禅修的相关教义对于禅修者身体的行、立、卧等方面都有具体要求。佛寺住持曾告诉我在禅修过程中，行走时的脚掌应该持平抬起、持平落地，不可以脚趾或脚跟先后落地；一脚落地后，另一脚以同样的方式抬起、落地，脚趾接近前脚的脚后跟。卧时则应以佛陀涅槃时以右侧做狮子卧①为标准。我以此与老人核实能否做到，老人笑着回答：应该这样，但并不容易。现实生活中，我也只在僧侣的托钵乞食中，目睹过这样的行走方式。但需要明白的是，坐立行卧中刻意要求的身体姿势，是为了配合对呼吸的体会。佛陀出家修行时便追随当时的禅定大师进行禅定，而后又进行闭气、断食等苦行，在放弃苦行后，通过专注呼吸和观想而得道（玛欣德尊者，2008：26）。

在南传禅修中，通常以"四禅八定"来衡量所能到达的境地。"四禅"指的是禅的四个层次，对应的是色界"四禅天"，"定"对应的是无色界的"四无色天"。修四禅定圆寂后可脱离欲界，升入色界第四禅天（蒲正信，2010：14）。因此，"禅"是"定"的基础，两者有境界层次的等差。而村寨持戒老人所进行的禅修是最为基础的通过坐禅来体悟呼吸，对身体的运用和控制，与精神的专注融合为一。在所有持戒修行的15位老人中，以禅修最久者为代表，他坦言自己仍处于"初禅"阶段。作为诸位老人的同修与先进，波章亦自觉尚未能进入"三禅"。

坐禅看似简单，它强调需专注于对呼吸的体悟与关照，重在当下，不念过往。坐禅并无神秘可言，只是这种体会只有修行者本人才能有所领会，无法言说。波章就曾形容自己专注于观息时，可以很好地控制、观想呼吸的状态，获得不受外界干扰的静谧感，身体处于一种极度放松和喜悦之中。

毛斯（Marcel Mauss）曾注意到"在我们所有的神秘状态中，也存在各种身体技术"，并认为"必然有一些'与上帝交流'的生命手段。尽管

---

① 佛陀涅槃的塑像在寺庙多有展现，即右手垫于头下，双腿并拢伸直，整体向右侧卧。

呼吸的技术等在中国与印度只是基本的观点，但是我相信它更是一种被普遍接受的观点"（毛斯，2003：319）。南传佛教禅修中的身体技术与呼吸技术，更多指的是一种身心合一的身体观念之实践。南传佛教中的禅修，将身体、思维与情感紧密联系，使得禅修者在此身心互动中获得平静，培育智慧。同时，在整个修行中，将布施、持戒、禅修视为不可分割的整体，可以说南传佛教具有一套以人的身体为中心的修行技术。布施是对身外之物的舍弃，持戒更是对身体做出明确的规范。这样的理解不代表全部，但至少部分说明了以身体为中心的规范、训练，是建立在身心合一基础上的宗教行为实践。

三　身体技术与曼景社会

涂尔干（Emile Durkheim）以文身为例（涂尔干，1999：303），说明身体不仅是个体的肉体，也是集体情感的社会性象征，以此表明在人类宗教信仰中身体所再现的社会集体性情感。毛斯则提出"身体技术"的概念，将其定义为"人们在不同的社会中，根据传统了解使用他们身体的各种方式"（毛斯，2003：301），并强调身体行为是通过学习而来，并被打上深刻的社会烙印。毛斯还强调，对于身体的生物学、心理学和社会学的三重思考是理解"完整的人"的必要的三种观点。总之，两位人类学家都强调身体与社会文化密切相关。换言之，只有将人放置于所处社会的时空情境中，才能进一步理解身体的意义。

以毛斯对不同阶段的身体技术习得的分析来看，傣族社会的持戒者之所以在 60 岁左右，且以女性居多，反映了傣族的社会组织和日常生活中的两性分工。傣族社会以傣楼为组织单位，夫妻关系是傣楼内部最重要的组织原则，家庭成员不强调纵向的单系继嗣，而注重从个体出发的双边亲属关系的连接，实行双边继嗣并偏向父系一方。这一"家屋社会"的特征广泛存在于东南亚社会。① 傣楼之中的家庭成员一般为三代之内的六人，同用一个火塘，共居一个卧室，各有自己的床垫。最年长者居于傣楼的高处，其他家庭成员依次分列。因此，傣楼内部的睡眠、生育等有其一

---

① 较有代表性的民族志：J. Carsten, *The Heat of The Hearth: The Process of Kinship in a Malay Fishing Community*, Oxford: Clarendon Press, 1997。

定的身体规矩。

同时，传统上男子在七八岁即出家入寺学习傣文经典，及至十七八岁，大多数人还俗成家；而孩童时的女性无法获得与男性同等入寺学习的机会，她们对于佛陀教育的接受，基本只能通过反复听诵经文、做赕布施，在中年以后才能集中精力以寺院生活为重心。从小的耳濡目染，在日常的行为举止上亦培养和训练出一种宗教精神与行为习惯。反映在身体姿态上，无论是在宗教仪式场合还是日常聚会饮食之时，傣族女性在人前经过，总是向前弯腰躬身，双手交叉在小肚前轻按筒裙，碎步快走。傣族的集体宗教生活在代际形成了有效传接。例如在雨安居三个月内，每隔七天的集会时，所有村民分成十组，轮流做饭，并送至寺院供僧侣和持戒老人食用。

虽然很难界定南传佛教对于个体禅修实践的强调与傣族社会表现出的某些"松散"的特征之间的主次关系，但似乎二者之间有着内在的逻辑关系，这种逻辑性借由身体技术习得之处境不同，使宗教与社会、个体与群体实现融通。个体在身体、思维、情感上的修行实践，贯通而成社会秩序与文化特质。

坐禅是个人进行身心互动的宗教实践。宗教生活中的身体技术或许是毛斯眼中稍显神秘又专业的生物学或心理学意义上的身体技术，而日常生活中的身体技术，诸如傣族的文身、武术与舞蹈，甚至槟榔的食用，则建构了傣族个体社会性存在的身体。

余论：作为人之存在的另一种形式

在有一千多人的曼景，目前只有十多位持戒老人。据波章说，20 世纪三四十年代，几乎每一位年届 40 的人都会成为持戒修行者。导致如今这一变化的客观原因是显而易见的，宗教信仰的一度中断也使得在知识传承方面后续乏力。最近十多年来，村寨佛寺引入数量不少的缅甸僧侣，本土的僧才培养仍在恢复之中。

南传佛教信仰，是以佛陀为导师，以佛陀的教诲为依归，以断绝苦恼、培育智慧为目的，强调个体精进勇猛的实践。这一过程即是由凡入圣，而非求神成仙。持戒老人的日常修行，是一种生活方式，代表的是一种人之为人的意义。

参考文献

〔法〕马塞尔·毛斯：《社会学与人类学》，佘碧平译，上海译文出版社，2003。

玛欣德尊者：《您认识佛教吗?》，云南省佛教协会，2008。

蒲正信：《禅修与静坐》，四川出版集团巴蜀书社，2010。

〔法〕爱弥尔·涂尔干：《宗教生活的基本形式》，渠东、汲喆译，上海人民出版社，1999。

宁玛派觉姆的修行实践[*]

——以甘南曲宗宁玛寺为例

刘　凡

摘　要　甘南藏族自治州曲宗宁玛寺觉姆在寺院的修持仪式以及日常生活中，以个人或集体的方式尊崇并践行宗教教义。她们将修行实践视作生命中最重要的部分，身体力行追求心灵的归宿和解放。

关键词　曲宗宁玛寺　觉姆　宗教信仰　修行实践

佛教从传入西藏伊始就与藏族女性结下了不解之缘，让她们寻找到了一种新的人生路径。公元 8 世纪，藏族历史上有了第一位出家女性，即藏王赤松德赞的王妃卡钦萨措杰，她被莲花生大师收为弟子，最后成为吐蕃著名的密宗大师，从此开藏地女性出家的先河。自此之后，虽然历经了无数曲折坎坷，但觉姆①们凭借顽强的毅力和特有的传承方式在雪域高原世代相传，形成了别具特色的藏传佛教出家女性文化，为佛教在青藏高原的传承和发展做出了重要贡献。时至今日，觉姆在藏传佛教领域仍占有重要地位，她们在传播和传承藏传佛教和藏族文化的过程中发挥着积极作用。

* 本文系 2021 年度甘肃省科技计划项目软科学专项"甘肃省民族互嵌式社区治理模式创新研究"（21CX6ZA085）、2021 年度中央高校基本科研业务费专项资金项目"铸牢中华民族共同体意识视阈下的西北城市民族互嵌式社区治理研究"（31920210159）的阶段性结果。

① 在安多地区，藏传佛教出家女性被称为"觉姆"，意为"佛母""度母"等，或被称为"阿尼"，意即"姨母""姑母"等。

一　曲宗宁玛寺概况

曲宗宁玛寺位于合作市那吾乡境内，全称为曲宗拉果静修院泰合谦桑俄达吉林，意为大乘密法兴盛洲。寺院教法传承来自四川甘孜州的阿宗寺，修持的教义为宁玛派持明大师吉美领巴的旧派密宗。清乾隆三十一年（1766），生于南木拉部落的俄旺泰乔修建了曲宗静修院。静修院创建以来，建有比丘僧和比丘尼的经堂、佛殿、囊欠、印经房、僧舍等一百余院，经1958年反封建扩大化和"文化大革命"，静修院已荡然无存。20世纪80年代，寺院恢复重建，重新修建的曲宗宁玛寺占地面积约6000平方米，现有经堂、白塔、华智活佛囊欠、印经房各1座，僧舍59院。

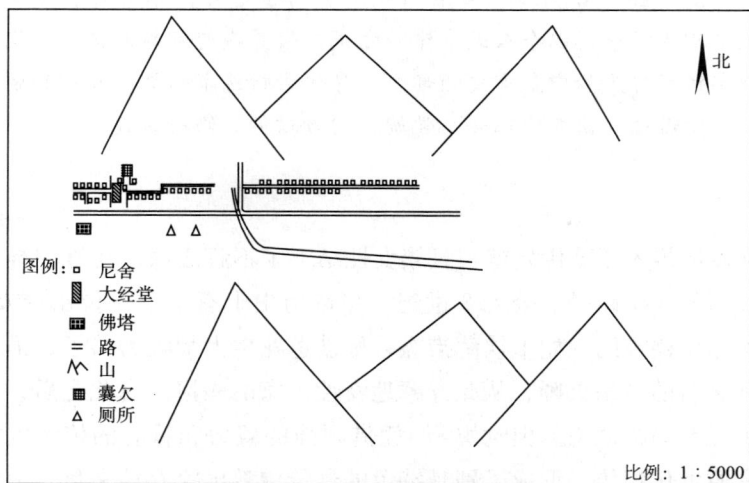

图1　曲宗宁玛寺平面示意图

目前，曲宗宁玛寺由寺管会领导，寺管会由正、副主任和成员等组成，是寺院主要事务的负责者，经民主选举产生，任期三年，可以连任。现任寺管会主任是赤哇阿克图丹香曲坚赞，副主任是阿尼桑吉卓玛，剩下的成员由品学兼优的觉姆担任。同时，又按藏传佛教寺院传统，设有诸如寺主、赤哇、格贵、翁则、聂拉等僧职。寺主为四世华智活佛，法名图丹尼西嘉措，赤哇是阿克图丹香曲坚赞，翁则是阿克罗卜藏旦增，聂拉是阿克尕藏加措。除此之外的僧职均由尼僧担任，现任格贵是阿尼尕藏卓玛，郭聂为阿尼旦却卓玛与吾吉。曲宗宁玛寺通过建立自己的组织制度和专职执行人员机构，将觉姆们组织起来，有序开展宗教活动。

二　修持伊始：剃度

法国人类学家范热内普（Arnold Van Gennep）将仪式过程分为三个阶段，即"分离阶段""过渡（阈限）阶段""聚合阶段"。他认为世俗世界与神圣世界之间不存在兼容，以致个体从一个世界过渡到另一世界时，非经过一个中间阶段不可（范热内普，2012：4）。英国人类学家维克多·特纳（Victor Turner）发展了范热内普提出的仪式理论，对阈限阶段做了进一步探讨。他认为入会仪式，无论是表明一个人的社会成熟度还是表明他的宗教成员身份，都是说明过渡的最好例子，因为这种仪式具有明确而持久的边缘或阈限阶段（特纳，2014：95）。觉姆的剃度仪式可以视作一种"阈限"状态，预示着从一个阶段到另一个阶段的过渡期。古语有云，"身体发肤，受之父母，不敢毁伤，孝之始也"。剪去头发，表示从原有的世俗的"小家"脱离而进入佛教的"大家"；圣水灌顶，除了表示要脱离原有的世俗阶段进入神圣阶段，又是一种接受神力的藏密礼仪，能够祛除修持者的垢秽，引出本来具有的清净心。觉姆通过一系列的象征手段，在仪式过程中脱离现有角色，打破原有结构，获得新的社会身份和社会责任，故剃度便成为这两种身份之间转换的纽带与"阈限"。

藏族女性出家，不仅开启了她们的修持之路，也是女性社会生活变革的开始。每一位觉姆剃度出家前，首先要在自己日后修行的比丘尼寺里找一位具有一定声望、已正式纳入寺院组织的比丘尼作为自己的"依止师"，"依止师"在征得寺院同意后方能收其为弟子。然后由"依止师"在其佛堂内为新的弟子举行剃度仪式，为新弟子剃发、穿法衣、赐法名、授沙弥尼戒，从此新弟子便成为沙弥尼。曲宗宁玛寺的情况也大致如此。师父不仅要照顾徒弟的日常生活，还要教授本教派的教义思想，因此，大多数新出家的沙弥尼都会借住在师父的尼舍，直到有能力自立门户。阿尼贡却桑毛讲述了自己出家时的剃度仪式：[①]

[①]　贡却桑毛，22岁，甘肃碌曲人。访谈时间：2017年2月。访谈地点：阿尼桑吉卓玛尼舍。

剃度第一步是洗发。像平时洗发那样洗干净。我当时头发很长，晾干后由寺院年长的阿尼次正姆剪，先用剪刀从发根一剪刀一剪刀剪起，再用电推子推平。之后用清水把碎头发洗净。第二步穿僧服。把原来俗家穿的衣服脱掉，只穿最里面的背心，剩下的坎肩、裹裙、袈裟由师父阿尼桑吉卓玛以及寺院年龄大的阿尼次正姆给我穿。第三步去囊欠淋圣水。由赤哇阿克图丹先给我念经，念完经后将经文加持过的圣水浇在我头上，我用圣水洗头洗脸，结束后就去学经了。

出家是要远离世俗红尘，所以又称为"出尘"，要求必须剃去须发、除去装饰，穿着僧袍，所以出家又称为"落饰""剃发""落染"等，是对出世的向往与追求。除了自己真实的意愿表达，出家还必须征得父母的同意并获得僧团的认可。在谈到出家原因及剃度的感受时，阿尼贡却桑毛继续讲道：

> 藏传佛教是我们藏族人的信仰，我喜欢当阿尼，特别喜欢僧袍、喜欢念经。家里人也很支持，我爸妈很喜欢我当阿尼。出家前还去找活佛打卦，也说我出家好，适合出家。我很喜欢这里，喜欢这座寺院。①

佛教文化在藏地得到了广阔的发展空间，藏族家庭以送孩子出家为荣。在特定的地理环境、文化底蕴以及藏族祖祖辈辈潜移默化地影响下，出家为僧（尼）、弘扬佛法的思想已经内化于当地藏族百姓心中。当觉姆通过剃度仪式，正式成为出家女性后，她会在寺院中找到归属感，践行佛教的种种戒律，以慈悲宽容为人生态度，以度己度人为人生目的，不断为藏传佛教文化的传承与发展做出自己的贡献。

三　比丘尼的集体宗教实践

曲宗宁玛寺作为甘南安多藏区信仰宁玛派的比丘尼寺，它的信仰方式、法事仪轨、修行实践有其自身的特色。觉姆从世俗世界进入神圣世

---

① 贡却桑毛，22岁，甘肃碌曲人。访谈时间：2017年2月。访谈地点：阿尼桑吉卓玛尼舍。

界，首先要经历剃度仪式，继而学习该教派的教义思想，并不断进行宗教实践，正如阿尼仁正卓玛而言，"当阿尼不仅对自己的今生来世好，而且可以劝别人多做善事，是一个正确的选择"。① 她们通过身体实践的方式来向神佛、菩萨、本尊等祈祷以广度众生，并在修行过程中逐渐实现着自身的价值与追求。

（一）日常学经

觉姆在寺院居住后，便开始她们的另一种人生轨迹。剃度入寺的阿尼首先要经过"依止师"逐字逐句地教授该教派所修习的各种教理教法。在曲宗宁玛寺，为了规范学经，新来的尼僧每日要跟随阿克图丹识字读经，首先从最基础的30个字母以及拼读学起，然后学《白伞盖经》《度母经》《心经》等佛经。虽然小沙弥尼一般是一起学经，但是学习的进度可根据个人能力灵活变通。如阿尼跟随阿克图丹念会一部经文后，便要反复熟读牢牢记住，直到一字不差地背诵全部经文。之后就可到阿克图丹面前背诵，如果能够准确无误地将经文背诵下来即被视为通过一次简单测试，之后进入下一部经文的学习。在学习显宗经文的同时，阿克图丹还会根据个人情况传授密宗咒语。阿尼贡却桑毛说道：

> 我们新出家的阿尼，每日分三个时间段去阿克那里，第一个是6点到8点，第二个是9点半到12点，第三个是16点到18点。早上背不会中午背，中午背不会晚上背，什么时候背会了就背给阿克听。每个人学习的进度都不一样。我是高中毕业，学第一部经的时候用了一天半就背会了，有的阿尼出家前不识字，可能就需要一个多月的时间。虽然每个阿尼学习的进度不同，但是基本的经文学习都得需要至少六年的时间，在这六年中，阿克也会根据每个人的进度进行密宗灌顶，传授咒语。②

① 仁正卓玛，39岁，四川若尔盖人。访谈时间：2017年2月。访谈地点：阿尼旦却卓玛尼舍。

② 贡却桑毛，22岁，甘肃碌曲人。访谈时间：2017年2月。访谈地点：阿尼桑吉卓玛尼舍。

寺院通过这种灵活机动的教学方式，一方面因材施教，极大地调动了觉姆学习的积极性，使她们以最快的速度学会更多的经文，另一方面又保证了教学的规范性，先显后密，显密共修，使觉姆成为有资格参加寺院举行的各种法事仪轨的出家人。

（二）法事仪轨

宗教礼仪的形成和发展，无论对于宗教本身，还是对于宗教所依存的社会都有重要的影响和作用。由于宗教礼仪是宗教信念之外的形式上的象征性形式，这就增强了信仰者的宗教感情，加深了他们对宗教的兴趣，从而强化了对宗教的信仰（吕大吉，1989：305）。法事仪轨成为觉姆集体宗教活动中的另一项重要内容，它是阿尼接近神佛、菩萨、本尊等，与之进行超自然交流的重要途径。藏传佛教在重视显宗修行的同时，尤其强调密宗修炼的重要性，因此，作为宗教实践必须遵循的法事仪轨就被更加注重起来，并在长期的实践过程中发展出符合自己教派教义理念的一整套纷繁的宗教礼仪。

藏传佛教具备全面系统的宗教仪轨，在举行每一法事活动时都要按照规定的宗教仪轨进行。宗教仪轨是阿尼群体共同以独特的形式向神佛、本尊、菩萨等表示敬畏、感恩和祈求的宗教礼仪，也是阿尼们对其宗派教义教法的一种内心体验与实践（德吉卓玛，1996）。曲宗宁玛寺按月举行的法事活动有：正月、二月修习《大圆满法》，四月进行禁食斋戒，五月举行的活佛圆寂致祭以及念修《上师供养悉地海》，十月至十二月二十五日修习藏密气功，另在十一月合并举行《普贤上师言教》和《轮回解脱明灯》法事，十二月举行静猛白尊神和马头金刚、金翅鸟回遮法事。

寺院每月的农历七日、十日、十六日和二十五日还会坚持举行念修仁增金巴上师、集密金刚、空行胜乐佛母等佛事。这四日的法事一般在清晨进行，阿尼们黎明时分就要赶往大经堂，在赤哇与翁则的带领下共同诵经供赞。同时，觉姆在念诵经文时需观修本尊，努力做到在身、语、意三方面统一，以此消除障碍达到正悟。在此过程中，觉姆通过供奉净水、鲜花、酥油灯、藏香、朵玛等物品来沟通神俗两界；通过吹奏法器、举唱梵呗来迎请神佛、菩萨、本尊等；通过诵经、祈祷来获得他们的帮助和恩赐。通过法事仪轨，宁玛派的教义教法外化至阿尼的行为活动，阿尼宗教信仰得以内化的同时其宗教组织结构得以巩固和发展。

（三）俗家经忏

觉姆的集体宗教活动还包括俗家经忏，这也是她们主要的经济来源之一。俗家经忏是在寺院或民众家里为俗人举行的超度亡灵、祈福延寿、驱邪禳灾等佛事活动。曲宗宁玛寺规定：觉姆个人不能擅自受邀去俗家经忏，一般由"格贵"统一安排，人员的多少由俗家限定，依经忏内容选择5人、7人或10人，必须是本寺修为高、学识渊博的尼僧。进行经忏的内容繁杂，包括追荐亡灵、祈冥福、消灾延寿、驱邪攘灾等。阿尼作为神俗两界的中介，以诵经的形式将神圣世界与世俗世界联系在一起，通过法布施来实现三种作用：一是救度亡灵、超脱苦难；二是救治世俗、慰藉家属；三是调节自身、获得功修。阿尼尕藏卓玛是现任的格贵，平日负责安排俗家经忏的人数，她说：

> 我们去人家家里念经，就是在为逝者的灵魂超度，虽然说也收逝者家人的钱，但是只要保持自己内心的纯洁，发自内心地怜悯这些逝者，对自己来说也是很大的功德。①

通过这种仪式，觉姆达到了替自己积累福报，为他人脱离苦海的目的。所以这在她们看来是一种将神圣的宗教世界引入日常生活，方便一切、利益众生的有效方式。俗家经忏不仅为觉姆的基本生活提供了物质保障，而且对藏族民众的日常生活起着重要的精神支持作用。

觉姆的集体宗教实践既是她们与神佛进行超自然交流的重要方式，又是将自己融入永恒的神圣力量之中的宗教体验。在此过程中，宗教信仰与修行实践持续地发生影响。一方面这种修行实践不断加强着尼僧的宗教信仰，在一系列诵经礼佛的过程中，觉姆会深感神圣力量的存在，坚定其助六道众生脱离苦海的愿望；另一方面宗教信仰又会作用于修行实践，无论生活的现状如何困苦，成佛的道路如何艰辛，她们也愿意为内心的信仰终其一生地进行苦修。

---

① 尕藏卓玛，51岁，甘肃迭部人。访谈时间：2017年3月。访谈地点：阿尼尕藏卓玛尼舍。

四　尼僧的个人宗教修行

觉姆在宗教修行中不断进行着"外在性的内在化"这一过程。她们个人的宗教修行与日常生活融合在一起，处处体现着宗教礼仪所制定的规则和内容。尼舍不仅是阿尼的日常起居之地，也是她们进行宗教修行的场所，没有集体法事活动的时候，阿尼就在尼舍诵经持咒、磕头礼佛、煨桑烧香等。阿尼尕藏卓玛谈到了自己的日常生活：

> 我是 17 岁出家，因为自己喜欢当阿尼就偷跑出去，跟了一个老阿尼，等家人找到我的时候已经剃度了，虽然家里不同意，但是自己坚持出家，家人没办法也就同意了。寺院规定每个月去四次大经堂，分别是初七、初十、十六、二十五，都是一整天。从早上 6 点开始到下午四五点结束。不去经堂的时候就自己在家修行。我凌晨 5 点起床开始诵经，诵两个小时，包括莲花生心咒。念完以后供灯供水、煨桑。然后上午 8 点开始吃早点，吃完继续念经。一直到中午 1 点多吃中午饭，然后干点儿家务，边干家务边念经，自己给自己规定次数。下午 3 点多的时候再念早上的经，诵完以后打坐的时间会长一点，然后再去白塔转果拉。晚上 8 点吃完晚饭后，又是念经打坐。每天所有的修行活动都是要时时提醒自己心存众生。①

在一名觉姆的宗教实践中，各种修行活动会反复出现，终其一生。从这个角度看，宗教实践的功能不但从整体上对藏传佛教的组织形式、教法传承、教育管理产生作用力，其教义思想、法事仪轨会渗透阿尼的观念深层，对尼僧个人的心理和精神产生重要的影响。

（一）诵经持咒

诵经持咒是藏传佛教各宗派尼僧个人修行的基本内容和方式，除了《白伞盖经》《度母经》《心经》这三部对藏族社会影响最深、流传最广

---

① 尕藏卓玛，51 岁，甘肃迭部人。访谈时间：2015 年 7 月。访谈地点：阿尼尕藏卓玛尼舍。

的经文，宁玛派的尼僧还要学习《超度五祈愿经》《空行持明经》《大乐母经》等经文。除了必修的经文，尼僧经过密宗灌顶后，还要学习上师口耳相授的密宗咒语心法。阿尼嘉央吉说道：

> 我凌晨四五点起床，把该念的经全念完，要是自己慢慢念，把数念够多则三四个小时少则两个多小时。去大经堂念经的时候跟着翁则念。在家念的越多越好，长经的话凑个100多遍，短经的话凑个1000多遍，都是自己规定的。通过入心持咒和观想，获得无上功德。念经不仅可以破除魔障、消灾解难，利益自己现世和来生，更重要的是方便一切、利益众生。①

每个觉姆每日都要念诵一定数量的经文，虽然其所诵持的经文内容并不相同，视个人的需求而定，但她们的目的是一样的，都希望借助佛祖菩萨的无边法力来实现自己或他众的目的和心愿。除了学习、诵读、理解基本经文，藏传密宗尤其强调"三密（身、语、意）加持"的修炼方法，即修行者手结印契为身密，口诵本尊咒语为语密，心观本尊神佛为意密，就能使自己的身、语、意与本尊佛的身、语、意相应，即可"成就圆满"。因此，觉姆除了农历的六月至七月、十月至十二月期间在经堂、山上集中修行密宗气功，平日也会在尼舍中进行修炼。因为她们在密宗灌顶时已向金刚上师宣誓保证永不向外人泄露，故一般人难以得见阿尼们修行密宗的过程。

（二）磕长头

磕长头不仅是藏传佛教密宗修持的一种方法，也是信徒为实现信仰、祈福避灾而进行的最为虔诚的祈祷方式。觉姆在磕长头时会先将手结成莲花状——顾名思义就像一朵莲花，合掌置于胸前，代表向佛祖供花，表示领会了佛的旨意和教诲。再上举至头顶，后降到喉，再降到心，然后俯身，两手分开如肩宽而着地，向前推出。全身伸直着地，两手在前合掌一拜，立即起身。做此礼拜时，她们还会默念或出声诵六字真言等经咒。在合掌结手印时，显宗和密宗有所不同。显宗一般以两手十指尖相触，手掌

---

① 阿尼嘉央吉，49岁，青海化隆人。访谈时间：2015年7月。访谈地点：曲宗宁玛寺小卖部。

内空如塔形，这种合掌式手印称为普通合掌。而密宗的合掌被称为特殊合掌，例如觉姆在修行大礼拜时的如莲花般的手形。阿尼尕藏卓玛每日坚持磕长头 300 次，她说：

> 我们要用正确的叩拜姿势是一件很重要的事情，触额、触口、触胸，表示身、语、意与佛相融，合为一体，叩拜时心中不得有任何杂念，如果虽然身体的姿势在礼佛，但心念不定，虽然做完十万遍，却很难产生出真正的信仰。必须一心向心中的叩拜对象及众神祈祷，我们平常把十方佛作为叩拜、祈祷的对象。修习大圆满加行，顶礼大礼拜通常要十万遍才算圆满，这是考验你的恒心和毅力。种种苦修，可以培养你真实的虔诚心，我平时早中晚各磕 100 个长头，只要有时间就磕头，磕得越多越虔诚，随之福报就会越大。成千上万次的磕头不仅是为了自身的修持，更是为了普度众生，这样功德是很好的。①

在阿尼看来，磕长头除了要姿势正确，身体是以五体投地的方式来礼佛，而且要做到心中有佛，口中念诵祈祷文或皈依文，心中恭敬虔诚，这样就可以将自己的身、语、意转化为佛的身、语、意，以此种身、语、意顶礼的方式来获得功修。当然，功修的目的还是度己度人。

（三）转经

转经轮也是觉姆进行的主要的宗教活动之一，"经轮"是指壳内装置经文的圆柱体轮子，经文以观世音菩萨的心咒，也就是被称为"六字真言"的"唵嘛呢叭咪吽"为主，所以经轮也称为嘛呢经轮。觉姆们的日常转经活动，除了室外围绕白塔转果拉外，就是在室内边念经边手摇经筒。每位尼僧的尼舍中都有手摇经筒，闲暇时就在转动经轮。阿尼德吉草毛说：

> 我是 60 多岁出家的，丈夫死了以后出的家，女儿在迭部县政府部门工作。女儿想接我回去，我不愿意回去，我就喜欢待在寺院。我

---

① 尕藏卓玛，51 岁，甘肃迭部人。访谈时间：2017 年 2 月。访谈地点：阿尼尕藏卓玛尼舍。

不像那些年轻就出家的阿尼，我不会念经文咒语，什么也不懂，就会念"唵嘛呢呗咪吽"。平时要么在尼舍转经念嘛呢，要么就去白塔转果拉。除了吃饭睡觉之外，我就是转经。每转动一次经轮就等同于念诵数百倍的经咒，这样可以消除疾病恶业，积累功德呢。[①]

转经是藏传佛教独具特色的一种修行方式，更是藏族僧俗最基本的宗教生活形式，循环往复不断念诵六字真言，不仅消灾积德，免受轮回之苦，而且见闻忆触的众生都能直接或间接获得解脱。对尼僧而言，转动经轮即获得相应功德，这相比较诵经持咒、磕头礼佛、宫灯供水等修行方式，是最简便易行的，还能达到事半功倍的效果。使用转经轮，除了自己可积累很多功德外，凡是与自己结缘的众生，也能直接或间接得到救度，使阿尼实现广度六道众生的夙愿。

（四）供灯供水

供水，藏语称为"乔巴"，按藏传佛教的传统，早上供上清水，下午黄昏时把水供撤下。这种修持重要的是心而不是供品，故可分为实物供奉与意念供奉。实物供奉就是以生活中所能看到的或拥有的各种物品来供奉神佛，比如净水、酥油灯、鲜花、藏香等，意念供奉就是信仰者只要心中观想，凭借各种想象的供品来供奉神佛。每日清晨，觉姆在尼舍或囊欠结束早课后，就开始供灯供水的仪式。首先，用干净的毛巾将黄铜供杯擦拭干净，以毛巾代表方便与智慧来净除自己与众生的业障；其次，以活泉水作为无垢净水供养，水象征智慧，故佛教供水可得无上智慧；最后，进行"七支水供"。阿尼会在每组第一只供杯里装满无垢净水，然后将大部分水倒入下一杯，第一杯中留少许水，再把第二杯中的大部分水倒入第三杯，依次倒到最后一杯。同时，将供杯排列成直线，象征着不要以扭曲的心来供养。在供水时，阿尼会发愿为众生而修善法，将供水的功德回向一切有情众生。

供灯，藏语称为"乔没"，供水结束之后，觉姆便开始供灯的仪式。藏传佛教认为酥油灯的光明象征着可以驱散众生心中无明黑暗的佛陀智

---

① 德吉草毛，83 岁，甘肃卓尼人。访谈时间：2017 年 2 月。访谈地点：阿尼德吉草毛尼舍。

慧，而供灯之人也可以由此增上福慧，今后生生世世转生于有佛法住世的光明劫中，听闻佛法。而且供灯后的发愿和回向，可以让六道众生于未来时得遇光明佛法。所以阿尼在供灯时都会发菩提心，祈愿这些灯火遣除一切众生的无明黑暗，助它们早日脱离苦海。阿尼尕藏卓玛说：

> 藏地在供奉众神时要敬上净水。佛教从印度传到藏地之时，印度国因气候等因素水不怎么干净，所以藏传佛教凭借青藏高原的净水作为供奉各路众神是极大的优势。通过圣水、灯明、烧香等的供养，使圣众本尊为之欢喜，会赐行者光明与智慧，同时将供灯供水的功能回向众生。①

在觉姆看来，供灯是求光明，供水是求智慧。灯和水象征光明与智慧，修持者不仅能消除自身业障，获得功修，还可以将此功修回报六道众生，达到度己度人的最终目的。这种信仰行为加强了尼僧的信念，而这种信念又支撑着她们重复这种行为，使她们在这种不断交替的信念与行为中达到神圣彼岸。

（五）火供

火供，藏语称为"擦斯"，它是金刚乘修法中一种非常殊胜的法门，是觉姆通过火供熏烟，吟诵经文来与超自然进行交流的方式。正如阿尼所言，我们人类肉眼无法看到的食味神灵，它们不食人间烟火，只要闻到桑烟之味便如同进食。每日清晨，觉姆会以糌粑、酥油、酸奶为原料，以烧红的牛粪为燃料制成"尕斯"。伴随着桑烟袅袅，阿尼口念经文，将其置于屋外高处。阿尼仁正卓玛说道：

> 我每日早饭前都会进行擦斯，这个寺院的所有阿尼都一样，每户都有专供擦斯的地方。它主要是培养我们布施和供养的心，也就是供养三宝和护法等，同时布施给所有的六道众生和我们的冤家债主，而且还能将不净的晦秽之气熏走。就功能而言，它不仅可以消除病痛及

---

① 尕藏卓玛，51 岁，甘肃迭部人。访谈时间：2015 年 7 月。访谈地点：阿尼尕藏卓玛尼舍。

障碍，克服一切恶行恶业，还能大大增强召请和超度的能力，在诸佛菩萨、护法、善神的加持下，能召请到更多的受苦众生前来受施，把更多的众生超度到上善之地。①

火供的作用有四：一是供奉佛法僧三宝；二是供奉本尊和护法；三是怜悯六道有情众生；四是喂养诸鬼魂及饿鬼道，同时特别供养那些我们对他欠了恶业的债主。阿尼的此种功修，一方面显示出虔诚之心，表达对神佛菩萨的敬畏感，另一方面显示出悲悯之心，帮助六道众生早日脱离苦海。

（六）闭斋

闭斋藏语称为"娘乃"，其修行分为三种。其中一种是按照寺院规定定期进行的，寺院定期举行的就是农历四月的禁食斋戒。相传农历四月十五日为佛陀的诞生、成道、圆寂之日，在这一天做一件善事或念诵一遍六字真言，就等于平常做了三亿件善事，并能消除业障、广积福报。在此期间，每一位觉姆需持八次"娘乃"，即持16天斋戒。除此之外还有觉姆根据个人意愿修行以及替俗人闭斋祈福两种。阿尼持"娘乃"通常为两天时间，第一天当日中午允许进餐。吃完斋饭，阿尼会先将一小团糌粑揉成长条形放入手掌，握拳捏住，用大拇指将食指一端露出的部分摁回掌心，同时用另一只手把小拇指露出的部分摁回掌心，继而将此称为"兰其合"的供品扔向屋顶，再以倒入掌心的清水漱口，这将意味开斋前不再进食。晚餐只允许喝茶，藏语称"容加"，开始和结束均以清水漱口。第一日可说话，第二天则整日不言不语、不吃不喝、默念经文，于第三天拂晓开戒。阿尼旦却卓玛在笔记本上记录了近五年内所持的娘乃次数，她认为：

> 我经常做娘乃，2010年40个，2011年30个，2012年65个，2013年50个，2014年50个，2015年50个，2016年60个。通过禁言禁食的方式，我们出家人可以体验畜生、饿鬼、地狱三恶趣中生灵

① 仁正卓玛，39岁，四川若尔盖人。访谈时间：2017年2月。访谈地点：阿尼旦却卓玛尼舍。

的痛苦，感悟轮回之苦，不仅可为自己修善缘、积福报，而且以利益众生之心广度有情众生，以苦修来获得觉悟。①

"娘乃"是尼僧日常生活中比较重要的修行方式。闭斋时，禁语是为了来世不堕入不能言语的畜生道，禁食是为了来世不堕入饥饿难耐的饿鬼道，默念经文、不起嗔恨之心，是为了来世不堕入苦不堪言的地狱道。对于阿尼而言，通过持"娘乃"来感受三恶趣的痛苦，使自己的宗教心灵得到一次圣洁的洗礼。不仅可消除业障，获得好的来世，而且可广积善缘，福报六道众生。

寺院的一系列管理制度、法事仪轨、修行方式等藏传佛教文化都在形塑着觉姆的信仰，使之在日常生活中处处体现出慈悲之心，愿意将自己的功修回向六道有情众生。同时，觉姆自己在修行中不断内化的宗教信仰又会使之为弘扬佛法、解脱六道众生而努力，从中找到生命的意义，更好地建构着藏传佛教文化。在此过程中，藏传佛教文化与觉姆的信仰之间不是简单的"决定"与"被决定"的关系，而是一种以"修行实践"为中介的"生成"或"建构"的动态关系。

结　语

美国人类学家格尔茨（Clifford Geertz）将"深描"作为阐释人类学的工具，他认为作为由可以解释的记号构成的交叉作用的系统制度，文化不是一种引致社会事件、行为、制度或过程的力量；它是一种风俗的情景，在其中社会事件、行为、制度或过程得到可被人理解的——也就是说，深的——描述。（格尔茨，2008：16）通过"深描"的民族志研究，我们可以从当事人的角度去探究行为背后的意义，从而对当地文化做出"解释"的解释。即人类学家的工作是将研究对象的知识体系用自己的母语或惯用的语言解释（interpretation）出来，再配之以客观合理的理论分析介绍给读者，使读者得到有关研究对象的尽可能准确的全息理解图像（王建新，2013）。我们只有从修行者的心灵出发来探讨她们对于宗教实

---

① 旦却卓玛，52 岁，甘肃碌曲人。访谈时间：2017 年 2 月。访谈地点：阿尼旦却卓玛尼舍。

践目的的解释的更深层解释，才能获得对信仰、修行与宗教文化更合理的认知。

站在局外人的角度看，觉姆终其一生的宗教修行，如同莫斯（Marcel Mauss）笔下的"礼物交换"，是一种人与神之间献祭观念的结果。阿尼通过诵经、供施、火供、闭斋等供养方式来获得神佛对己对众生的回报，以求获得好的来世，或免受轮回之苦，以及助六道众生脱离苦海等，这建构了一种以功德为中心的象征交换原则，在神佛菩萨与信仰者之间构成了一种"相对交换关系"。这种"互惠的象征交换"并不是觉姆进行修行实践的初衷，只是局外人理解的双向约定的契约形式，这种简单地将宗教的作用视为仅仅是维持结构的观点缺乏解释力，应代之以宗教信仰和实践与世俗的社会生活之间有着十分复杂的关系的观念（格尔茨，2008：155）。

站在觉姆的观点看，她们的世界观、人生观、价值观皆是围绕佛教展开，信仰不仅体现在宗教仪式中，也体现在日常生活中，她们将修行实践视作生命中最重要的部分。同时，这种信仰又对寺院进行着再建构，使之成为一个充满意义的世界。对觉姆而言，寺院就是她们践行佛教教义、实现价值追求的神圣之地。她们在这里的所有宗教修行实践不只是要尊崇和遵循宗教教条，更是通过宗教修行实践追求心灵的归宿，获得心灵的解放。

参考文献

〔法〕皮埃尔·布迪厄、〔美〕华康德：《实践与反思——反思社会学导引》，李猛、李康译，邓正来校，中央编译出版社，1998。

德吉卓玛：《试析阿琼南宗尼姑寺的生活模式》，《青海社会科学》1996 年第 3 期。

德吉卓玛：《藏传佛教出家女性研究》，社会科学文献出版社，2003。

〔法〕阿诺尔德·范热内普：《过渡礼仪》，张举文译，商务印书馆，2012。

〔美〕克利福德·格尔茨：《文化的解释》，韩莉译，译林出版社，2008。

吕大吉主编《宗教学通论》，中国社会科学出版社，1989。

〔英〕维克多·特纳：《象征之林——恩登布人仪式散论》，赵玉燕、欧阳敏、徐洪锋译，商务印书馆，2014。

王建新：《格尔茨"近距离经验"概念辨析》，《青海民族研究》2013 年第 4 期。

◎ 修行与日常生活

斫木求音[*]

——一位当代斫琴僧人的身体实践

张真瑞

摘　要　历代琴人在抚琴操缦的同时，对古琴的制作也有一定的钻研与实践，可以说抚琴与斫琴是一个相互实践的过程。琴人无不以斫琴与抚琴为相互影响的感官参与，从而在二者的身体实践中达到修身理性的目的。经过一年多的参与观察，结合笔者跟随僧人释智藏斫制古琴的经历与相关文献，论述僧人智藏在从事古琴艺术实践中的"以琴理喻禅"。

关键词　斫琴　琴僧　修行　身体实践

一　研究缘起

古琴一直以来都是传统文人的精神象征，从中可以窥知其精神追求与审美趣味。早在先秦时期，古琴就已普遍流行于宗庙祭祀和抒情咏歌中，可谓既有"礼乐相行之道"（李美燕，2012：1）又有"怡情养性之乐"；直至两汉，琴逐渐被文人士大夫建构为一种地位崇高的"道器"，强调琴的社会功用与音乐品质。古琴艺术的成熟期应当在儒、释、道各家思想相互交流碰撞的魏晋时期，在名士们艺术实践的美学思想中，古琴开始形成自己独有的艺术精神和审美境界（李美燕，2012：1）。自此以后，古琴逐渐成为传统文人的一种精神寄托。魏晋以来，古琴见诸历代文人墨客的

＊　本文系参加 2016 年 9 月 21 日"修行人类学视野下的宗教与社会暨第二届宗教人类学工作访"的论文修订稿。

大量诗词歌赋当中，是古人追求山水田园之趣的重要实践方式。

在历代琴乐活动的记述中，有一个群体相当引人注目，即"琴僧"群体。琴僧一般是指以弹琴或从事与古琴有关艺术活动的佛教僧侣，其与历史上的诗僧、画僧等并称艺僧群体。佛教自传入中国以来，曾经长期面临着与同时期的固有文化相互冲突与交融的境况。在这一过程中，佛教逐渐有了本土化的发展；同时，中国文化亦有了佛教思想的渗入。而"琴"作为传统文人精神的典型象征物，也在此过程中起到了一定的媒介作用，从而产生了"琴僧"这一群体。

"琴僧"在中国的出现由来已久，最早见载于魏晋时期的一些僧人传记和文学作品。[①] 唐宋以后，僧人弹琴似乎成为一种相当普遍的事情，[②] 宋代更是形成了一条传承有序、脉络清晰的"琴僧系统"[③]，这一现象被大量载于当时的笔记和文学作品中。这当中既有佛教僧人的文人化过程，又与唐宋以来的"禅悦之风"不无关联（司冰琳，2007）。明清以来的琴僧更是参与编撰、校订了不少琴谱，对后世琴学发展的影响不可小觑。历代琴僧与文人名士交游唱和、抚琴论道，一直被传为美谈。新中国成立后的几十年，历次运动使琴僧群体出现了断层，直到 20 世纪 90 年代前后才又开始有僧人参与古琴的相关活动。那么，新一代的琴僧又是如何在参与琴事的同时，实践自身佛法修行的？

因缘巧合，我在 2014 年底有幸结识了一位当代杰出的斫琴僧人——释智藏。细究他过去的经历，会发现他不仅是个僧人，而且在个别领域还小有成就。他于 1969 年出生，在 20 世纪 90 年代初期遁入空门，起初并不是因为信仰佛教而出家，而是因为一些尘世俗缘与对历代画僧的追慕，在这一时期他痴迷中国山水画与书法、篆刻。后来，他又在著名的佛教丛林中常住，读佛学院时逐渐对佛法有了一定认识，其间，跟随一些当代较有成就的古琴家学习古琴弹奏，并开始从事古琴制作。凭借自己在艺术上的天赋，他的琴艺进步很快。他从 1994 年开始学琴，2001 年已经被聘为中国古琴专业委员

---

① 南朝释慧皎的《高僧传》就记载了刘宋高僧释道温（397—465）、魏瞻（368—433）等弹琴事迹。

② 据《宋代古琴文化考论》中载，《全唐诗》中涉及僧人的咏琴诗约占到所有咏琴唐诗的七分之一，琴僧在唐代古琴艺术的影响可见一斑。（参见张斌，2014：86—90）

③ 最早系统提出北宋琴僧系统的是许建的《琴史初编》，而后的《宋代古琴文化考论》《宋代古琴文化研究》都有详尽的描述。

会首届理事会理事。2006 年，在武夷山经一位僧人指点，他选择放弃寺产与一切职位，进行为期 44 个月的闭关修行。2012 年，他来到上海，借住在朋友的庄园之中，开设了一个小型的古琴工作坊，以古琴制作为生。

我在其帮助下，耗费 20 个月亲手制作了一张古琴。通过自己漫长的古琴制作过程和对释智藏及其弟子斫琴过程的观察，逐渐了解并掌握斫琴的每一道工序，并在斫琴的空隙对他和周围往来的各色人等进行访谈。结合相关文献与长期的参与式观察，我试图说明释智藏在斫琴的过程中，如何运用身体的各种感官。

二　斫琴中的身体参与

2014 年冬天，我在上海郊区的一个庄园里找到斫琴僧人释智藏，想要跟他学习古琴弹奏。初次见面，他并没有给我留下一个僧人的印象。在跟我大谈一番"琴者，所以吟其心"以后，他建议我自己先制作一张古琴。当我在观察并参与古琴的制作中以后，才在漫长的古琴制作周期中渐而感受到斫琴与抚琴之间不可分割的关系；看到释智藏是如何将身体的各种感官熟练地运用到古琴的制作当中。

古琴的制作，又称"斫琴"。"斫"（斲），是用斧头砍削的意思。简言之，斫琴就是选择合适的木材，根据其木性特点进行加工，使其能够发出和谐的音色。斫琴者需要对古琴的形制与构造有一个基本的把握，并在长期的工艺实践中把握斫琴的核心——音色控制。

（一）古琴的形制构造

古琴通体扁长，主要由面板（内侧挖空）和底板两块木板胶合而成，通体为共鸣箱，面板上张缚 7 根琴弦。古琴的音响通过右手弹拨琴弦，左手在琴弦上按滑取得不同的音高和音色效果。

古人给琴赋予了诸多深远的意涵，如"伏羲削桐为琴。面圆法天，底平象地。龙池八寸，通八风；凤池四寸，象四气"。[①] 在琴这一件器物上，凝聚了天、地、山、水、雷、风、泽等自然物象。即使是琴的尺寸都被附以各种中国传统文化思想，"……三尺六寸有六分，象期之数；厚寸

---

① 转引自王应麟《玉海》，载《琴书》，引自蔡邕《论琴》。（参见郭平，2015）

有八，象三六数；广六分，象六律；上圆而敛，法天；下方而平，法地；
上广下狭，法尊卑之体"。（范煜梅，2013：17）琴身的结构大致与人体
相仿，琴体各部位的称谓都相当拟人化，如琴首、琴额、弦眼、琴项、琴
肩、琴腰、舌穴、琴尾等。（章华英，2005：83-86）

　　琴上的各部分大多蕴含着阴阳观念，如天地、山水等。在制作时，面
板和地板的用材则根据阴阳关系来选择，即面板用阳木，一般指较为松透
的木材；而底板采用阴木，要用木性较为坚硬的硬木。

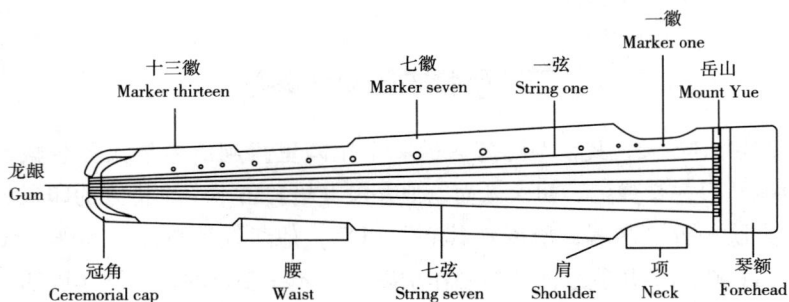

图 1　琴面示意图

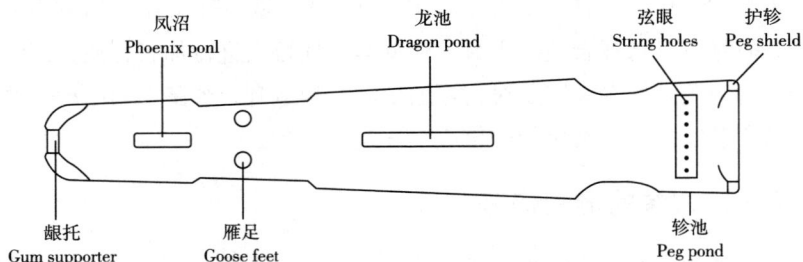

图 2　琴底示意图

　　古琴的款式非常丰富，早在明清时期就达到 50 多种，但最为经典的
款式还要数"仲尼式"和"伏羲式"等。

　　制作古琴一般需要大小 40 多道工序，主要分为木工与髹漆两部分。
木工主要包括制作木胎，斫造形制，凿挖琴腹，合琴等工序；髹漆主要包
括裱布、上灰胎、打磨等工序。从选材到制成古琴一般需要三年以上的
时间。

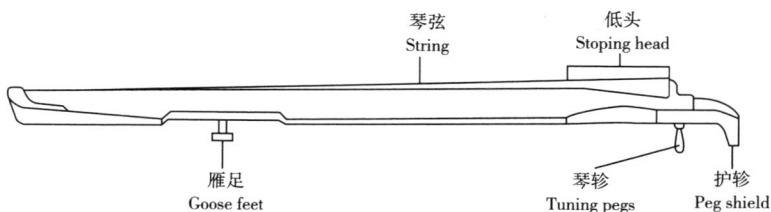

图3　琴身之侧面示意图

（二）如何用身体来斫琴？

古琴的制作过程可谓周期长、工期短。在释智藏的古琴作坊中，一块木板从开料制作到最终成型一般都要三年之久，有的甚至达到五年以上。但就制作古琴的纯工，在他看来，一个熟练的工匠（包括他本人）满打满算，有半个月就足够了。① 这期间的大量时间都用于古琴木胎和漆胎的候稳。因为在木材处理时，木质的纤维组织仍然具有一定的活性，为了让其趋于稳定，在制作时需要花费大量时间来使其消除应力。据斫琴师裴金宝的描写，"任何旧材所剖之面均为新面，开得琴材毛坯置干燥处搁置一年，待木性稳定，方可制作"（裴金宝，2010）。所以，在古琴制作中，对木质稳定的处理方式就是等待；而木胎上所施的生漆则在初步干透的几年中也极具活性，富于变化，同样需要等待其逐渐稳定后再做最后处理。在长达三年之久的候稳期间，虽然制作的过程只需要半个月左右的时间，但却需要整个身体的多种感官参与其中。

1. 选材

斫琴的第一步是"选材"。这似乎并不是一道工序，但两千年前就有人强调选材的重要性，并将其视为斫琴工作的开始。释智藏将木料堆放在锯房的角落里，要挑选好的木料制作古琴，就必须从这些积满灰尘的长方形木料堆中翻找。按照传统，古琴的用材应该是"面桐底梓"，即面板用梧桐木，底板采用梓木。但实际上，各种木材只要符合"面阳底阴"的

---

① 据制作古琴的多位工人口述，斫琴过程中的打毛坯耗费两三天时间，装配件一天，调音试音与合琴一天，裱布半天，灰胎的上与磨大概需要十天，算下来总共十天半月。

原则和古琴的音色要求，都可以拿来做琴。

释智藏告诉我，首先观察木材的品相，看它的木纹是否均匀通顺、有无结疤，丢弃掉木心和皮质部分。然后将木板悬空，用手指关节敲击木板各处，听辨木材的声音。他说："（声音）没有一定的标准和要求，按照古人的说法和自己多年的经验来判断。需要挑选声音透亮松脆、各部分音色均匀的木板，这种声音说明木板反应灵敏，在做成古琴之后，可以使声音具有较好的穿透力。我就算告诉你是什么样的声音，也需要你通过多次反复地去敲击、去听这些声音，来辨识不同的木料材质。"

制作古琴的木头多用木性较小或消失的陈年旧木。《梦溪笔谈》中有载："琴虽用桐，然须多年木性都尽，声始发越。"[①] 用这样的老木头做琴可以使其在音色和形体上尽量稳定，据记载，古人取得老木头的来源非常多，"水槽、木鱼、败棺、古梁柱"都可以拿来做琴（章华英，2005）。释智藏就有一批琴是用几千年的沉江古木和汉代的椁木来做的。我做琴时就在释智藏的帮助下挑选了一块符合要求的老杉木。

2. 造型

底板和面板需要同时制作，并且从裁出外形的那天起，就用螺丝钉从底板的边沿处将其锁住合上，使其开始适应彼此。而后就是砍（斫）琴的工序了。古琴面板的横截面是一个半圆弧状，要用斧头将现有平面面板的两边砍削掉，再用刨子把琴面刨至光滑，这个过程叫"造型"。

砍琴是一个体力活儿，同时也是一个技术活儿，需要把琴的一头抵着砧木，一只手手扶琴板，另一只手拎斧头，侧棱与琴面都要留有一定尺寸，然后自下而上地砍削木棱，再反向砍削。这一过程看似简单，但却需要单手挥舞一把一斤多重的斧头，并把握其间分寸，若非举重若轻的臂力和粗中有细的心性则不能做好。仅这道工序我就花费了半个多小时，但在一个熟练工人那里只需数分钟。

砍好后的琴材，已初见琴形，接下来是刨琴面。刨子有短中长三种，依照由粗糙到精细的顺序使用。先用短刨把砍削后的木茬刨掉，使表面尽量光滑，同时使面板达到一定的薄厚。从短刨一直推到长刨，越长的刨子推出来的面越直。释智藏推刨子时还不时地端起琴的一头，用一只眼睛瞄

---

① （明）蒋克谦：《琴书大全》（参见查阜西整理，2010：100）。

向琴面，以检查琴面是否通直。至于弧形的横截面，则需要用手去触摸来把握，亦可使用弧形尺检测。释智藏及其徒弟认为两种方式皆可，用弧形卡尺做出来的琴弧面的弧度是一致的；而用手去触摸是凭借自己的感觉与个人的审美，没有统一标准。作为一个初学者，我对这样用手触摸的方式完全没有概念，心里没底。工人就让我摸一摸他们刨的琴面，再摸一摸自己刨的琴面，反复感受。琴的造型有"唐圆宋扁"的说法，释智藏的琴相对当代多数古琴来说较扁一些，他认为这样在弹琴时手感会好一些。

我见过释智藏给别人做砍琴和刨琴面的示范，他每刨几下就停下来端详琴面是否平直，再用手触摸琴面是否符合自己习惯的手感，整个过程不到半个小时，而我却用了两三天时间才勉强完成。可见如果技术熟练，并在刨琴面时能够时刻停下来检查、触摸、端详，将会事半功倍，也会使琴的造型更加符合自己的审美诉求。

3. 挖琴腹

拆开锁合底板和面板的螺丝钉，把面板反过来挖凿琴腹。这是斫琴流程中最关键的部分，一张琴的音色主要取决于琴腹挖凿的好坏。依照图4，将纳音和雁足部分留出，比需要挖的预期厚度稍厚一些，为之后的调音试音留下余地。在挖好琴腹，并进行反复修整后，毛坯就初告完成，可以挂壁候稳。候稳没有固定的时限，但要越久越好。按照斫琴家裴金宝的说法，一般要放置一年以上。

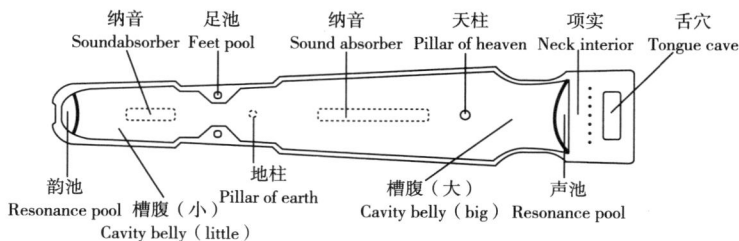

图 4　琴腹示意图

一段时间后，取下毛坯检查有无变形开裂：若有，则需要修整并继续候稳；若无，就可以在试音架上调音。这一过程，全凭自己弹琴的经验和对音色的追求，根据自己喜欢的音色来调整琴腹的薄厚。但一定不要把此时的音色等同于完整琴的音色，这时的毛坯尚未经过髹漆，而且底板与面板之间也会有缝隙。这就全凭制作者的经验，并且在调音时在所需音色的基础上保留余地。因为经过多年弹奏，声音震动会使琴体更加松透。若一次性把声音做到位，则势必使该琴在弹奏几年后，声音变得松散无力。古人有"五百年出真声"的说法，释智藏非常明白这个道理，所以在这方面做得较为谨慎。试音时必须再把底板和面板锁起来，使声音在琴腹中回荡共鸣，模拟合琴后的效果。他通过毛坯在试音架上反复弹奏的手感与音色来检验琴腹挖凿的是否得当，以达到坚实耐弹的声音效果。至于琴的音色，他从来都是根据木料本有的音色特性来作为基础，一如"一块木料适合做皮鼓声，你非要让它发金石声，这很不现实。至于我个人，对音色从来都不强求，也许一种音色我不喜欢，但还有其他人喜欢，我需要做的是，更有效地发挥它本有的音色特征"。

试完音，再拆开底板，对琴腹进行相应的修整，并再合上底板进行检验，如此反复。最后还要安装天地柱以控制音色，并支撑底板与面板使其不至变形，故而安装完天地柱，还需要反复试音调整。

4. 合琴

在合琴前，还有很多重要的小工序需要精细地完成。比如岳山、承露、轸池板、龙龈、冠角等配件的安装，底板音窗的开钻与贴片，木胎的粗排沙音，琴体的边棱修整等。比如安装岳山，不仅要在指定位置将其安装位挖得严丝合缝，而且在安装位需要与岳山底部完全吻合，不能将岳山架空，否则会影响音色。因为没有把岳山给坐实，我在安装时用胶、漆调和木屑垫在低洼处，但我挖的安装位比较大，安装时楔了木榫，当木榫砸进去时，我发现岳山与琴面的垂直中线发生了偏离。工人小谈告诉我，差之毫厘，失之千里，岳山处虽然只偏差 1 毫米，到了龙龈处可就差很多了。后来另一位工人小黄告诉我："这种情况在一些琴厂里是常有事情，虽然在师傅这里几乎没有，不会太过影响弹奏，更何况你这琴是做给自己弹的，弹的时候可以自己注意一些就行了。"我发现释智藏只需一眼就能够看出细小的差别，他甚至认为只要符合自己的感官审美就行，而不必非要用尺规去蠡测。实际上，符合感官审美的细微部件，在装配时，几乎没有偏差。

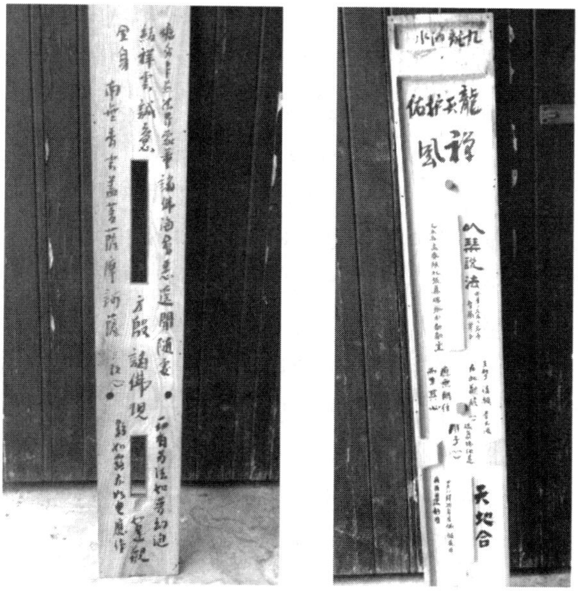

图5—图6　合琴前的题签

在逐项完成这些重要的小工序后，就可以签字合琴了。释智藏在签字时除了用佛历纪年落款，还喜欢在琴腹中写一些佛语和偈子。我合琴的那天恰逢佛教的浴佛节，所以请释智藏在琴内签字。他不像以往只写落款和题字，而是在底板的内侧写了一首《炉香赞》，又在面板内侧写满了各种想要说的话，最后还留了一小块地方来让我写一点东西。一种神圣感陡然而生，在场的一位琴友还建议我在合琴前对着底板和面板念颂一遍《金刚经》。我从未念过佛经，她就带我一起花了半个多小时把一整本佛经念完。这种强烈的仪式感令人记忆深刻。

5. 髹漆

合琴后依然需要放置一段时间，也是越久越好，待候稳期满就可以裱布了。裱布就是用葛布及生漆将木坯粘贴包裹起来，可以防止琴体开裂变形，同时也有吸纳声音的作用。裱布之后的漆胎需放置到专门的窖房（高温高湿的封闭暗房）待干，等2~3天以后，漆胎干透，修整漆胎后就是上灰胎了。灰胎由一种叫鹿角霜的药材与生漆调和而成。每一道灰胎需要均匀薄涂，整个琴的灰胎总体厚约 3 毫米，一张琴大致需要 6~9 道灰胎，每道灰胎之薄可想而知。每道灰胎上完后，均需在窨房里放置 5~7 天时间，方能干透。待干透之后用粗砂纸将琴体打磨平整，清理干净才能上下一道灰胎。如此反复，直至达到所需厚度和效果。

在此之后，就要开始最具耐心的工序——磨琴。需要从 80 目的粗砂纸一直磨到 1000 目的细砂纸，且每一次砂纸磨后都需要进行排杀音的工作。排杀音就是在琴面上画出七条弦的弦路，用平口刀尺在每条弦路上卡测弦路的平整度。杀音就是弹琴时出现的杂音，主要是弦路高低不平所致。所以，需要每磨一道砂纸排一次杀音。每排一次杀音后，需要堵 1~3 次毛孔，毛孔就是灰胎涂抹时留下的细小孔隙，需要用最细的鹿角灰多次封堵。堵完毛孔，待干后，用更细的砂纸磨显，再排杀音；如此反复，直至磨到 1000 目。

琴的通体几乎没有一处是完全水平的平面，一些部位的曲线处理上，也需要在打磨时用手去反复触摸，感受漆面的手感是否柔和，再用眼睛仔细端详其线条是否流畅或者对称。此时的生漆虽然已经干透，但仍然极不稳定。在起初的几年内，漆色还会变化，漆面会出现起伏或麻麻的小颗粒，所以还需要挂壁候稳一年以上再进行最后的处理。

这时的琴已经非常光洁，装完雁足就可以擦面漆进行上光和退光的工序。擦漆需要在一个无尘的环境下，每天擦两遍，一连擦 6~9 次甚至更多。再用瓦灰和油进行退光处理。再就是精修配件、打绒扣、打蝇头、装弦等依然非常小而细致的工序。仅一道小小的工序，我甚至都需要数天的时间才能完成。仅装弦这道简单的工序，我用了两天时间才算勉强完成。但释智藏却在打好绒扣的情况下，仅用五分钟就把七根弦全部上好。我非常惊讶我们之间的差距？他则像卖油翁一样拿出了"无他，唯手熟尔"的古语来回答。

释智藏在斫琴时花了更多的时间在候稳上，仅挂壁候稳累计时间都达到了三年以上。而在制作过程中，则更多地凭借自己的经验、视觉审美以及触感、听觉等多种感官的参与和体验。一张古琴，如果从一块古材的准备开始算起，其所经历的时间远比斫琴工期及其候稳的时间要长得多。在漫长的时间当中，木头的油脂渐而挥发、应力逐渐消除，才能具备一块斫琴良材的基本品质。再经过斫琴者的观察、敲击、听辨选择为材料，经过夹杂在三番五次的挂壁候稳中繁多的工序，且需要极其耐心与细致地精心制作，才能成为一张完整的古琴。

三 "中正平和"：古琴的声音与气息

自汉以来，"中正平和"即是古琴的主流审美标准。为了达到这种艺术诉求，琴人不仅要在弹琴的形式、演奏的旋律、琴曲的意境上去追求"清微淡远"的山水况味，更在古琴的制作中进行各种声音控制的结构设置，以使琴本身就是一件"中正平和"之物。琴人对琴有着"禁邪归正"的要求，却又反对把琴变成刻板僵化样子，更多希望它能够随着昼夜更迭、四季轮换以及所处环境的变化而变化，即琴人希望琴是可以变化的，具有一定生命力的，而非僵死不变。

（一）"琴者，禁也！"——古琴的声音控制术

我在斫琴时，从其内部构造中发现，古琴在制作方面极为注重对声音的控制，特别是要避免声音过于空散和响度过大，追求一种极为内敛、温润、余韵悠长的音响效果。为了达到这种效果，古琴的共鸣腔构造在追求声响方面显得极为克制。

如图7所示，在古琴两个出音孔（龙池、凤沼）相对应的面板内部，分别有两处凸起的地方被称为"纳音"（章华英，2005：84）。我起初认为，纳音的作用主要是使声音"欲出而隘，徘徊不去，乃有余韵"[①]。但后来在接触一些其他地方的琴时发现，有的琴在左手按弦至出音孔相对应的位置时，声音会突然增大。这就使得一张琴在同一根弦的不同位置声音不均匀，原因在于出音孔位置没有底板对声音的反弹回射，而使声音穿透面板后直接透出出音孔散出音箱。"纳音"通过吸收采纳使音响变小，从而使整张琴的音色达到均匀，而不只为了让音箱内声音往复回响。

可是，到了出音孔对应位置声音突然变大的琴也都是有纳音的，为什么还是会有这种现象？释智藏的解决之道是设天地柱。我翻看其关于斫琴的书稿，在"装天地柱"篇写道：

---

① 苏轼《杂书琴事》中说开元十年造的雷琴"琴声出于两池间，其背微隆，若薤叶然，声欲出而隘，徘徊不去，乃有余韵，此最不传之妙"。

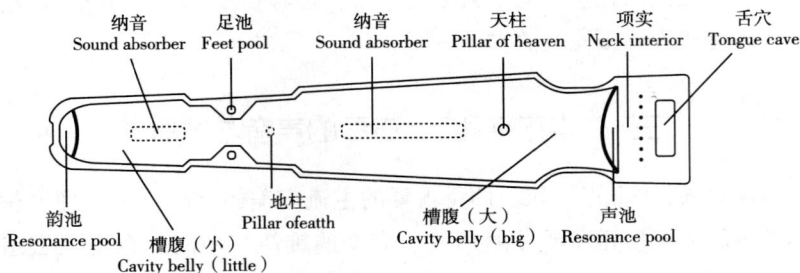

图 7　琴腹示意图

　　自唐代起，琴腹肩下腹中设有天柱地柱，一圆一方，为琴之心脊也。古人亦有天、地柱皆作圆形者，不拘于天圆地方说。近世琴式有别，琴体结构多有不同，余以天柱圆、地柱方为制，……柱高尺寸不一，安装位置根据不同琴式略有差别。然须柱径大小相宜，过大则发音闷暗，声韵不长，过小则声大而散，音声混响。

　　琴腹设以天地柱，一则传音甚佳，二则支撑面板底板不宜变形。坊间多有新琴不装天地柱者，或以假充真，以求声大而宏，散漫不清，有失琴之本色。弹琴不清，不如弹筝。欲辨其真假有无，以手扣其位置，声实者即是，声虚者即否。[①]

　　其实天地柱对于古琴音响效果最为直接的影响就是减少面板和底板的共振效果，使琴体发声不至过大，减少混响，使声音听起来更为坚实、清悦。天地柱设置的位置和粗细是需要经验把控的，位置或粗细不当都可能使古琴的音色达不到预期效果。如果仍无法减少混响，还可在纳音上贴木片以加厚纳音。

　　当然，在古琴腹腔两头，还可以看到"韵沼"和"声池"的设置。声池刚好处于右手弹奏琴弦的对应位置，声池格挡部分本身也具有纳音的效果；而声池内部所形成的一个封闭的小空间，也使得琴在被弹奏时声音不会过于散溢，能够增加余韵。韵沼则处在琴尾下准的位置，顾名思义，正是可以使琴音余韵回环飘荡其间的作用。甚至，在髹漆时所裱褙的夏

————————

① 参见智藏和尚《西来意——智藏和尚斫琴法》中的"装天地柱"篇，中华书局，2017。

布和鹿角霜灰胎都对古琴有一定消音作用。

但这些控制声音的构造又都不是绝对的。我在挖琴腹的时候，相应的构造都留有余地。在合琴前，释智藏为我的琴做最后试音，感觉散音和上准的高音部分有些发哽发闷，就让我将声池去掉。而且他还告诉我，包括天地柱的装配都不是绝对的，一切以追求好的音色为核心，只要声音能够坚实耐弹、沉静韵长，并不必拘泥于这些传统结构。

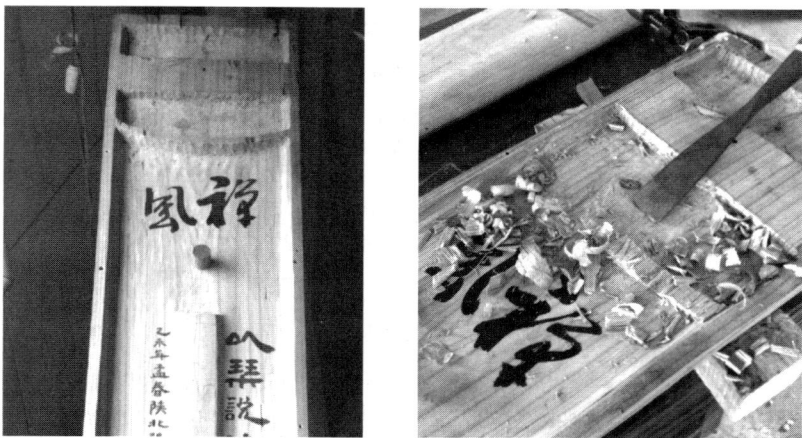

图8—图9　琴腹中原来的声池和正在被挖掉的声池

在做琴过程中对声音的控制，与弹琴时如出一辙，通过弹奏古琴，进而达到一种对于弹琴者和听琴者身心的规范。早在东汉就有人提出"琴之言禁也，君子守以自禁"的观点（范煜梅，2013：17）。《白虎通义》中更是直接说："琴者，禁也。所以禁止淫邪、正人心也。"（范煜梅，2013：19）这与早期儒家强调的乐教思想不无关联，也使得后世琴乐审美无不以"中正平和"为主要的审美标准。为达到音乐"中正平和"的要求，要从乐器本身开始。于是，琴的构造设置了诸多控制声音的结构，通过被"禁"的声音来达到对人身心的一种控制和规范。

琴与人（心）存在着一种相互作用的关系。一方面，琴可以禁止邪淫、归正人心；另一方面，琴是通过人的弹奏才能发出声响。第一次见到释智藏的时候，他就对我说："琴者，所以吟其心。"这句话源出于明代李贽《焚书·琴赋》的开篇：

《白虎通》曰："琴者，禁也。禁人邪恶，归于正道，故谓之琴。"余谓琴者心也，琴者吟也，所以吟其心也。人知口之吟，不知手之吟；知口之有声，而不知手亦有声也。

文末又写道：

同一琴也，以之弹于袁孝尼之前，声何夸也？以之弹于临绝之际，声何惨也？琴自一耳，心固殊也。心殊则手殊，手殊则声殊，何莫非自然者，而谓手不能二声可乎？而谓彼声自然，此声不出于自然可乎？故蔡邕闻弦而知杀心，钟子听弦而知流水，师旷听弦而识南风之不（兢），盖自然之道，得手应心，其妙固若此也（李贽，2006：125—126）。

李贽阐述了一种心手相应的理论，琴可以归正人心，心则可以通过琴来传达其情。既是通过琴来归正人心，也是以琴禁之邪淫，而以手吟之于心。用心体验琴曲意境，通过抚琴来宣畅内心。而琴则是斫琴中被多方控制的"中正"之琴，起到了去邪归正的作用。琴音与心声似乎都是通过琴得到一种平衡与控制，祛除邪淫，既不过度张扬也不过于禁锢，宣导出一种中正平和之气。

（二）琴的生命气息

释智藏认为琴是会呼吸的"活物"。他卖往新疆的古琴返修率特别高，这些琴需经历新疆的温差和干燥的双重环境考验，使用一段时间后会出现塌腰、隆背、扭歪变形甚至开裂等种种问题。这些返修的琴，有的被进行了外形矫正，有的在上海悬挂一段时间即可恢复。在和一些琴人交流以后得知，在当代琴坛，有"南北琴"之说，即北方制作的琴称为"北琴"，带到南方后声音一般会更加温润，没有太大影响；而"南琴"被带到北方，如果保养不当就会开裂变形。

我对这件事情非常好奇，那有什么办法可以预防古琴在异地变形开裂？对木材经过一定加工处理可否避免古琴变形。释智藏告诉我，为预防古琴异地变形开裂，斫琴要尽量找年头够久的木头，因为它们经过千百年陈放，油脂挥发、材质松透、木性稳定。木性稳定会减少变形和开裂的可能，但并不意味着它就不会如此。一旦变换了环境或是裁开，木材往往会产生一系列的变化。任何老木头，被剖开后都会出现新创面，木性虽然是稳定的，但木头的纤维组织还有很大的活性特质，一样会开裂变形。既然木材变形是因为纤维组织还活着，那何不杀死木头的纤维？释智藏的书稿中写道：

> 今人析材有三病：一则高温、高频、真空、微波、烟气、火烤诸法，使之干燥速度加快；二则面板剖薄；三则以瓦灰与调合漆代替灰胎、生漆。以上三法能以新琴仿古声，松透响亮。智师斫琴十余载，常嘱弟子，以此三病为斫琴大忌，改其性而失其真，虽善于外，必动于内，虽善亦弗可以为良矣。此三病能哗宠一时，然音色流于媚俗，经年后，空、燥、闷、萧俱全矣。①

不少斫琴师都有谈到，被烤过的木材纤维尽断，所谓的"木性"已死，用其做出来的琴声音都是死的。释智藏还告诉我，有一种木材改性的处理方法，把化学制剂通过抽真空的方法输灌到木材内部，木性基本不会有任何变化，西方一些乐器的制作就采用这种方法，做出来的乐器几乎不受环境影响。但这样一来，木性就变得呆滞，正如他在书稿中说的"改其性而失其本真"。为了不"失其本真"，释智藏宁愿花费更多的时间挂壁候稳，让木材在保持活性的同时趋于稳定。

另外，漆也需要保持活性。生漆中有一种急剧活性的漆酶，生漆的过敏大多是由漆酶引起。在其木胎上层层包裹的生漆干燥后，漆中依然有活性物质存在。在刚做好的几年里，不少琴会出现漆面凹凸不平或者产生颜色上的变化。在弹奏新琴的过程中，还有一个"开漆"的说法。就是通过长期的弹奏，使琴弦与漆面、木胎产生振动，最终将厚实的灰胎震动松透，使声音可以更好地穿透漆面。

这里的"活"，并非是说存在生命迹象，而是指斫琴者在制作古琴的时候，试图保留木材和生漆等原材料在稳定的前提下富于变化的特点。琴在弹奏的过程中，会通过不断振动使得面板上的灰胎与木质变得更为松

---

① 参见智藏和尚《西来意——智藏和尚斫琴法》，"琴之用材"篇。

透，这就要在斫琴过程中做得略微厚实一些，才能避免弹奏几年后声音空散无力，所以古人才有"五百年出真声"的说法。

我在一次喝茶聊天时对新疆琴友建议，既然新疆空气干燥，琴往往容易变形，不如用透明胶带把龙池和凤沼都封起来，这样没有施漆的琴腹内部就应该不会受到外界空气的影响而变形了。那位琴友极为反对，她说，"那样，琴就没有办法呼吸了！"释智藏在一旁道："木头的确不好呼吸了，但漆面依然可以呼吸。琴到了一个新环境，可以先将龙池、凤沼封堵住；通过生漆的灰胎与当地空气间的缓慢呼吸，使其渐渐适应当地环境与气候，再将龙池、凤沼打开，木质也才能更好地适应当地环境，减少变形的概率。"

可见，在琴人眼里，琴是"活的"，是有"气息"的。由于其材质，琴在使用和与不同环境的接触中往往会产生一些变化，这些变化就是琴人眼中有生命的东西。没有了这些变化，琴便没有了生命，他们宁愿不要这样的琴。所以，好的斫琴者才更愿意花大量时间成本在古琴的制作上。手工制作的古琴都是通过个人身体感官的参与而完成的，制作材质各有差异，所以每张琴透露出的气息各不相同。

释智藏在古琴的制作中，从选择古材、备陈料，到多次漫长的候稳过程，并非一蹴而就。这使古琴在制作完成后依然能够保持一种活力，在温湿度变化、季节流转、昼夜更替、区域环境产生各种变换时，琴体外形和音色也会随之变化。在释智藏与部分琴人心中，古琴从来都有生命的，而非固定不变的一件简单乐器。在与一件有生命"道器"互相作用的过程中，斫琴者也通过细细相端琢磨得到一种从身体到意识上对琴的体认，不断体知琴与人的互通关系。

释智藏作为一个以佛法参证为志业的僧人，正是在斫琴的过程中通过身体与琴材的互动来体验做人与修行的奥妙。在技术实践与艺术实践的身体体验中，他逐渐将由此产生的身体感作为一种修行路径。这种艺术上的体验与佛教修行中禅宗的顿悟有着非常多的相似之处，这也许就是历史上众多琴僧可以"以琴理喻禅"的原因。

结论："攻琴如参禅"

古琴作为中国古代雅文化的一部分，一直以来都是传统文人的精神象征，代表了他们的精神追求和审美趣味，琴因而成为文人的修身之器。在佛教传入中国的最初几百年间，渐出现了"琴僧"这一群体，他们将琴作为一种修行道器，在诸多艺术活动中对琴学做出了一定贡献。弹琴与制琴是相互作用和影响的，大量琴人在抚琴之余参与古琴的制作和研究，将对琴的音乐理解融入琴器的整体结构和制作中。

在琴学之中，"琴器"作为物质载体，综合多种感官艺术于一体。古琴的制作过程中包括多感官的参与，通过制作者与器物所产生的身体感，逐渐产生对琴的综合认识与理解。这一身体感知的过程，也是一个斫琴者与琴器相互影响的过程。制作者根据自己对音色的审美标准在琴器的制作中进行控制，把自己对琴的理解应用于制作。古琴也因为手工制作的身体参与，而具有了与众不同且可以与周遭环境，甚至抚琴者相互影响的生命气息。

释智藏作为一名当代琴僧，在古琴经历了百年以来的数次运动和几十年琴僧断代以后，以不同于历代琴僧的面貌出现。他脱离了中国寺庙的体制，独自一人隐于俗世，以自己的"一技之长"作为生计。"斫琴"恰恰又与自己的佛教修行有部分相似之处，释智藏把古琴制作及演奏的艺术实践也作为自己修行的一部分。在漫长的制作过程中，斫琴者对器物进行反复雕琢、端详、触摸、叩击、聆听，以此来综合把握琴、理解琴。在这一过程中，最需要处理的核心问题是对声音的控制技术。在结构设置的基础上，斫琴者通过反复测试与调整，使古琴的发声达到自己追求的音色效果，通过规范地弹奏，发出"中正平和"的声音。这种对身体和声音的控制，对琴僧人而言，是另一种意义上的"方便法门"。

僧人从事佛学修习以外的事情，符合大乘佛教"五明"① 的修习之道。五明中的"工巧明"正是以工艺、音乐作为利益众生的内容，在参与这些艺术实践的同时也对佛法有了更多的体悟与认知。这也符合历代琴僧"以琴理喻禅"② "以琴载道" "以琴说法" 的方式，而非直白地用语

---

① 五明，"明"谓学问、学科，为五门学科，概括了当时所有的知识体系。此所谓五明为声明、因明、医方明、工巧明、内明。梵语 s/ilpastha^na-vidya。又作世工业明、巧业明。指通达有关技术、工艺、音乐、美术、书术、占相、咒术等之艺能学问。参见《佛学大词典》，http：//fodian. goodweb. cn/dict_read1. asp？ID＝2999。

② 清末琴僧释空尘在去《枯木禅琴谱》的自序中就有写道："自梵僧居月善琴，继以颖师、聪师、维公、义公，咸以琴理喻禅，见于旧简者，不可以数计。"（参见《琴曲集成》第二十八册，2010：14）

言文字来表达。作为一名琴僧，释智藏在斫琴过程中，融会了个人对生活的认知和生命的体悟，以做人和修行的道理进行着自己关于琴道与佛法的身体实践。

参考文献

范煜梅：《历代琴学资料选》，四川教育出版社，2013。

〔荷〕高罗佩：《琴道》，宋慧文、孔维锋、王建欣译，王建欣校订，中西书局，2013。

耿慧玲等主编《琴学荟萃：第三届古琴国际学术研讨会论文集》，齐鲁书社，2012。

郭平：《古琴丛谈》（修订版），山东画报出版社，2015。

黄河涛：《禅与中国艺术精神》，中国言实出版社，2007。

（明）蒋克谦：《琴书大全》，查阜西主编《琴曲集成》（第五册），中华书局，2010。

李美燕：《琴道：高罗佩与中国古琴》（上册），香港大学饶宗颐学术馆，2012。

李明忠：《斫琴随笔》，《乐器》2000 年 06 期。

（明）李贽：《焚书》，北方妇女儿童出版社，2006。

林伯姬：《林立正的古琴世界》，台北市政府文化局，2014。

刘彦：《古代斫琴艺术的文化意蕴》，《湖南第一师范学报》2008 年 03 期。

卢静云：《古琴》，西南师范大学出版社，2015。

裴金宝：《古琴斫琴工艺》，《科学之友（上旬）》2010 年 11 期。

陶运成：《古琴制作法》，中华书局，2014。

唐中六等：《邛琴粹》，四川人民出版社，2007。

吴钊：《绝世清音》，古吴轩出版社，2005。

杨雯：《民间作坊与斫琴工艺——河南兰考徐福林制琴作坊的调查与研究》，中国艺术研究院，硕士学位论文，2008。

杨晓：《蜀中琴人口述史》，生活·读书·新知三联书店，2013。

易存国：《琴韵风流》，百花文艺出版社，2004。

司冰琳：《中国古代琴僧及其琴学贡献》，中国艺术研究院，博士学位论文，2007。

许健：《琴史新编》，中华书局，2012。

曾成伟主编《蜀山琴汇：2013 成都琴会论文集》，四川大学出版社，2015。

张斌：《宋代古琴文化考论》，南京大学出版社，2014。

章华英：《古琴》（人类口头与非物质文化遗产丛书），浙江人民出版社，2005。

朱慧鹏：《斫琴法式》，知识产权出版社，2012。

道修与艺修

——古琴文化传承中的分歧与论争

马平安

摘　要　千百年来，"琴修"作为一种高雅文化，长期得到士人们的捍卫、丰富与发展。从春秋末年孔子开始，琴坛即发生了所谓的"雅郑之争"，这一争论经过魏晋南北朝隋唐五代十国异域文化的传入与不断的民族融合，"雅郑"对立已经处于矛盾的次要地位，从维护所谓"华夏正声"的立场出发，宋代文人士大夫们以"华夷之争"代替"雅郑之争"。从明代开始，琴坛"道乐之争"蜂起，再次出现文人琴与艺人琴的分野与争议。这三种争议均是以"道修"为目标的古琴文化，在发展与丰富的过程中出现的必然现象，是中华民族历史与文化变化及发展的缩影。中华琴修文化中的"道修"与"艺修"之争过去没有彻底解决，今天仍以新的形式继续存在，需要认真探讨与对待。

关键词　琴修　雅郑之争　华夷之争　道乐之争

古琴文化，很可能是源于原始社会末期人们为祭拜神灵而创造出来的一种巫术文化。"在远古时期，古琴的音乐主要表现为功能性特征，在社会实践中，担当着处理人与神、人与鬼、人与人的重要角色，并且服务于鬼神的风俗和文化，而弹琴之人皆是巫师或群巫之长。琴乐思想放映了当时的原始图腾崇拜、祖先崇拜和巫文化的原始宗教观念。"（傅暮蓉，2013：52）经过长期发展，到商周时代，古琴已经从民间庙堂，成为国家定期祭祀大典中必备的一种法器，古琴音乐则是一种庙堂典重之乐。在祭天、祭地、祭祖先、祭神灵的仪式中，古琴的这种祭祀功能历代相传，直至王朝退出中国的历史舞台，此种神秘琴乐才真正走下神坛。

古琴不仅是传统时代国家祭祀大典必备的一种神圣法器，其教化、养心、进德、修性、全生等民间社会功能同样不可忽视。作为中国文化价值核心和理想人格的象征，古琴具有强烈的人文归属感，它的"品质之高，自来无人否认"（中国艺术研究院音乐研究所，2011：183），它也是民间各阶层人士追求精神生活，进行自我身心调节的一种修身的道器。"中国传统文化强调对人生的思想感悟，而这种感悟往往并不是超验地单纯追求一种所谓'为审美而审美'的人生价值，而是注重在生活中强化品味，品味一种文化的人生。"（张雅琳，2005：2）"古琴虽然是人的'作品'，但从'万物一体'的角度说，或者从中国文化的视域看，仍然是'道'而不是'人'，才是古琴的存在论依据。人虽然不是古琴的存在论依据，但古琴及内涵于其中的'道'的意义，却只向人显现或展示，要通过人来领悟和体会，不能离开人的'人文性'活动，尤其人的交往性'理解'和'沟通'活动。"（张新民，2008：172）正因为如此，古琴在巫师琴的长期发展演变过程中，逐渐转换成为中国社会各阶层用于个人涵养自身、提升精神、追求超脱的一种具有修持符号的道器。随着周公制礼作乐，将礼乐改造成为人的修身养性和齐家治国平天下的必备条件，由于古琴在礼乐中的重要地位，在漫长的历史演变中逐渐成为礼乐的象征，成为中国传统文化的精髓和缩影。

春秋时代，琴文化从宫廷巫术开始走向民间，在士阶层分化出了艺人琴与文人琴两大道统，其中以师旷为代表的艺人琴与以孔子为代表的文人琴堪称两类典型，"道""艺"之争由此而生。"从其渊源上说，都来自巫师琴，都是巫师琴中'神'性内涵在新的时代向民间和世俗转换、分化的产物。具体说来，艺人琴是由巫师琴对外界事物的'操纵'意识演化而来，它是从巫术中对外部事物的控制、支配演变而为音乐中对对象的感动和影响……与此不同，文人琴则是由巫师琴在占卜时形成的'禁忌'意识演化而来……使每个人在神灵面前保持着谨重敬畏之心，而琴的平和舒缓的音响特点和庄重规整的技法处理恰好能产生这样的效果。"（刘承华，2005：11—12）由此，琴修作为一种个人修持模式，在修持理论与方法上产生了的种种分歧与争论。

人们不断地将自己的美好愿望、价值观、理想信念编织到古琴之中，无论是用作"通神灵、合天地"的祭祀用典，或者是作为"守以自禁"的修道工具，抑或作为"通万物而考治乱"的理性智慧，古琴在中华传统修行文化史上均占有十分重要的地位。在其传承与开拓的过程中，因为理念与修持法门的差异，曾经发生或长期存在着诸多分歧和争论。这些争论，既牵涉中华"琴修"文化在形上层面的丰富与发展，又牵涉人们对日常具体修行生活方式的个性化选择。

一　雅郑之争

数千年来，古琴同中国传统思想、政治、宗教以及个人修行等方面密切相关。"昔神农氏继宓羲而王天下，上观法于天，下取法于地。于是始削桐为琴，练丝为弦，以通神明之德，合天地之和焉。"（吴钊、伊鸿书、赵宽仁、古宗智、吉联杭，2011：94）"舜作五弦之琴，以歌南风之诗而天下治。"（《礼记·乐记》）"先王之乐，所以节百事也。故有五节……君子之近琴瑟，以仪节也，非以慆心也。"（《春秋左传·昭公元年》）"琴者禁也，所以禁止淫邪，正人心也"（吴钊、伊鸿书、赵宽仁、古宗智、吉联杭，2011：101）。通过弹琴时的各种要求和操作规程，克制和调节自己的内心欲望，让内心达到平和、安静的状态，是琴修的奥秘所在。正是由于文人士大夫群体与以古琴为"修养"途径的琴修文化密切相关，自商周伊始历朝各代，他们便将古琴文化视为其在修身、理性、齐家、治国、平天下过程中不可缺少的修身道器。此后，无论是在庙堂之上，或是在江湖之中，"琴修"即作为一种独特的高雅文化，长期占据了正统地位而得到士人的坚决捍卫、丰富与发展。因此，一旦古琴音乐出现变化或者受其他因素的影响有了新的发展时，卫道者就往往会视其为异端，口诛笔伐、不遗余力，从而导致琴乐的古典与通俗之争。

> 古之论乐者，一曰古雅乐，二曰俗乐部，三曰胡部乐。古雅乐更秦乱而废，汉世惟采荆、楚、燕、代之讴，稍协律吕，以合八音之调，不复古矣（吴钊、伊鸿书、赵宽仁、古宗智、吉联杭，2011：300）。

中华琴修文化自孔子时，在音乐传承和发展的问题上，就已经存在雅郑之声的分歧与争论。琴修伴随了孔子的一生。"孔子真正是把琴作为修身的一个工具，是自为而非为人的行为。这是他与艺人琴家的一个根本性的不同，在这个不同基础上，又形成其他众多方面的不同。"（刘承华，2005：11）春秋时期，在对待琴乐问题上，孔子明确提出了"恶郑声之乱雅乐"（《论语·阳货第十七》）的主张。子曰："行夏之时，乘殷之辂，服周之冕，乐则《韶》《武》，放郑声，远佞人。郑声淫，佞人殆。"（《论语·卫灵公第十五》）这说明春秋时期，古典乐和通俗乐在发展与共存问题上，不是和而不同，共同发展，而是士大夫往往以复古之姿态，站在维护礼乐的传统立场上，对郑卫之音大加挞伐、扱力痛斥。迟至春秋时期，周公制定的礼乐制度已经因时代发展而出现了危机，原来维护西周政治与社会秩序的礼乐制度很大一部分已经不再适合当时需要。相反，孔子力斥的"郑卫"之音却大放异彩，日益为诸侯、士大夫们所喜闻乐见。

孔子等人力图传承与发展周公之礼乐，崇雅黜俗，其行可嘉，但在社会客观发展形势面前显得力不从心。人们需要用琴修来调整、缓解动乱带来的内心创伤与不安，需要琴音乐的安抚与慰藉，这是当时社会的一个共性的问题。古雅乐虽然在文化意识形态方面占有一席之地，但在实际的社会生活中却已溃不成军，无复昔日之恢宏气象。

在中国琴乐传承问题上，传统士大夫多固守与向往西周及尧舜禹三代雅乐，而拒绝琴乐向通俗化、民间化方向发展与转型。这主要是从维护政治利益出发，不希望"礼崩乐坏"，而希望三代至西周为政治服务而留存下来的古典雅乐能够继续主宰固有的社会规范与旧有的等级尊卑秩序，他们将古琴视为道器，力倡"琴以政通""琴以养德""以琴化民"，坚决捍卫古琴文化在中华音乐文化中的传道职能与正统地位。但是，政治需要并不代表社会需要，少数人的嗜好不能代替大多数人的需要。郑卫之乐的迅速崛起与广泛流行，已经对传统士大夫所固守的古雅乐阵地构成严重的威胁和挑战。琴乐由古典向通俗方面发展，由士大夫独享之隅转变为更多阶层人们所共享。"古声淡无味，不称今人情。""众耳喜郑卫，琴亦不改声。""古琴无俗韵，奏罢无人听。"（吴钊、伊鸿书、赵宽仁、古宗智、吉联杭，2011：164）唐代诗人白居易的无奈叹息即说明了这一点。

事实上，到唐宋时期，"古雅乐"已不复存在。相反，孔子所力斥的郑卫之声倒因人们的喜爱而广泛流传并留存了下来，成为中华正声的主干部分。这一点可以从苏轼的论述中得到证明，苏轼言："世以琴为雅声，过矣，琴正古之郑卫耳。今世所谓郑卫者，乃皆胡部，非复中华之声。自天宝中坐立部与胡部合，自尔莫能辨者。或云：今琵琶中有独弹，往往有中华郑卫之声，然亦莫能辨也。"（张斌，2014：73）苏轼清醒地看到，经过魏晋至隋唐的中外交往以及民族大融合，三代纯粹之"华夏正声"不复存在。古琴音乐即使是"古之郑卫"，也要比外来胡部的音乐正统得多，即使是"华夏正声"，也一定是春秋战国以来雅俗音乐相互融合发展的结果。

此外，关于琴修过程中形成的雅俗之争，清末民初琴人杨宗稷的看法颇为独特，他说："声音之道，亦如物之以稀为贵，人人弹之，则雅曲亦将成为俗调，推原其始，必由无识者以悦耳数声，谱入筝琶，更播于里巷歌谣而增其取悦求客之态，则古音于是乎息矣！《胡笳》《水仙》二操，虽非三代遗音，在今日不能不谓之雅弄，然其中菁华数处，与湘粤间极俗之胡琴《采茶调》相仿佛，非其乡人不知也。《水仙》一名《屈子天问》，意者本为之湘云梦古音；《胡笳》悦耳数声，亦必非胡中当日至俗之品。故古人皆得采之入琴。流传既久，竟为俗曲滥觞，闻之令人失笑……盖雅俗之辨，虽谬千里，实差毫厘。"（张斌，2014：75）所谓"雅俗之辨，虽谬千里，实差毫厘"，正说明了琴修文化在发展过程中的相对性。古琴虽然被公认为"修道"之器、"养德"之器、"雅乐"之器，但也必须符合音乐文化发展的客观规律与大众喜好。由此可见，古琴历史上的雅俗之争，聚焦在琴修文化意义上，主要表现为古琴是道器或是艺具的分歧。道乐争论表面上以"雅郑"为分歧，实则本质上牵涉传统政治思想、修养文化、意识形态、社会群体等全方位的问题，这是一个亟须深入研究与探讨的课题。

二　华夷之争

经过以"五胡乱华"为标志的魏晋南北朝时期的民族大融合，华夏音乐文化已经发生了翻天覆地的变化，尤其是受胡乐大规模传入的影响，作为华夏郑声的中国古琴音乐文化亦在潜移默化中有所改变。特别是隋唐统治者以开放的姿态广收博览异域文化，在推动中华文明向更高层次发展的同时，亦不可避免地影响到琴坛，令中国琴文化发生了质的变化。

晋、宋六代以降，南朝之乐多用吴音，北国之乐仅袭夷虏。及隋平江左，魏三祖清商等乐存者什四，世谓华夏正声，盖俗乐也。时沛国公郑译复因龟兹人白苏祇婆善胡琵琶而翻七调，遂以制乐。唐人因而用之以定律吕。由是观之，汉世徒以俗乐定雅乐，隋氏以来，则复悉以胡乐定雅乐。唐至玄宗，始以法曲与胡部合奏，夷音夷舞进之堂上，而雅乐之工，以坐、立部伎不堪者充之，过为简贱。至此，宜乎正声沦亡，古乐之不可复矣（吴钊、伊鸿书、赵宽仁、古宗智、吉联杭，2011：300）。

与唐代不同，在宋代虽然在经济、文化等方面取得了较大的成就，但在开疆拓土方面毫无建树。军事、外交上的屡屡受挫，在很大程度上影响了宋朝文人士大夫的政治与文化自信，为了重建自信，"他们开始高唱华夷之防（这是五胡北朝以来，直到唐人，不是很看重的一件事情），又盛唱拥戴中央，他们重新抬出孔子儒学来矫正现实"（钱穆，2002：560）。这种以文化复古重塑自信的实践，表现在琴乐雅修文化上，便是"华夏正声"的问题不在以"雅郑之争"，而以"华夷之辨"为论争内容。

北宋虽然是一个琴修文化极发达的时代，但三代古典雅乐早已经荡然无存，苏轼就清楚地看到了这一点。他说："于今凡世俗之所用皆夷声夷器也，求所谓郑卫者且不可得，而况于雅者乎！学者方欲陈六代之物，弦匏三百零五篇，犂然如夏釜灶撞瓮盎，未有不坐睡窃笑者也。好之而欲学者无其师，知之而欲传者无其徒，可不悲哉！"（张斌，2014：74）黄庭坚在《晚发咸宁行松径至芦子》诗中提道："聊持不俗耳，静听无弦琴。非今胡部律，而独可人心。"可见，宋代文人士大夫对当时社会主流音乐文化是异域文化冲荡下的产物之一事是认可的。在宋代琴坛，文人士大夫已不再高谈复古三代雅乐，而是根据当时的客观实际，努力将前代流传下来的"郑卫之声"加以改善并作为"华夏正声"，力图抵制异域文化对华夏正统雅乐的全方位冲击。宋代兴起的"华夷之辨"，与其说是文人士大夫对琴坛"华夏正声"的清理与维护，倒不如说是他们面对胡乐铺天盖地、充斥市肆现状下的一次深刻的文化反思。他们已经清醒地认识到，"三代之乐"不可复，古雅乐不可见，要想重建文化自信，当承认现实，与时俱进，建立起一套"华夏正声"的文化新理论。

三 道乐之争

"琴道"与"琴乐"之争，几乎贯穿琴修文化发展与变化的整个历史进程。古琴承载了深厚的文化积淀和道德传承，成为中国传统文化与音乐艺术的灵魂及精髓的代表性符号，历代文人士大夫多将之视作可以"修身""养性""进德""治国""理政""化天下"的道器与法器，不断地加以宣传和捍卫。琴文化的内涵，也早已超出了单纯音乐艺术的范畴，成为一种能够融个人人生理想、宗教、政治、哲学、文学、音乐艺术、养生等于一身的综合文化体，"琴道"则成为这一综合文化体的灵魂与核心。

孔子曰："诗三百，一言以蔽之，曰思无邪。"所谓"雅者"，中和、守正、禁邪乃其得也，琴德之优，恰在于此。东汉应劭在《风俗通义》中的说法也很具有代表性，他说："雅琴者，乐之统也，与八音并行。然君子所常御者，琴最亲密，不离于身，非必陈设于宗庙乡党，非若钟鼓罗列于虚悬也。虽在穷闾陋巷，深山幽谷，犹不失琴，以为琴之大小得中，而声音和，大声不喧哗而流漫，小声不湮灭而不闻，适足以和人意气，感人善心。故琴之为言禁也，雅之为言正也，言君子守中以自禁也。夫以雅正之声，动感正意，故善心胜，邪恶禁；是以古之圣人君子，慎所以自感，因邪禁之适，故近之闲居，则为从容以致思焉，如有所穷困，其道闭塞，不得施行，及有所通达而用事，则著之于琴，以抒其意，以示后人。"（薄克礼，2013：35—36）这说明古琴承载着文人士大夫一直向往与追求的"修道"使命与美德，可以借此达到"修身理性，反其天真"（薄克礼，2013：36）的目的。西汉刘向认为："乐之可密者，琴最宜焉。君子以其可修德，故近之。"（吴钊、伊鸿书、赵宽仁、古宗智、吉联抗，2011：87）在这里，"可修德"是有学问、有修养的人近琴之主要原因，"修德"的目的是禁邪养正。桓谭是东汉时期的著名学者，于琴学颇有造诣。他在《新论》之《琴道》篇中对琴道有较系统的阐述，如："昔神农氏继宓羲而王天下，上观法于天，下取法于地。于是始削桐为琴，练丝为弦，以通神明之德，合天地之和焉。""琴七弦，足以通万物而考治乱也。""琴之言禁也，君子守以自禁也。""下徽七弦，总会枢极。""八音广播，琴德最优。"（吴钊、伊鸿书、赵宽仁、古宗智、吉联杭，2011：93、94）考察上述观点，有从琴道而言，认为琴"通神明之德，合天地之和"；有从政治角度立意，认为琴与政通，琴文化可以"考治乱""总会枢极"；有从修身角度立意，指出琴具有"言禁"的功能，君子以此禁邪自正；有从教化角度说明"八音广播，琴德最优"，君子理应操守琴德，达则兼济天下，穷则独善其身。范仲淹更是直截了当地说："盖闻圣人之作琴也，鼓天地之和而和天下，琴之道大乎哉！秦作之后，礼乐失驭，于嗟乎琴散久矣。后之传者，妙指美声，巧以相尚，丧其大，矜其细，人以艺观焉。"（吴钊、伊鸿书、赵宽仁、古宗智、吉联杭，2011：178）范仲淹批评后世习琴者"尚巧""丧大""矜细"、重视"妙指美声"，对把古琴从道器降至"以艺观"的音乐演奏工具深恶痛绝，这种观点在传统社会中一直占有着极其重要的位置。

在传统士人的视野中，琴是"观政""治世""宣化""养德""修身""进境"的重要法器，而不是"繁手淫声""妙指美声"的发声工具。因为"道修"，他们一方面与古琴有着不解之缘；另一方面，也正因为他们执着于"道修"，因而在不间断地抗拒着古琴的"器乐化"进程，并与"繁手淫声"刻意保持着一定的距离。在他们的眼中，鼓琴的目的是"悟道""养德""禁邪"，而不是为了耳目生理上的娱乐。欧阳修说："余自少不喜郑卫，独爱琴声……琴曲不必多学，要在自适。"（欧阳修，《欧阳文忠公文集》卷六三）"范文正公喜弹琴，然平日止弹《履霜》一操，时人谓之'范履霜'。"（陆游，《老学庵笔记》卷九）朱长文对此评价道："盖君子之于琴也，发于中以形于声，听其声以复其性，如斯可矣。非如工人务多趣巧，以悦于人也。故文正公所弹虽少，而得其趣盖深矣。"（张斌，2014：78）传统士人弹琴，追求的不是对古琴音乐艺术的超越，而是古琴背后那个不可捉摸的"道"以及与"道"须臾不可脱离的所谓"中华正声"。然而，"古琴无俗韵，奏罢无人听"（白居易，《白氏长庆集·邓鲂张彻落第诗》）。"古声淡无味，不称今人情。"（白居易，《白氏长庆集·废琴诗》）在客观历史潮流面前，传统琴学观念受到极大的冲击，古琴音乐艺术要想得到传承和发展，在适者生存的自然法则面前，在重视琴道的同时，强调古琴音乐艺术表达力与演奏技巧成为热爱琴道、琴艺的士人们不能不关心的一个现实问题。

事实上，近代随着西洋音乐铺天盖地的进入以及琴文化的衰落，人们对古琴文化的认识已经发生了实质性的变化。士人在"琴道""琴乐"的争论上也变得越来越宽容，对"琴修"文化的看法也越来越重视道乐二者的和谐统一以及音乐艺术方面对个人修身理性的影响。道光时，陈幼慈作《琴论》，文中虽然痛绝"江湖时派"，认为时派"无非以指法纤巧轻捷取音，顺指弹过，不辨宫商定位，以熟为胜"。但他同时也不得不承认："今之乐，犹古之乐。八音克谐，神人以和。至哉言乎！夫乐成曲，全在宫商调和，安有今古之异。且古时无谱，古调何处追求，后人制为《阳春》《白雪》等曲，莫不想象古意而成。如习熟后，加以润色，未尝不可以为古，若必欲泥古恪遵，岂非以天地元音，刻为成式。故善乐者无论何曲入手，便得正音；不解音律者，转以希声为寂寥，而酷好繁音，安从而得宫商之正。"（修海林，2000：633）

杨宗稷说得更是明白："自古音乐与时迁移，孔子欲放郑声，魏文侯闻古乐则惟恐卧，闻新乐则忘倦，梁惠王未能好先王之乐。好世俗之乐；汉文帝命桓谭弹琴，悦其新声，比比皆是。人心喜新厌故，虽圣人无可如何，但能补偏救弊，去其太甚，不以必不能行者强人以必行，使人望而生畏。所谓王道，不外人情也，不然名为遵之，而实废之；名为存之，而实绝之。变法者不因势利导，持之过激，遂至于颠覆，此必然之理也。"（张斌，2014：80—81）

陈幼慈、杨宗稷所论，符合古琴的一般发展规律。他们重视古琴音乐技能"艺修"与"道修"的统一，主张在"琴道"与"琴乐"之间寻求一个平衡点，这既是时代使命驱使，又是时代发展使然。从某种程度上说，古琴音乐的道乐之辨，其本质仍然是雅郑之争的翻版与继续，这是一个长期争论不休但又无法完全解决的问题。

四　当代之争：以 2006 年香港城市大学古琴座谈会为例

2003 年 11 月 7 日，古琴被联合国教科文组织列为"世界非物质文化遗产"，以此为标志，古琴热再度兴起。十余年来，"琴修"这一古老而常新的文化传统，在当代仍是众口难调。以 2006 年香港城市大学中国文化中心古琴座谈会为例，学者在交流会上的观点交锋与争议，可以看到当代琴修文化在继承与发展中所存在的一些关键性的问题。

主持人郑培凯在事后总结这次会议时说："古琴界的朋友，对古琴的认识并非一致，甚至有时还引起争端，各执一词。虽然说'君子和而不同，小人同而不和'，有不同的意见，讨论讨论，得见不同的面向与层次，深入剖析事物的本质，是件好事，但是，一些琴家热烈讨论的结果，往往引向和谐的反面，不能和气收场。经常发生的情况是：一派强调古琴的本质是乐器，弹出来的是音乐，因此演奏的技巧与手法是第一性的，目的是通过古琴的弹奏表演，展现音乐之美；另一派则强调古琴的本质是人文传统，因此精神境界的体会与提升是第一性的，目的是自娱娱人，调解心性，提高人文道德的修养。照说，强调音乐与强调文化，应当是相互照应，相辅相成的，然而，一旦有人提出了'第一性'这样的哲学命题，就有琴家沉不住气了。接着发生的，就跟 20 世纪中国哲学界的争论相类似，上纲上线，变成了古琴的物质基础与上层建筑之争，甚至演变成'唯物主义'与'唯心主义'之争。"（郑培凯、张卫群，2014：首页）由此可见这次会上争论的激烈程度。

总的说来，这次会议上的分歧方可以分成两派。

作为演技派代表，李祥霆提出了现状观。李祥霆认为："现在古琴音乐的存在分三类。一类是神秘类。说古琴不是艺术，是道。琴不是乐器，是'道器'，是法师或巫师作法用的东西。但那个巫师现在不是巫师了，他是修道、传道之士，就是这个意思。另一类是玄虚类。说琴的本性最高境界是'清微淡远'，越简单越好……再一类就是艺术类。因为古琴是人类文明的一种艺术体现，'宣情理性，动人心，感神明'，古人说过这些话。"（郑培凯、张卫群，2014：18）很明显，李祥霆是主张艺术类的。他不赞成神秘类与玄虚类。他提出清微淡远"一定是平淡得很、细微得很"的观点遭到了一些学者的质疑，如陈庆恩、苏思棣、刘楚华、丁承运等人即对此持不同观点。陈庆恩认为："'清微淡远'应该是一个意境，即使简单的音乐也可以有很高的意境。"丁承运认为，清微淡远"是个非常难以到达的境界"。他说："这个'微'字，似乎不能解成微小的'微'，因为《幽兰》有一句'其声微而志远'，这个'声微'有微妙圆

通的意思，这个东西不是小。"（郑培凯、张卫群，2014：23、21、51）

作为文化派代表，林友仁认为："'琴道'不一定有琴，但琴又无处不在。要解决琴的问题，就琴论琴，弄不清楚，因为琴就是文化的一部分。""修行、修炼、修为，就是要把好的东西变成自己的，铸造自己，改变自己。所以有人说要追求风格，我却认为风格没法追求，除非你把人改变了，人变成什么样子，你的风格就是什么样子。"（林友仁，2014：48、49）这个观点表明了当代很多人以琴修持的心声。与会者除了李祥霆对之有分歧外，好像没有人再对此提出异议。

另外，与会学者还就古琴的演奏与欣赏——自娱？娱人？古琴在音乐学院的实际生态，古琴考级是否合适等问题展开了热烈的讨论与尖锐的交锋。这次会议可谓是当代琴界道乐之争的一个缩影，其详况已经结集出版，作为一个窗口，相信对将古琴作为修身、进艺的各阶层人士会有所裨益。

目前琴界、文化界对"琴修"文化理解尚且分歧如此之大，山林、江湖以琴为修持的各类群体、人士对琴修文化的理解自然更是不会统一。"道修"或是"艺修"谁更重要的问题，能不能调和，过去没有能取得一致看法，今天琴坛亦是如此，在倡导复兴传统文化的今日，"琴修"文化何去何从，还需要我们瞩目以待。

结　语

在中国传统文化的百花园中，琴学是一个神秘、奇特、高贵、养分极高、极富吸引力的文化领域，琴修文化则是这个百花园中绚丽夺目、令人神往的一朵艺术奇葩。"以表现中华传统文化精神为内涵的中国传统'琴'文化，不仅仅是一种'艺'，它有着更为深刻的文化内涵。'琴'由其丰富的情感、精神领域出发，将个体的生命感受与人类直观的生活世界相互交融，于是，'琴'就由'器'走向了'艺'，继而走向了'道'的路程。'琴道'的发生、发展轨迹是以激发与舒张情感的脉动走进人们的生活中，它是以一种生活的文化性超越来印证人类生存的诗性特征。"（张雅琳，2005：2）

以琴修持，就是用平和、淡雅、中正的音乐降伏人内心的邪念与浮躁，就是通过琴乐背后的文化价值，去寻求超越物质、升华心灵，进而达到修身理性、返璞归真、天人合一的一种精神境界。正因为以古琴作为道器的琴修文化在中国传统文化与艺术领域中占有的特殊地位，千百年来，文人士大夫一直将它视为一块神圣不可侵犯的"圣地"，小心翼翼维护着古琴的传道、修身、理政、养德、进境等社会与文化功能之"道"。

从一定意义上说，历史上出现的"雅郑之争""华夷之争""道乐之争"，均是以"道修"为目标的古琴文化艺术在发展与丰富的过程中所出现的必然现象，是中华民族历史与文化变化发展的一个缩影。

中华琴修文化中的"雅郑""华夷""道乐"之争过去没有彻底解决，今天仍以新的形式继续存在，需要认真对待与探讨。我们应该以辨证统一的方法来处理对待古琴"道""乐"之间的功能与关系，既要重视古琴文化中的济世、理政、宣化、养德、升华性情等所谓"道"修层面的社会功能，又要肯定与重视发展古琴音乐"艺"修层面的艺术娱乐功能；既要重视"道修"的形而上层面，又不能忽视"艺修""养生"的现实需要。通过古琴这一媒介全方位的修持，使得二者在和谐、平衡、互相促进的前提下相互推动、相互发展，在 21 世纪的社会环境中达到兼具修身、炼性、进德、求真、长艺、娱情、养生等多项功能于一身的真善美高度。

参考文献

薄克礼：《中国琴歌发展史》，百花文艺出版社，2013。

傅暮蓉：《古琴音乐文化的象征意义》，《中国音乐》2013 年第 1 期。

刘承华：《文人琴与艺人琴关系的历史演变——对古琴两大传统及其关系的历史考察》，《中国音乐》2005 年第 2 期。

林友仁：《保存、传承与发展》，广西师范大学出版社，2014。

（宋）陆游：《老学庵笔记》卷九，《宋元笔记小说大观》，上海古籍出版社，2001。

（宋）欧阳修：《欧阳文忠公文集》卷六三，《四部丛刻》影元刊本。

钱穆：《国史大纲》，商务印书馆，2002。

吴钊、伊鸿书、赵宽仁、古宗智、吉联杭编《中国古代乐论选辑》，中国出版集团、人民音乐出版社，2011。

修海林编著《中国古代音乐史料集》，世界图书出版社，2000。

张斌：《宋代古琴文化考论》，南京大学出版社，2014。

中国艺术研究院音乐研究所编，林晨主编《琴学六十年论文集》，文化艺术出版社，2011。

郑培凯、张卫群主编《古琴的传承与开拓》，广西师范大学出版社，2014。

张新民：《琴道文化与乐教理想》，《艺术百家》2008 年第 1 期。

张雅琳：《中国传统琴道的精神文化底蕴》，《吉林艺术学院学报》2005 年第 4 期。

奔跑与存在：跑步爱好者的
修行观察[*]

向　伟

摘　要　在从日常跑步训练到参加马拉松赛，进而成为跑者的过程中，跑步爱好者将跑步运动中不断调控身体运动的实践一步一步内化为自我精神层面的修行，促使自己的身心积极融入追逐现代性的人生赛跑当中。由身及心，跑步作为修行的方式，在实现外在性的身体实践与内在性的精神成长两方面统一的同时，跑者不断追求个体生命在当下世俗化时代存在的超越性意义。

关键词　跑步　"跑者"　修行　存在

跑步对我来说，不单是有益的体育锻炼，还是有效的隐喻。（村上春树，2009：14）

这句话出自日本著名小说家村上春树（Haruki Murakami）的《当我谈跑步时我谈些什么》，现在可算得上一句名言了。村上春树自述，他在30岁的时候，因为决定要当一名小说家，不得不改变以往晚九朝五的夜生活模式，开始宅在家中埋头写作，所以他选择了跑步这项"以为是最简单"的体育运动，作为对身体的日常锻炼，以保持健康。他选择跑步的理由是，"不需要伙伴或对手，也不需要特别的器具和装备，更不必特

　＊　本文得到"重庆市社会科学规划项目"（2017BS10）及"重庆大学中央高校基本科研业务费专项项目"（2018CDXYGYY0048）支持，特此鸣谢。

地赶赴某个特别的场所"（村上春树，2009：37—38）。

　　跑步是一项简易的运动，这一点似乎无须多言。体质人类学告诉我们，人是靠双脚直立行走的动物。这就意味着作为行走"进化版本"的奔跑，是人的一项本能。因此将跑步当作身体锻炼的一种方式，相较游泳、健身操或者其他需要借助于场所、器械完成的锻炼项目，仅仅需要发挥人的奔跑本能即可。出于这一点，跑步被视为是一项极为日常的健身方式，一点也不显出什么特别，把跑步作为话题也就不值一提了：就连下笔如有神的村上春树决定要向读者介绍他的这项健身爱好时，都必须颇费周章地解释道："当我谈跑步时，我谈些什么。"

一　跑步：从全民健身到个人修行

（一）全民健身与跑步运动兴起

　　在当今中国，"不值一提"的跑步正逐渐兴起成为一类"热浪"式的的社会文化现象。由于社会现代化进程加快，越来越多的青壮年进入被马克思主义的社会理论家预言的工业社会"异化"环境当中，不论是因为他们的身体已经被现代医学的仪器检测证实步入了公共卫生学者们呼吁重视的亚健康状态，还是由于大众传媒的文化工业在他们的头脑中成功植入了借助营养学知识炒作起来的保健养生观念，这些由外及内的"治理健身欲望"（Governing Fitness Desire）促成了广大民众对身体锻炼强烈的需求。① 只需要依靠操控自己身体就能达到锻炼目的的跑步，因其简易的特点，成为大众锻炼的首选。运动专家们正是这样"就事论事"解释"跑步热"的兴起，这一认识在近年来出版的众多关于跑步主题的书籍中都能得见。② 仅是这些在"纸上"谈论跑步的出版物在中文世界大量出现

---

① 所谓"治理健康欲望"，是笔者受到任柯安（Andrew B. Kipnis）《治理教育欲望》（*Governing Educational Desire*，2009）一书启发提出的。在这里是指基于上述医学技术的进步与健康产业的发展，促使社会大众对于健康的需求及期望越来越强烈；而此种需求与期望，又反过来促使医学健康事业更加迅猛的发展。这一循环过程根本上是基于国家对于这项事业的治理实践。

② 如尼可拉斯·罗曼诺夫等人的《跑步，该怎么跑》（2014）、格雷姆·希尔迪奇的《5公里到10公里：从起点到终点》（2016）、丁祖昱等人的《马拉松人人都可以》（2016）等。

的事实，就足以从文化传播的侧面反映出"跑步热"在中国的兴起。

已有研究者对于当下"跑步热"给出了体育社会学式的解释（陈祥，2017）。得益于 2008 年举办北京奥运会前后，国务院有关部门推行了全民健康工程以及体育产业化发展的方针导向，如今遍布全国各地的马拉松赛事与由此带动起的跑步健身热，就是国家自上而下，同时调动经济、文化、社会等等资本市场共同作用后的成果。在"国家的视角"（斯科特，2004）中，跑步因为其简易性，成为一项非常适宜普及全民健身的运动方式。而同为奥运会比赛项目的马拉松长跑，具有相较竞速跑更适宜非专业人士参与及大众观赏的赛事特点，成为地方政府重点推广的运动赛事项目。自 2011 年以来，在各大中城市举办的马拉松赛事如雨后春笋般涌现。① 赛事激发了坚持跑步锻炼的人们参与的热情，也吸引了更多人加入跑步锻炼的行列；经由赛事推动，坚持跑步日常锻炼的人当中培养出一大批铁杆爱好者，他们具有一个亚文化式的标签，叫作"跑者"。由各地跑步爱好者组成的地方性的"跑圈"已渐成规模。

（二）走近跑步爱好者

"栖居"在现代生活当中的跑者时常可见，我是在校园中注意到了这个群体。2016 年 4 月的一个傍晚，我像大部分学生一样背着书包行色匆匆于校园之中。一个熟人与我擦身而过，我瞥见他穿着一身某专业运动品牌黑白相间的紧身纤维 T 恤与短裤，戴着耳机——耳机里传出节奏感十足的音乐，还不时低头看着手腕上佩戴的电子计步器，正在均匀地摆动着双腿向前匀速地慢跑着。"那不是大 Y 吗？"当我正想叫住他时，他已经从我的身前折进一条小径跑远了。就在这匆匆一瞥之间，他专注的表情给我留下了深刻的印象。后来我得知大 Y 爱好跑步，几乎每天傍晚都会在校

---

① 下面几个事实很好地说明了这个趋势："2010 年，全国范围内的国际马拉松赛事共有 18 场，2011 年共 22 场；此后以每年增加 10 场的速度增长：2012 年 33 场，2013 年 44 场，2014 年 53 场。"（伯特，2014：28）各类如全程马拉松、半程马拉松、越野马拉松、路跑等跑步比赛形式也曾出不穷。根据国内著名的一个跑步爱好者论坛提供的赛事日历，仅在 2017 年 1~4 月，上述几类跑步赛事共计 172 项之多，参见益跑网 http：//www. erun360. com/Channels/Competetion/CompetitionCalendar. aspx？ year = 2017&month = 1，2，3，4。新华社评出的"2013 年中国体育十大新闻"中，"跑马拉松赛成健身新时尚"名列其中，参见网易体育"新华社体育部评出 2013 年中国体育十大新闻"，http：//sports. 163. com/14/0107/14/9I0B30R900051C8U_all. html。

园里长跑超过 5 公里。最初我不以为意，但在偶然一次交流中，让我对他的跑步有了不同的看法。

5 月初的某天，我得知他会乘坐第二天上午 9 点的航班飞往邻国参与一个交流项目，于是临时约他见面，希望他为我转交一封信件。那天下午四五点前后，见到他依然是一身跑步的装备，便关切地问出发前的准备工作进行得如何，才知道他还要去参加当夜零点开始的长城越野马拉松。

以我所想的常人习惯，应该是当晚收拾行装，争取早早休息，明儿一早好赶赴旅程。但是对于大 Y 来说，跑步成了他临行前的准备。

"跑步就是我的准备工作。让我的心情可以保持平静。"

"看起来，你对跑步不是一般地爱好啊？"

"现在是很热爱。但也是逐渐逐渐地喜欢上的。"

"那你喜欢跑步哪一点呢？"我随口问了一句。

没想到他沉默了一会儿，一本正经地回答道："可能是把跑步当成一种人生修炼吧。当自己跑过马拉松终点的时候，心里就感慨了一下：自己都能够坚持跑那么长的距离，那么人生还有什么过不了的坎儿呢？"

当时的谈话是怎样结尾的，我已经记不清了。但是大 Y 说出的这一句将跑步提升到了励志心理学所谓的人生修炼高度的话，使我记忆犹新，并开始尝试用研究的严肃态度对待跑步运动，对以大 Y 为代表的一批以坚持跑步为修炼、积极参与包括马拉松在内的各项跑步运动为乐趣的跑者们的兴趣越渐浓厚。

当下对跑步的关注常常是面向大众的读物多于学术旨趣的探究。在少量关于跑步主题的研究当中，只能看到聚焦运动训练本身的体育科学和关注运动的社会政策面向的体育社会学两类。这些现有文献都未对跑者及他们从事跑步锻炼的实践展开讨论。

近年来兴起于宗教人类学研究中以修行者及其修行实践为观察焦点的"修行人类学"，为我进一步思考跑步锻炼实践的理论意义提供了平台（陈进国，2017；杨德睿、黄剑波，2017）。修行人类学提倡以包括身心二元的"修"为进路来内部性地洞察与理解修行者的实践世界，并且正试图将对于修行包括的范畴扩展至"祈祷、忏悔、音乐、歌舞、诵经、作法、斋戒、静坐、禅定、祭祀、进食、气功、炼丹、行善、积德"等行为的观察与思考（梁恒豪，2017：25）。体育锻炼作为文化传递的一项内化技术也被列入修行研究的潜在课题，结合以大 Y 为代表的跑者在跑步的身体实践中得到了内心升华的体验来看，使我确信将跑步视为学术探讨范畴的修行，也不为过。当大 Y 自己用"修炼"一词来描述跑步对于他的意义时，未必是隐喻，而是在明言：跑步就是他个人坚持不懈的一场修行。由此，我决定采取人类学者进入陌生文化的探究方式，从跟着大 Y 一块儿跑步来开始了解这场"修行"的意义。

二 由身及心：跑步的修行之道

（一）"跑步是修炼"

当我一面跟着大 Y 跑步，一面观察他的跑步实践，渐渐对他所说的"跑步是修炼"的具体含义有了初步认识。

每周一到周五，大约下午 4:30~5:30，大 Y 都会花费 40 多分钟的时间进行长跑锻炼。周末的话，他会差不多跑上整整一个小时。他跑步的路线几乎是固定的：在院系大楼自己的工作间里换上跑鞋后，先到一旁操场里标准的 400 米跑道跑上 10 圈，然后慢跑至校园北边，绕湖跑 2 圈，最后再跑回院系大楼。在我观察的一个月里，只有两天因为与院系组织的学习活动时间冲突时，他才临时改成当天夜里在操场上跑步锻炼。而根据大 Y 自述，自从他开始跑步后，至少最近一年半的每日训练他都没有中断。他还以大约一个季度一次的频率参加校外马拉松比赛。就在过去的半年里，他为了到外地参加马拉松比赛，还向导师告假了两次学术讨论会。

据大 Y 自述，选择跑步始于不经意间。

还记得前几年，有个叫 Nike+GPS 的 App。[①] 有一天我看见它在做限时免费的推广，就下载了，想试用一下。后面就开着它在校园里跑了半个小时，不知不觉地看到结果显示跑了 5 公里。当时出了些汗，觉得身体感觉很好，很轻松，一下子给了自己特别多自信，就这样我连续跑了三天。当时正好又想选一项不花钱的锻炼方式，所以就

---

① 这是美国耐克（Nike）公司于 2011 年 5 月联合苹果（Apple）公司的应用下载渠道 iTunes 商店推出的一个针对跑步爱好者的手机应用，主要功能是通过手机记录跑步者的运动信息。现已改名为 Nike+Running。

开始跑步了。虽然现在发现跑步也是很"烧钱"的，但是已经停不下来了。

当我向他表示感慨，钦佩他对于如此不经意开始的跑步可以做到坚持不懈时，他转而很严肃地给我强调参加各类跑步比赛对日常坚持跑步的重要性。用他的话说，参加这些比赛是为了更好地促进跑步锻炼，因为"每一次比赛都是促使自己坚持跑步锻炼的阶段性目标"。他进一步解释道：

> 人的行动总是要有个目标的吧！起初，我也压根儿就没想过自己能不能坚持下来的事儿。但是就这么坚持跑了近 2 个月，尝试（跑了）一次 10 公里。跑下来，感觉身体还撑得住。然后就听到了一个比赛的机会，参加北马（即北京马拉松）的半程。还记得当时我纠结了很久，因为心里没有底，在犹豫中就放弃了。事后我感到特别后悔。这样我就特意关注下一项比赛，决定以一个半程（马拉松）为目标准备试炼一下自己。一个月后，去跑了比赛，完了之后感觉的确有些难受。但是也结识了不少鼓励我的跑友，我们约了后面继续一块儿跑。这样我又开始以参加下一项比赛为目标，然后一次又一次，经过了一两年。这些年里，我都是以每一个下一次比赛作为我日常锻炼的目标的。现在想想，可能就是得益于有了这么一次目标，我就自然而然地坚持下来了。

大 Y 说的确立目标，本质上是一个心理活动。在瞄准目标坚持跑步的锻炼过程中，大 Y 提高着奔跑的能力及对于自己身体的信心。他告诉我，为了更加轻松地达到这些目标，他也会适时调整每个平日里的跑步锻炼。简单来说，在临近跑步前 15 天、10 天、5 天分阶段地增加运动量，即延长每天跑步锻炼的距离与时间，并在这之间的周末进行加练。通过坚持训练，耐力不断得到提高，使他对自己的身体越来越有自信。所以当我问起他如何保证坚持运动的同时，不对身体造成伤害，他会挂起一副自信满满的表情说道："毕竟要想健康安全地完成长距离跑步，平日的跑步锻炼提高的耐力与身体能量的储备就是必备的嘞。"

结合我对大 Y 的观察，着眼于目标提高身体素质实际上构成了一种心理机制。不光是耐力的提升，坚持跑步的过程实际上也是他自身专注力与意志力得到提升的过程，这些品质关乎内在的精神层面。这一变化至少体现了两点：跑步是一项身体运动，但是坚持跑步则必须基于一种心理方面的动力；跑步与对于跑步的坚持能够锻炼的不仅是外在的身体，还有内在于身体的精神。跑步者在日复一日的坚持不懈中，其内在与外在都会得到提升。

因此，跑步具有了修行实践所追求的内部性与外部性超越的两个维度。

（二）身体规训与精神控制：跑者的修行技术

跑步对于跑者而言，具有身体与精神的双重意义。因此，我们称跑步为一场修行，就不仅是对"修行"二字的比附使用。那么跑者是如何实践这样的修行呢？正如佛教徒可以在修行中通过提倡念佛以及对于念佛的计量化（谢燕清，2017：117—118），或者是更为具体地凭借对某项身体机能（如呼吸）的控制来作为修行过程的身心实践，实际上跑者在跑步中也有一种类似的实践过程。

不像随心所欲的奔跑，跑者的修行实践都是长距离的跑步，所以是一项既对身体外附的装备有规定，又对使用身体的技巧有要求的运动方式。关于穿着，最重要的是跑鞋，跑者会根据跑步锻炼的路面、跑者的足弓与内旋情况，以及体重与跑步距离的长短加以考虑，分为缓震型、支撑型、控制型与全控型等四种；衣着则以贴身、舒适、吸汗为标准；并且结合个人偏好辅以运动水壶、轻便背包等附件。对于身体而言，"保持正确姿势"要做到：（1）精神专注；（2）体态保持上身正立，下身放松；（3）胳膊放松，自然摆臂；（4）身体微微前倾，保持重心压在腰腹；（5）每次迈步要让中脚掌先行着地，放轻蹬地动作的幅度，减少膝盖受压；（6）让脚掌平行前进，减少脚掌内旋过度或者内旋不足等增加膝盖前段内外侧劳损的姿势；（7）注重对呼吸的调节，做到与迈步同步。

按照以上要求调整跑步的姿势本质上就是对身体的一种规训技术（福柯，2012）。它是跑步修行的基础，执行它的同时还要求跑者将每一次跑步都分成热身、跑步、冷身三个步骤进行，才能保障每一次跑步实践效果良好。热身就是在跑步前短暂地拉伸身体，为而后的剧烈运动预热；

而所谓冷身则是跑步后的慢走，慢慢放松刚刚结束剧烈运动的身体。跑者严格遵循这些纪律化的步骤，既是出于遵照科学提倡的避免运动伤害的目的，也是为日复一日频繁或平凡的跑步增添些仪式感。规训身体还意指训练的计划性，对于跑步来说就是要借助日常训练循序渐进的计划、组织具体的修行实践。

以大 Y 向我传授的训练计划为例（见表 1）。完成这套适合于入门级跑者的训练计划大致需要 4 个月至半年的时间。通过这项训练，跑者可以达到 3 小时以内跑完 21 公里的半程马拉松①的水平。

表 1　一个入门级跑者的训练计划

阶段一	阶段二	阶段三
目标：0~10 公里 时间：2 个月	目标：10~18 公里 时间：2 个月	目标：完成半程马拉松（21.1 公里） 时间：2 周或 2 个月
第 1~2 周每天跑 4~5 公里 用时 35~40 分钟 一周跑 3~4 次 隔天跑	第 1~2 周每周中有 1~2 次减量跑 5~7 公里	2 周仿效跑完 18 公里的准备工作 在自我感觉状态较好的某天尝试 21 公里
第 3~4 周每天跑 尝试一周跑 1~2 次 7 公里	第 3~4 周每周增加一次 13~15 公里	
第 5~6 周每天跑 隔一天跑一次 6~7 公里 尝试跑 1~2 次 8~9 公里	后 4 周前两周坚持每天 12 公里 并尝试一次 15 公里 后一周减量跑每天 10 公里 再后一周尝试一次 18 公里	2 个月坚持每天 10 公里 重复前面 4 周的训练内容 在状态好时跑 18 公里 再尝试跑 21 公里
第 7~8 周每天跑 8 公里 尝试跑一次 10 公里		

＊基于报道人的访谈资料以及笔者自身的锻炼实践整理。

不难看出，这套看似复杂的计划的落实重点在于对科学训练循序渐进的坚持执行上。可以将其阐释为另一套表达方式，即将跑动的持续锻炼分解成以不同阶段指标衡量的目标，以及实现目标的相应安排（往往是按

① 需要说明的是，正式的马拉松赛全程是 26 英里 385 码，折合 42 公里 195 米。一般而言，跑者出于习惯，将跑步的距离说成是 42 公里全程或者 21 公里半程的整数。

照天、周、月来加以组织），以此来严格要求与精细控制训练的数量与程度。具体的做法是，结合跑者身体条件设定锻炼目标，同时又将这一目标细划分为多个小的单元，然后在每个单元里制订便于量化评估的计划以便于操作执行。所以，跑者在按照上述计划展开训练后，可以根据自己身体更新的状况制定更高强度的训练计划，作为下一阶段的标准，不停将锻炼实践延伸下去。新的计划只是在锻炼目标上提出了新的要求，其组织锻炼的框架与模式均保持不变。

由训练计划生成的表格就成为跑者行动的规范。大 Y 的书桌上就贴了一张他自拟的训练计划表。据他说，身边不少跑者还会根据计划表来写跑步日志，以记录每天跑步后身体的情况，以监督和规范跑步练习的效果。由此，身体与精神在跑步练习的目标与计划间建构起了一个可供个体经验性驱使的空间，跑者就在其中通过对具体训练做加减法来实践修行。

在跑步实践的内在层面，修行技术的重点在于维持身心关系的均衡。首先表现在跑步实践需要让身体接受精神控制。大 Y 在传授跑步经验时告诉我，当人跑起来的时候，总会不由自主地快跑，而有意识的保持稳健步伐带来的匀速才是跑步实践的重点。"要用精神控制住身体"，他就这样一语点破了长距离、长时间的奔跑给予跑者不断练习的究竟。"只有这样，我们才能不断地增强自己身体的耐力，不断地跑下去。"他结合前面的训练计划，向我进一步做了说明，"在开始跑步训练的第一、第二周里，有意识地将跑步时间控制在半个小时跑 4~5 公里，而且不是连续每天任意地跑。这样做是要慢慢给予身体培养一个跑步的习惯"。习惯是身体对于当前阶段训练量的适应结果，说明跑者身体适应了精神对其的控制，以耐力为代表的身体能力也相应得到了提高。

当习惯成为自然，也就是跑者达到了一个阶段的训练目标，并且已经保持了一段时间后，身体往往会在跑动中出现一种"跑不爽"的感觉，这是在提醒跑者对于身体的控制能力已经超出了当前训练计划的要求。在保证不大幅加快速度的前提下，跑者必须延长跑步距离，以重新寻找对于身体控制的一种平衡感。在这个时期，精神要反过来被身体的运动所掌握，被吸引至专注于跑动的行动上来。《跑步指南》[①] 上推荐的一些专门

---

① 如宋歌，2014：90—94；95—98。

训练法〔如 LSD（Long Slow Distance Training）或者 MAF 180（Maximum Aerobic Function 180 Heart Rate Training）〕，都是要求通过长时间的坚持才能见效，无疑都突出了控制精神的专注性在身体训练中的重要性。

与此同时，身体的运动机能也随着精神专注的程度集中而得到不断提升。比如，大 Y 是在第三周后开始尝试每周有 1~2 次将跑步的距离增加到七八公里。"这个时候，我的脑子什么都不想，似乎只有跑。全身都跟着双腿跑，不知不觉地就越跑越快。"就像具体的身体技术取决于不同文化场景下的社会惯习的具体运作那样（莫斯，2014：397），跑者的修行技术依靠着跑步实践追求的身体训练与精神控制二重性的相互均衡发挥作用。身心关联的均衡运动，似乎是跑者的跑动可以不断持续下去的运动机制。

对任何一项运动属性而言，耐力无疑是隐形的，而速度是显性的。在跑者的日常修行中，直接被身体摆动表现出来的跑动速度成为反映跑者训练成果的中介。所以，很多跑者需要借助诸如心率手表或者具有计步功能的智能手环等辅助工具，对运动中的身心均衡状态进行测量并予以数字化呈现。正是通过这些仪器，让跑者相信自己的身心在跑步的实践中处于可以稳步提升的良好状态。

仪器测量实际上是通过合理化的方式确认了计划主导下身体训练与精神控制二重性的均衡状态。使用与参考仪器本身也构成了修行技术的一部分，它给予修行的实践效果以反身性的确定，跑者参考这些数值以修正技术或者推进训练的阶段。大 Y 回忆起他第一次跑 10 公里的情况，"第一次跑 10 公里时，虽然我已经通过前面的训练习惯了 8 公里的运动量了，但是还是有些胆怯。所以在开始跑出来的前 3 公里刻意地控制了步伐的速度，但是通过手表显示的心率，一直良好地保持在正常情况的 70% 左右时。我跑完这 3 公里，就开始逐步地恢复到正常的速度。而到了最后 2 公里，我就放开了跑"。由此可见，用数字辨识出来的指标数据①作为一套表征修行技术的符号体系，记录跑者身体机能的增进，标志了其精神能力不断通过身体练习得到提升的外显。

总之，在跟随大 Y 跑步的一段时间里，我对于跑步的修行技术有了初步了解：跑动在从身体通向精神的修行之间，有赖于将行动放置于一套

① 这些数值常规包括心率、时速、步频、跑步距离等指标。

完整的计划与规范网络，这样既限定了每一个跑者身体训练的日积月累，也见证着他们精神的成长，而修行技术的重心在于维持身心关联的均衡。借助于科学仪器采集的数据反映出的跑者每天锻炼时间的增加、跑动距离的增多，以及单位时间内速度的提高，不光是在表示跑者身心关联上经修行产生的变化，也不断地给予跑者倾注于修行实践的信仰动力。如果我们将跑者的身体比喻成为机器，那么这坚持不懈的日常跑步实践持续维系的身心均衡，就像给这具身体安装上了封闭的循环永动机。

（三）"从身体需要到精神需求"：跑者们的修炼得道

任何一项修行都在追求某种身体或者精神上的素质提升。在大 Y 的带领下，我初步体会到跑步借助身体训练与精神控制实现修行实践的作用力，它在每个跑者个体身心间形成了保持永动的内在循环，帮助每一个跑者在内心保持了不断提升能力、超越自身的动力。但是从跑者的世界观上看，跑步的修行，其外在的超越是怎样组织并体现的呢？我需要借助更多跑者的经验加以说明。

当我开始关心跑者的跑步实践后，才注意到很多身边的熟人都是隐藏起来的跑者，其经验分享帮助我更加完善地洞悉跑者修行的经验世界。就读社会学专业的大学生小 H 正是这样一位重要报道人。她的重要性基于两点。

第一，具有 3 年跑龄的她自称修佛之人。虽然她并没有像大 Y 一样直接将日常的跑步锻炼视作唯一的心理修行，而是在跑步的身体训练之外同时进行着一种更为制度化的修行方式，她的修佛实践主要表现在所谓吃素尚俭和放生积德。在这两种修炼方式的对比之下，修佛被我视为是一种消极仪式，跑步则是一种积极仪式，它们共同组成了小 H 的修习经验。小 H 自己的认知也证明了我的观察，"我是在修佛的朋友中遇到了爱好跑步的朋友，才开始跑步的。当时我一度情绪低落，打坐也让我静不下来。所以一个修行的同伴拉上我去跑步。坚持下来之后，心情反倒变得平静了。我觉得自己跑步之后，对修佛要求的持念有了更加深刻的体会，这样我也能够更加专注地投入进去"。小 H 的言下之意，是跑步的身体实践使得她对于修佛的精神信仰更加虔诚了。跑步以积极信仰的方式促进了修佛，让小 H 自觉平静，应该是跑步的身体修行与其念佛的精神修行在其内心初步达成了一种均衡。

第二，小 H 还进行过一项有关跑者热衷跑步主题的社会心理学研究，这项研究的结果对于帮助我们了解跑者的世界观大有裨益。由于她参与了一个名为"光明乐跑"的组织的日常训练，并与"中华赤脚团""太原夜跑团""黎明脚步""云天河心灵之旅"等多个跑者团体的组织者保持了较为长期的联系，她接触了大量来自不同社会领域的跑者，基于对这些跑者的问卷调查所得，以及对从中挑选出的三位有着 5 年以上长跑经验的资深跑者做重点访谈的资料，小 H 做出了一份关于跑者对跑步运动的需求层次分析。

尽管小 H 在这项分析中套用了马斯洛（Abraham H. Maslow）需求层次的分析框架，将跑者对于跑步的热衷理解为需求，但是由于她自身对跑步经验已经有了比较充分的体会，同时又接触到了大量不同身份的跑者及其所属的跑圈，能够对所谓的"跑者世界"建立起较为全面的认识。由此，她在这项研究中对跑者身份及其跑步实践划分出了一种类型学，① 对应了能够在日常现实中直观所见的跑者修行的类型与层次。

> 通过对跑者的分析，我们认为大多数跑者由普通人到长跑爱好者的身份转换主要经历了以下四个阶段：第一阶段为"长跑阶段"，这个阶段跑者为了解决生活中的一些问题而开始参加长跑；第二阶段为"开始马拉松阶段"，这一阶段跑者在长跑一段时间后开始参加马拉松；第三阶段为"持续马拉松阶段"，这一阶段跑者不仅是单纯的长跑或单纯的参加一次马拉松，而是将马拉松视为里程碑，不断经历"长跑—马拉松—长跑—马拉松……"的交替，一次次参加马拉松，此时的跑者已经有了训练计划及参赛目标；第四阶段是"享受马拉松阶段"，这一阶段随着跑者跑步次数及跑量的增加，跑者越来越多的开始享受马拉松，个人也在这个过程中获得质的提升（韩晶，2015：18—19）。

---

① 与此类似的分类在陈详的论文中亦可以见到，该文结合田野调查对身边跑者经验的总结，将跑者类型基于三种跑步原因做了区分，即"为健康而跑""为超越而跑""为跑而跑"。（陈祥，2017：26）尽管两份研究对于跑者的具体区分有异，但是不妨碍我们看到两种分类法在原则上的相似性。

她以参加全程马拉松比赛为标志性节点，总结出"长跑阶段""开始马拉松阶段""持续马拉松阶段"与"享受马拉松阶段"这四类跑步实践的阶段，也说明了跑者从事跑步实践的四种类型，而四类跑步的实践在一个跑者具体的锻炼经验中被统一连接成一段上升的实践过程。小 H 借用需求层次理论的表述进行了说明：

> 不同阶段都对应着跑者的不同需求。从第一阶段解决生活问题的需求；到第二阶段的赛前的挑战自我需求和赛时的娱乐需求；到第三阶段的社交需求和尊重需求；第四阶段提高生活质量和自我实现的需求。跑者的需求层次在逐渐上升，跑者也在这个过程中得到不断提升。于是越来越多有着相似需求的人们开始尝试、习惯并喜欢上马拉松，马拉松由此流行（韩晶，2015：19）。

不难看出，小 H 使用需求层次理论试图对跑者跑步实践的类型提升过程给予社会学式的说明。正如她在分析中具体谈到的，处于长跑阶段的跑者多是出于单纯的身体锻炼实践，而跑者终将经由参加马拉松赛后开始对于社交、娱乐等社会化需求的满足过渡到持续及享受跑步时追求精神性需求的跑步实践当中，跑者及其修行的境界就此得以不断提升。小 H 提出的跑步从身体需求到精神需要的演进，实际上揭示了跑者的修行从一味的身体锻炼向着身心并重的层次进展。

由于上述经历，小 H 对于我所关心的跑步锻炼如何可以算作是修行的问题可能更有发言权。她对于跑者有着较为明确的身份认同，强调就像修行中的行者那样，作为一种身份的"跑者"不是"跑步爱好者"的简称那么简单，而应该是跑步爱好者中对于某些资深人士的"尊称"。就她看来，可以被称为"跑者"的人应该是至少不间断跑步 1 年以上，且完成马拉松比赛的跑步爱好者。而要成长为跑者就必须依靠如上文描述的如大 Y 那样每日坚持跑步的锻炼实践，并且历经如小 H 给出的实践的四个阶段。她认为转变的关键环节是长期坚持跑步锻炼后参与马拉松的经历，通过马拉松比赛的 42 公里奔跑超越跑者日常跑步的身体感受之后，资深跑者对于跑步的热衷与坚持越来越多基于心理上的需要，即一种精神性的动力。由此可见，跑步的实践从单纯的身体需求渐渐过渡至复杂的精神需要。

小 H 结合自己修佛的经验为我说明她所理解的跑步与修行的联系。她相信跑步练习的每个环节承担的阶段性目标组织起来可以铺就一条提升人生境界的跑道，这就诠释了跑步作为修行的基本意义，她说："这就像修佛，随着修行的积累，修为的增加，修佛的境界就会越来越升华。就会从身体需求的简单阶段上升到了为了精神的满足上。跑者成长的过程与这个是一致的。"这个比喻也呼应了上节讨论的跑者日常的跑步实践：作为修行者的跑者在由身及心的诸阶段上，不断通过坚持不懈的身心修炼得以晋级，同时呼应了"道"的另一重隐喻，不断沿着既定的规矩按部就班地实践就是修行的合法方式。

三 跑者的庆典与跑步的仪式：马拉松的宗教体验

（一）从练到赛：个人修行的转化

如果说科学系统的日常训练是跑者们修行的"道"，那么参加马拉松比赛就是这条修行之路上他们必须"闯过的关"。而且可以这样认为，马拉松比赛这道"关"浓缩了跑步修行使人体会到"由凡入圣"过程的关键。这一点要从马拉松比赛的特点说起。

没有参与过马拉松比赛之前，普通人对其的想象，大都是来源于那位使得这项运动得名的希腊信使，并认为自己不可能跑完 42 公里的距离。但是当我们一旦开始坚持系统性的跑步训练，想象有一天跑过 42 公里这件事就会变得可望亦可及。我自己的感受就是这样，每一天傍晚跑过既定的 40 分钟路线，看到仪器表盘上记录着的跑步距离的增加与心率状态的稳定，心中一次次浮起的微小成就感就会不断转化成对于自己身体的信心。

正逢其时，近些年中国各地争相举办的马拉松比赛为这种个人感觉的坐实提供了契机。得益于城市发展与地方政府的推动，大量以我国一、二、三线城市命名，在当地举办的马拉松比赛层出不穷，为日常坚持跑步锻炼的跑者们提供了大量参与比赛的机会。① 除了四大大满贯赛以外，国

---

① 比如，根据跑者整理分享赛事日历，在 2018 年 1~4 月国内确定举行的主要马拉松赛就多达近 50 项。

内已经初步形成以 12 大著名赛事领衔的赛事集群。除了著名赛事中针对专业选手的比赛环节，各地的马拉松比赛都设置了大量面向普通跑者的比赛，比如 21 公里的半程马拉松、10 公里的健身跑马拉松以及 5 公里的 mini 马拉松，甚至还有可以带着孩子一起参加的亲子跑。这些比赛无疑丰富了参赛人员的构成，突出了比赛的参与性。

这里必须澄清的一点是，尽管时有新闻报道称有人在参与马拉松跑的过程中感到身体不适，突发疾病甚至猝死，但多是偶然情况，可能与参赛者前期准备不充分，以及赛前对于身体状态的认知不足、调整不当有关。从马拉松这项运动的性质来看，不同于短距离的竞赛，较长距离地跑动淡化了选手相互竞争的紧张程度。马拉松比赛承认比赛成绩的门槛是比较宽松的，全程 42 公里要求在所谓"关门时间"的 6 小时之内完成即可，半程是 3 小时，10 公里跑是 2 小时，5 公里跑是 1 小时，也就是说，一名跑者想要取得成绩，最低速度只需保持在每分钟约 85 米即可。这样的要求，对正常身体条件的人而言，都能比较轻松地达到，更不用提那些坚持训练的跑者了。

所以，我通过大 Y 与小 H 接触到的十几名跑者中少有没参加过马拉松比赛的人。根据一份探析马拉松风靡全国的跑步人类学研究，调查的 30 名跑者中超过 3/4 的人都参加过马拉松，剩余近 1/4 的人没有跑过马拉松，则是因为还无缘成功报名（陈祥，2017：20—21）。当前马拉松赛事出于安全等因素的考虑对参赛人数有限制，必须通过"预报名—抽签—缴费—报名确认"的流程，他们没有被抽中，又不愿意报时间临近但是在异地举行的比赛。不过可以确定的是，这些尚未参加马拉松比赛的群体希望参赛的渴望一点也没有动摇（陈祥，2017：22）。

大 Y 以自己为例向我解说跑者渴望参赛的心理。他认为很多跑者参赛的想法也源于平日训练积累的必然："当自己习惯每天 10 公里的锻炼程度的时候，自然就会想到挑战一下正式的马拉松比赛嘛，还可以作为对于自己成果的检验。而且现在的比赛包括 mini 赛，也就 5 公里，健身跑也才 10 公里，2 小时之内跑完就有成绩。坚持跑步带来的自信心让我想去试一试。"当跑步的习惯已经使得身体适应了长距离的奔跑，同时记录每日训练结果的仪器直观地将跑者的成果转化成标识身体能力达标的数值时，只要对身体能力通过一番理性估计，跑者很容易就会想在赛场上一试身手。

很多跑者在开始马拉松跑之后也会渐渐地认同将定期参加马拉松赛作为更好督促自己平日跑步练习的标杆。通过参加比赛，跑者对己身的修行结果有了一次全面的检验。尽管绝大多数跑者即使在赛前进行了较为充分的训练准备，依然会在比赛中（尤其是跑步的后程）遭遇到肌肉酸痛等折磨，但是跑者们最终会在这种折磨下完成比赛。在这种感觉下完成比赛，会让人上瘾。有的人是因为不甘心，觉得自己好好训练，可以在下一次跑得更好，而有的人会因为在比赛中克服了这种身体感受，从而获得了一种超越自身的体验。久而久之，这种感觉会让跑者对于定期参加马拉松比赛"上瘾"。总之，每一次比赛的结果都可以作为跑者对于自己一个阶段跑步修行的总结。而由一次次比赛串联起的日常跑步训练，在更为绵延的时间意义上组成了跑者永不停歇的修行实践。

这种以赛代练的模式，就是跑者开始进入小 H 定义的"持续马拉松阶段"，跑者修行的转化实现了他们对于自身跑步实践的超越。

（二）马拉松现场：节日庆典与集体欢腾

马拉松比赛绝对是让跑者从跑步运动中体会"宗教经验"的第一现场。像大 Y 和小 H 这类既有较长跑步实践经验，又对跑步修行有所感悟的跑者，他们都宣称这一认识的确没有夸大其实。

成千上万的人在同样的时刻聚集在一起，人山人海的场面原本就壮阔，更别提当我们看到来自不同地域，甚至是不同肤色、不同国籍的人都披上同一次赛事的编码，沿着同样的路线，为了同样的目的付诸同样的奔跑实践时，更加容易变得心潮澎湃。这是因为我们受到了一种有如宗教朝圣般集体氛围的感染。在比赛现场，上万人一同奔跑的场景就像对于那个源自巴别塔的神话的转化版本：来自不同地方的人，操持着同样的语言走到一起，投入共同的事业，一起修筑一座高塔。在这项行动中建立了集体的情感纽带，组成了涂尔干（Emile Durkheim）式宗教生活的共同体（涂尔干，2013）。

参赛的跑者常常是约上好友一块儿来报名的，所以很多在不同地方工作或者生活的跑者借着参赛的机会聚会，一起组团参赛或者拉上对方到现场加油，甚至专门预留出比赛后的一天时间，在比赛地游玩一番。除了自发的跑者约伴参赛之外，一些国内知名的跑步论坛与跑步俱乐部也会组织会员以非正式或者正式的方式集体报名参赛。他们会在比赛当天穿上奇装异服，打扮成各种潮流亚文化的 Coser①——像猪八戒、异型、花仙子等形象——来跑马拉松，带动现场的欢乐氛围，搏足他人眼球与镜头的同时自己也乐在其中。另一类以群体方式出现的跑者是某些公司组队参赛的员工们。这些公司将跑步作为企业文化的激励方法，他们整齐划一的出场也为比赛现场增添了激情与乐趣。赛事主办方与赞助商，也会因经营城市和推广品牌的缘故为比赛刻意营造热烈欢快的现场气氛；志愿者向参赛者和现场观众提供无偿帮助，从比赛路线的规划到赛道沿线的景观布置，都尽可能为跑者们营造振奋愉悦的现场体验。

马拉松比赛不光给予了跑者宣泄"独自奔跑"的独孤感的机会，也给予了跑者"不是一个人在奔跑"的精神振奋，还通过提供社交空间、彰显集体认同等方式不断地向作为个体的参赛者们展示着这一场庆典的感染"力"（force）。对于一些初次参加马拉松赛的跑者来说，这些力就是当自己来到一个不同寻常的地方奔跑，或者可以与那些久仰大名的专业选手一同奔跑的兴奋感与满足感。比如我听到有跑者这样表述自己在比赛现场感觉兴奋的原因，"头一回参加北京国际长跑节，一大群人聚集在天安门广场等待发令枪响，我也其中，自豪感油然而生"，或者"赛场上感受比较兴奋，就像聚会一样。能跟世界顶尖选手一起参赛，特别让人激动。无论是能力体现，还是自我满足感都得到提升，这种感觉就像跟明星在一起一样"。

对更多的跑者来说，这种力以一种"反结构"的方式将日常生活中原子化的个体组织起来构成了从事跑步行动的共同体，这类似于消弭社会生活中心与边缘的"结构共融"（communitas）（特纳，2007）：不同年龄、不同性别——跨越日常的各种社会分类的人在同一个时空中一起重复同样的身体实践以达成相同的心理目标的景象往往让人感到激动。"跑马中看到盲人跑步，叔叔阿姨相约跑步，还有老外推着婴儿车跑步，不同的人都会奔跑在赛道上。跑步很有爱，而且很有正能量。""起跑前随着音乐而兴奋，见到老友自然倍感高兴；奔跑中见到陌生的跑友一起加油呐

---

① Coser 是指角色扮演（Cosplay）者，常常会用夸张的化妆装扮成各种文艺作品角色，一般是著名的视觉题材中的形象。

喊，见到情侣起跑，见到盲人和领跑者一起牵着绳子奔跑，种种的场景总觉得自己在体验各种人生，结束后的内心满足还有伙伴们的一起'腐败狂欢'，无疑也是马拉松的一大快事。"这方面跟比赛现场跑者众多带动集体情感的群体效应有关，就像小 H 所言："第一次参加北马，4 万人的队伍。动感的音乐、人们兴高采烈的表情、挥舞的双臂。一切都是为了一个共同的目的——42.195 公里。"

（三）坚持冲线：跑过世俗与神圣的界限

马拉松比赛的现场给予了跑者们集体庆典式的洗礼，而在人群中独立坚持跑完全程则是跑者作为个体需要经历的，这是跑者自觉修行从世俗走向神圣的一段身心体验。

无论跑者是在跑 42 公里的全马，还是 21 公里的半马，甚至更短的 10 公里健步跑，当选手们跑入后半程，出发时拥挤的人潮逐渐会被距离稀释，跑者们在投身奔跑的专注间纷纷进入独自一个人跑的赛段中。在完成大约七成距离之后，几乎每一个人都会在最后几公里[1]，遭遇到一种强烈的不适感。一般的表现是感觉身体突然失控，步子沉重，呼吸不畅，而且隐隐感到肌肉酸胀，这种身体反应被称为"撞墙期"。跑圈里流传的运动医学知识对这一身体现象尚无唯一令人信服的解释：疲乏？血糖过低？乳酸积累？缺氧？体温过高？血液量流失？还是肌糖元消耗？多数跑者宁愿相信这是己身内在的均衡被长距离奔跑所动摇瓦解。

根据前面对跑者日常训练的讲述，我们已经知道日常跑步的训练维系着跑者身心的均衡，并在一步步提升着维系这一均衡的信心与运动能力。以赛代练就是通过竞赛奔跑检验身心状态的变化，所以对于一个资深跑者来说，每次长跑后期遭遇到身心均衡的崩溃，都是有待自己跨越的墙。反过来说，也正是跨越了这一堵墙，成就了跑者身心的自我超越。在这一段奔跑距离当中，跑者只能自己面对这些医学上无法解释的挑战。身边的风景、身边的人都不在视线当中，头脑里只有终点、终点，还是终点——那一条抽象的线。

"这段过程就是我们在人生中遭受到的所有苦难的浓缩。想放弃，因

---

[1] 一般来说，参赛者跑全马的"撞墙期"往往发生在 35 公里左右的赛段，跑半马则多在十五六公里处。

为明知放弃就可以结束身心遭受的痛苦。但是终点的的确确就不远了。"作为跑者，我们还是会继续摆动我们的身体，默默地将这段距离当作苦行那样去承受。是源于不甘心前功尽弃，还是因为对于一个完满答案的欲望？总之，"熬过这一段，离终点不远了"是跑者们一致的执念。

苦行过后就是超越。小 H 完整记录了一名跑者参加 2013 年北马以及他冲线阶段的感受：

> ……跑进"奥森"① 的时候，脚处如火烧一般，疼痛总让你无暇顾及身边的美景，撞墙时自己总在不断地挪动身体，不断地期望显示公里的数字能增加得快一些。……不过一切的痛苦和煎熬在看到终点的那一刻已经不是那么明显。任何一个跑者都希望在最后 1 公里显示出良好的姿态和笑容，期待那被摄像机记住的那一刻。跑过终点线的感觉是放松还有一丝自豪，虽然大脑一片空白，但还是感觉自己做了一件了不起的事情（韩晶，2015：25）。

大 Y 则是在冲线前就克服了"撞墙期"："大概到了十五六公里的时候，突然有一段时间特别难受。……坚持了 10 分钟，渐渐不觉得身体累了。然后我就完全放开跑，心想终点就在前方。"

可能因为有了撞墙期的苦行，冲线的体验更加让人感到兴奋与愉悦。有人将冲线时刻称为跑步的"高潮"，并这样描写道："冲过终点的一刻，当你蹒跚地踏上计时毯，接受观众的喝彩，仿佛躯体深处释放出一种东西，让你眩晕……路途中迈步的艰难早已置之脑后，一切都值了。你会觉得世界变了。"（伯特，2014：30）因为冲线的时刻证明了跑者对于途中苦难的超越。尽管在旁观者看来，冲线只是意味着跑者对于区区一场比赛的完成，但是在其中经历到的先抑后扬的情感体验确实真真切切地给跑者授予了一顶英雄光环，因为冲线就意味着跑者超越了那个心生退意的自己，成为一个完整跑过 42 公里的自己。

冲线时刻跑者身心得到的释放是对于长距离奔跑中默默苦行状态的反转，就像是修行者在一场通过仪式中对于阈限的突破。我们若是将冲

---

① 即北京奥林匹克森林公园，大约处在北京国际马拉松比赛线路的 35 公里处。

线放置于跑者从参加一次马拉松比赛之前就开始进行的跑步锻炼的整个修行过程当中来看，可以更好地理解这一行动对于跑者的全部意义。一个跑者从坚持跑步练习到参加比赛，标志着他从单纯追求身体实践层面的跑步升华到重视对于精神的修炼，也就意味着跑步作为一种修行的观点内化于他自己的观念当中。那么他所亲历的马拉松比赛——这场展示跑者世界宗教性的仪式庆典——就是他深刻领会跑者如何被赋予神圣性的一场过渡仪式。那就是当每一位跑者完成比赛，冲过终点，体验到所谓的"跑步高潮"的时刻，那就是他个人的奔跑从世俗进入神圣的界限所在。

"由凡入圣"，跨越过俗世才会有的身体苦行，成为赋予自己身心以某种神圣感的生命（伊利亚德，2002），这就是跑者冲线跨域过自身修行世界里的神圣与世俗。跑步的修行也具有宗教性的面向，这对圣俗二分以及跑者对于它的超越构成了跑者修行的宗教观基础。甚至对于很多第一次参加马拉松比赛的跑者来说，只有在现场坚持跑过终点的时刻，方才自信认同自己成为跑者，才有了自己可以将跑步化作实践信仰的修行的觉悟，并且可以为了这一信仰继续跑下去。所以，每一次冲过圣俗的界限都是跑者的"道成肉身"，它意味着跑者突破了阈限，奔跑的生命开始于新的存在。

四　讨论：初探跑步中的存在

（一）　"我跑故我在"

跑步是一种修行，因为它是跑步爱好者们自愿进行的"刻意为之"，在他们开始跑步之初，很多人对于跑步的专门知识并没有系统的认识。随着跑步实践的深入，他们掌握的知识在增加，从事跑步的能力也在提高。当跑步成为个体的修行事项时，这项健身运动就具有了明显的指向自我、"学以为己"的特征。

跑步修行实践的基础在于一个个自我行动的主体，即每一个跑者不停地奔跑构成这项修行的全部。对于跑者个人，跑步作为修行的意义在于将跑步的修行与他寻找甚至磨炼自我存在意识的成长过程联系在了一起。

常规的修行指的是宗教或者民间信仰的信众通过特定仪式的练习以

增进其宗教体验的学习实践。传统的修行与制度性宗教或习惯性信仰联系在一起，信众的修行实践均是对共同信仰的膜拜，本质上是涂尔干式宗教生活的集体表征在社会个体上的投影。但是跑者严肃地把跑步当作修行，反倒是更接近中国传统社会对修行的认知。其一是隐士的修行，他们遁世沉修，是对制度性宗教生活的逃逸，从而实现追求自我（韩兆琦，2015）。另外，中国儒学文化中君子寻求"脱凡入圣"的修身养性也是一门"学以为己"的修行（李弘祺，2017）。所以，修行不同于宗教，即使是教徒信奉宗教的一个环节，它也仅仅起到的是引导教徒的自我脱离凡俗走向神圣的消极膜拜（涂尔干，2013：450），它关注自我以及自我对宗教世界的假定，并且将信仰实践于一项专门甚至重复的行动中，信徒对这项行动的重复实践构成了实现自我到世界意义升华的具体方法。

当下跑者的跑步实践恰当地浓缩了为自我修行的全部特征。跑者视跑步——不管是日常的跑步练习，还是专门的马拉松赛跑，它们组成了不同环节——为修行，只有在坚持不懈的跑动中，这个行动的全部意义才得以彰显，跑步就是跑者的自我存在。

（二）身披现代性的苦行

宗教社会学的经典文献告诉我们，从自我存在出发建立起来的意义系统，非韦伯（Max Weber）的描述难以精辟。（韦伯，2012）他笔下的新教徒是为履行自我天职而辛苦劳作的，但是天职只在自己面对上帝时才可得，劳作履行天职转而也是己身获得上帝恩宠的明证。新教徒就是自信于这一对观念与行动的循环论证，并且时刻身体力行，从而生发出资本主义积累财富与扩大生产的不歇动力。韦伯笔下对于这一"现在的哲学"（米德，2003）的宗教社会学演绎，也成为对伴随资本主义精神兴起的现代性形象的精辟隐喻。在上帝注目之下，人们是而且应当是自己生活的主宰，现代人拥抱着这样的信仰；而跑者（也包括我自己），在跑起来时都执着于"掌控了这一步，下一步也就可以掌控；掌控了身体，生活就能被我们所掌控"的自信。所以说，跑者的修行为了自我的存在也是一种追逐现代性的存在。

近年来，一些以跑步为主题的心灵成长类书籍在跑者间流传，已经对自我修行与现代性宗教的亲和性给出了初步的回应。跑圈中流传最广的是

《跑步圣经》（希恩，2014），这似乎宣告了跑步文化已经生长出一些宗教性的色彩，而跑者就是其中的信徒。就像基督的信徒需要《圣经》一样，跑者也需要他们自己的经典。这本《跑步圣经》的作者乔治·希恩（George Sheehan）是一位早年为著名的美国《跑者世界》（*Runner's World*）杂志①撰写随笔的白人医生，这部"圣经"是他在自己20多年的跑者生涯中对于跑步的哲学思考，或是跑步过程中萌发的沉思，或是对跑步与人生成长关系的议论，而书中也以"生活、发现、学习、超越、受难、冥想、蜕变、看见"等宗教经验的主题来组织论述。就像该书英文原题《奔跑与存在》（*Running and Being：The Total Experience*）所宣示的那样，希恩想要启发读者（也是跑者）将跑步实践与宗教关于存在的终极性问题建立属于自己的关联。这个关联在跑步作为修行出现的时候得以完成，并且使人"越跑，心越强大"（希恩，2017）。

其实，这本"圣经"在美国社会的出版正逢20世纪70年代跑步作为一项文化运动兴起之时，这项运动的文化起源诠释了韦伯预言的现代性宗教的变化版本。正如我们在希恩笔下见到的跑步运动在当时他所在社会兴起的文化起源："学校、工作和社会把时间机械分割之后，我们便很难沉浸在自己的节奏中了。"（希恩，2014：4）时间的碎片化、他者的驾驭，使得人们开始失去自我，忧虑"其他人注定会掌控我们的节奏，控制我们的步伐"（希恩，2014：68）。于是，"需要人们突破原有的生活方式，让自己在一个新的环境中静静地思考并找寻自己"。跑步便是这样的方式，它可以让所有感觉自己的生活世界被工作、技术或社会期望绑架的人冲破束缚，去寻找自由的生活。也就是说，坚持跑步是要积极地与现代性的社会变迁展开竞争，成就更好自我的一种存在。这种存在是与现代性同在的，所以在希恩看来，最能代表美国社会世俗宗教观的实用主义哲学与宗教学家威廉·詹姆斯（William James）应当成为跑者的模范（希恩，2017：172—173）。

许多类似的"圣经"在中文世界里大量涌现，它们在传播跑步文化的同时，实际上也在传播跑步作为修行的信仰理念。将前文详细描述的跑

---

① 创刊于1966年美国的《跑者世界》（*Runner's World*）是世界上最有影响力的专业跑步杂志。2012年10月，国内最大的纸质体育传媒集团体坛传媒与其合作推出的《跑者世界》中文版正式出版，成为中国第一本专业跑步杂志。

者日常锻炼及参加马拉松比赛的修行实践与国内跑步运动在过去十年间大量兴起的社会事实相结合思考，我们不难看出这一传播趋势与中国社会转型以及中产阶级的迅速成长间的关联。而将跑者的修行置于这场现代性变迁的广阔背景下，我们方能更加深刻的想象跑者在奔跑中所实践的存在的本质，他们是孤独的大多数，却用实践代替沉默。当下的中国人正在真实地走进现代世界，新教徒思虑的信仰荒原也就近在眼前。奔跑的人坚持跑下去，因为它的动力不根源于形而上的社会传统或者上帝观念，而是基于行动给予自身的真实存在。其中的关系微妙地就像韦伯的铁笼隐喻（韦伯，2012：274—275），奔跑使跑者在追逐现代性的荒原上体味到个人身心的自由，但是以跑作为修行本身却不得不给跑者的身心披上了一层紧身衣，时刻提醒跑者自律进而维系身心均衡。于是出现了一个可能的未来：当我们不停奔跑在现代世界的荒原上时，身心存在是不是已经在不知不觉间被越缚越紧了呢？

结　语

世俗化的现代性中，人人皆有可为，只有脚踏实地的行动与坚持不懈的实践，人才能在平凡的生命中做出自命不凡的壮举。于是，像身边很多跑者一样，我在跑步之余也开始读村上春树的作品，因为跑圈中流传着他通过跑步实践磨炼个人意志、感悟工作与生活态度的传说，他也被奉为跑者中的"圣徒"。

在此让我以他谈论跑步的一段文字作为结束，静静感受一下他是如何思索跑步的修行与自我在当下存在的关系的。

  ……沿着清晨的查尔斯河，我依照自己的步调信步慢跑，却被大概是哈佛新生的女生们从背后——赶超过去……与之相比，我对败绩早已习以为常。这绝非自夸。人世间令我徒叹无奈的事情多如牛毛，使尽吃奶的力气都无法战胜的对手也不计其数。然而她们恐怕还不曾体验这样的苦痛，当然，不必非得现在就体验。瞅着她们那荡来晃去摇曳不已、似乎有些扬扬自得的马尾辫子，以及修长而好斗的双腿，我不着边际地思考着诸如此类的事儿，保持自己的步调，优哉游哉地跑在沿河的道路上……眺望她们的奔跑姿态，不失为一件赏心乐事。

你会朴素地感受到，世界就是这么实实在在地传承下去的……（村上春树，2009：100—101）

是的，跑者就是这样孤独地相互陪伴，奔跑在现实的大地之上。

参考文献

中文

伯特：《跑步为何这么潮》，《新民周刊》2014年第46期。

陈进国：《修行人类学刍议》，陈进国主编《宗教人类学》（第七辑），社会科学文献出版社，2017。

陈祥：《长跑与马拉松风靡中国城市的人类学探析》，南京大学，硕士学位论文，2017。

〔日〕村上春树：《当我谈跑步时，我谈些什么》，施小炜译，南海出版公司，2009。

丁祖昱、曾朝恭、杨杰：《马拉松人人都可以》，上海人民出版社，2016。

〔法〕米歇尔·福柯：《规训与惩罚》，刘北成、杨元婴译，读书·生活·新知三联书店，2012。

韩晶：《马拉松跑者的需求层次分析》，中华女子学院，学士学位论文，2015。

韩兆琦：《中国古代的隐士》，商务印书馆，2015。

李弘祺：《学以为己：传统中国的教育》，华东师范大学出版社，2017。

梁恒豪：《修行的心理学研究探微》，陈进国主编《宗教人类学》（第七辑），社会科学文献出版社，2017。

〔美〕乔治·赫伯特·米德：《现在的哲学》，李猛译，上海人民出版社，2003。

〔法〕马塞尔·莫斯：《社会学与人类学》，佘碧平译，上海译文出版社，2014。

〔美〕尼可拉斯·罗曼诺夫、〔美〕约翰·罗伯逊：《跑步，该怎么跑》，徐国峰译，新星出版社，2014。

〔美〕詹姆士·C. 斯科特：《国家的视角：那些试图改善人类状况的项目是如何失败的》，王晓毅译，社会科学文献出版社，2004。

宋歌编著《不跑会死：中国跑步指南》，煤炭工业出版社，2014。

〔美〕维克多·特纳：《戏剧、场景及隐喻：人类社会的象征性行为》，刘珩、石毅译，民族出版社，2007。

〔法〕爱弥尔·涂尔干：《宗教生活的基本形式》，渠东、汲喆译，商务印书馆，2013。

〔德〕马克斯·韦伯：《新教伦理与资本主义精神》，阎克文译，上海人民出版社，2012。

〔美〕乔治·希恩：《跑步圣经》，于嘉译，浙江人民出版社，2014。

〔美〕乔治·希恩：《越跑，心越强大》，游淑峰译，南海出版公司，2017。

〔英〕格雷姆·希尔迪奇：《5公里到10公里：从起点到终点》，高宏译，机械工业出版社，2016。

谢燕清：《信仰的计量化——可行、可信的念佛往生》，陈进国主编《宗教人类学》（第七辑），社会科学文献出版社，2017。

杨德睿、黄剑波：《修行何为，何为修行？——修行人类学研究倡议》，陈进国主编《宗教人类学》（第七辑），社会科学文献出版社，2017。

〔罗马尼亚〕米尔恰·伊利亚德：《神圣与世俗》，王建光译，华夏出版社，2002。

英文

Kipnis，Andrew B.

2009. *Governing Educational Deire: Culture，Politics，and School in China*，The University of Chicago Press.

作为朝圣与修行的攀岩*

——攀岩运动的人类学观察与体认

孙　旭

摘　要　攀岩具有宗教性与精神性的意义。攀岩圣地的构造源自自然岩壁先在的神圣属性与攀岩群体共同构建的神圣性的互致，后者表现为攀岩者所具的圣徒特征、攀岩者和自然岩壁互动中获得身心提升的朝圣历程以及作为知识广为流传的显圣故事。攀岩修行的意义在于，攀岩的垂直与风险特性要求攀岩者特殊的身体训练、克服具象化困难和精神压力，让攀岩者警醒真实自我，驱动攀岩者不断挑战极限。以身体作为精神与自然世界的媒介，攀岩者在攀岩的实践中体悟着与自我、他者、自然的关系，并以献祭身体的方式，实现身心的转变与自然的混融。

关键词　攀岩　朝圣　修行　精神训练　具身实践

导言：何为攀岩、为何攀岩？

人类有多种攀登陡峭岩壁的形式，其发端发展与人类文明相伴相生。本文讨论的攀岩运动，主要指的是源自登山，并于19世纪末成为一项独立户外运动的现代攀岩。逾一个世纪的发展，攀岩分支出了户外运动攀、户外抱石、无保护攀岩、传统攀岩、器械攀岩、攀冰、大岩壁攀岩、室内运动攀、室内抱石、竞技运动攀、竞技抱石、竞技速度攀等多种类型，从

---

*　本文系国家社科基金一般项目"体育人类学学科体系与基础理论研究"（19BTY006）的阶段性成果。

业余到职业，在国外参与人数众多。中国的攀岩运动兴起于 20 世纪 90 年代，虽然起步较晚，但中国有非常丰富的天然岩壁资源，且官方和民间皆参与推动岩壁开发、赛事举办、人工攀岩馆建设，迄今，核心攀岩人群已经有近万人，攀岩辐射到的参与体验人群更达到 200 余万。

攀岩吸引人的不仅仅是其竞技性，更在于多数人参与的户外攀岩所表征与隐含的意义——人类对人自身之极限的突破，向自然的开拓和互融，人在攀岩中对身体和精神确凿且更新式的体认，向死而生的风险性及伴随而来的自我醒悟。正因如此，攀岩从一种单纯的运动，达至了人们对自然的崇敬与亲近、对身体知识体认和精神性锻炼的境界，而攀岩人群的组成，攀岩活动的组织、知识分享也具有了朝圣与修行的属性。

攀岩不是也不会是一种宗教，将攀岩与朝圣相关联，意在从一种生活性的宗教而非制度化的宗教之视角，理解其实践与认同。麦圭尔（Meredith B. McGuire）从主体方面指出宗教内涵附着社会与文化属性，且随时间与人们的认识变化。其一，生活性的宗教，相较制度化的规定，更重视实在的经验（体验）。其二，生活性的宗教，不仅限于个体的主观意识，更是一种群体共享的经验构建起的、具有"主体间性"的事实，换言之，它的宗教性与一类可辨识的群体紧密相关。其三，宗教性、灵性的接近与获得，可经由具身化实践（Embodiment Practice）通达（McGuire，2008）。在这个意义上，结合前文所述的特性，攀岩得以与宗教并置，其群体的知识共享与日常实践，亦得以经由朝圣，在"体育运动"这一现代性与去魅化的概念之外获得理解。

攀岩的人讨论身体问题，一方面从一套科学知识的认识系统中探讨肌肉、乳酸、筋腱、心率与呼吸，另一方面，又把身体控制指向了情绪、冥想、内观、瑜伽和精神训练。二者总是并行存在，时有张力。大部分的攀岩者，对攀岩活动了解得越精深，越承认要想有好的表现，身体的锻炼不可或缺，精神性的修炼更为重要。如此认识又和攀岩的特性相关：其一，自然性与垂直运动，攀岩运动要求攀岩者适应岩壁的天然造型，并向上垂直运动，这和大多数运动有所区别；其二，非竞赛的挑战性（高门槛，困难的具象化，无对抗，攀岩难度等级——经验认定的而非客观实在的，这一点区别于马拉松等"一个人的运动"）；其三，风险性，作为一种身体在场的运动，攀岩常常将攀岩者暴露在风险面前，使其触觉与知觉超越日常的意识水平。身体与意识对风险的双重感知，为攀岩者对刹那当下的醒觉、身心提升以及与自然万物联结融洽提供了可能性，因而在运动之外，具备了修行的意义。

一　先在的神圣与互知的朝圣

（一）攀岩圣地的构造

圣地，在宗教意义上指的是那些具有灵性而信仰者可以通过接近、接触和朝拜获得与神圣性的亲近甚至自我的提升的地方。圣地之为圣地，多有着先在性、被赋予和信仰社群认同这三重因素。

攀岩需要自然岩壁，这些岩壁都是天然形成的，其岩质各有不同，主要为花岗岩、喀斯特地貌的石灰岩或丹霞地貌的砂岩，或为几米到几十米的独立岩石、岩石群，或为连绵山脉裸露出的岩壁。攀岩的发源本身有着探险和拥抱自然的质地，所以在岩壁的寻找中，往往也会在接近性和成规模性之外，偏向那些灵秀雄奇的山区。

攀岩圣地，包括世界各地重要的被开发的自然岩区（如美国 Yosemite，法国 Fontainebleau，西班牙 Oliana，非洲 Rockland，泰国 Krabi，印度 Hampi，中国的贵州格凸、广西阳朔、云南老君山等），虽岩质不同，但经过数代人的开发，成为攀岩者向往乃至必须"朝圣"之地。换言之，并不是对任何一处岩壁的攀爬都被认为是攀岩，人们更倾向认为在这些攀岩圣地中攀爬才是真正意义上的攀岩。

无论是否存在着灵性，从信仰的日常经验理解，圣地的神圣性总是既存在于每一个朝圣者的内心，又为信仰群体共同构建和认同，而非单纯为某一种制度（宗教）所规定。有趣的是，尽管攀岩不是宗教，但许多攀岩圣地本身即是宗教意义上的圣地。

位于美国加州的优胜美地（Yosemite）国家公园，以最为巍峨高耸且完整的花岗岩山体闻名于世，其中 1095 米酋长岩（El Captain）和半穹顶（Half Dome）尤为突出，不仅是徒步、登山、露营者的天堂，更是攀岩者活跃之地。对于任何一个攀岩者而言，优胜美地在其"一生一定要去攀一次岩的地方"之清单的首位。至少早在 19 世纪，优胜美地经由画家、哲学家、环保主义者、牧师甚至国家法案的加持与塑造，成为一个对其国民而言具有神圣意义的国家公园，它不仅仅是远离尘嚣的伊甸园，更成为"民族苦难救赎和美国重生的象征"，并因其山谷地的造型，令进入其间的人产生进入室内圣殿般的宗教感（沙玛，2013：6）。

与此相类的地区，还有贵州紫云格凸。这个山区因数万年地质演变，形成了汇集溶洞、山水、石林等的喀斯特地貌，亦被当地的布依族和苗族赋予了神秘的传奇色彩。"格凸"本为苗语，原义就是"跳花圣地"（贵州省政协文史与学习委员会，2011：14）。2010 年前后，该地被攀岩者"发现"，随后开始了集中开发，并在 2011 年由世界知名的攀登装备制造公司 Petzl 赞助组织了一次攀岩节。① 除了由两位当世攀岩顶尖高手 Dani Andrada 和 Chris Sharma 开发并完成了一条中国最难的结组攀岩路线——"Corazón de Ensueño"（梦之心），Petzl 团队更开发出了上百条攀岩路线。其后，格凸成为中国继阳朔和白河之后最有吸引力的攀岩区。

云南丽江玉龙县的黎明老君山，也是一例。老君山在纳西语中被称为"阿诗旺美亨"，意为"相互牵系在一起的五姐妹神像"，或成为"五神山"，神山的形成在当地有一段关于西藏高僧于此祝福祝圣的传说（和国星，2006）。神山前的峡谷两侧，是一座座高耸的丹霞地貌砂岩山体，山体的完整性、稳固性和规模在中国十分罕见，是国内不可多得的传统攀②之地。在过去十余年，该地区逐渐开发出大量的传统攀路线，成为中国攀岩群体认识、学习传统攀的必去之地，也让他们认识到了传统攀的形式与魅力，同时国外传统攀的爱好者也一波波涌入此地。

综上，攀岩圣地的神圣性是双重的，一重是其成为攀岩地之前的神圣，也可谓宗教性的神圣，另一重则是由攀岩群体的知识共享、共同构建、具有主体间性意义的神圣性。后者之所以具有神圣性，不仅在于攀岩群体对此地具有崇敬感，且只有前往特定攀岩地才是真正的攀岩，更在于

---

① Petzl 每年会在世界上一个地区进行岩区的集中开发，并举办攀岩节，组织其赞助的职业攀登运动员参与，号召吸引大量的本地攀岩人群参加。Petzl 活动的专业性、参与者的竞技水平几乎是当世最高，并且会开发完成一系列极高水平路线，因而在世界攀岩圈中享有盛名。

② 即传统攀岩，翻译自英文 Traditional Climbing，指不在岩壁上转凿安装固定保护点（即运动攀形式），使用可以取放的保护器械。在攀岩活动结束后，岩壁不会留下人工痕迹，保持岩壁的不受人类活动的"污染"，因而也被认为是一种较运动攀更为"纯粹"的攀岩方式。

在攀岩的实践与叙事中，攀岩地是人们拥抱自然通达灵性的存在，并驱动着持续的"朝圣"。

如前文所言，宗教性的产生，在于信仰群体的共同构建。对于任何一个攀岩者而言，去任何一个攀岩圣地的攀爬，不仅为了身体的锻炼和攀岩能力的提升，更是通过对经典路线的攀爬和完成实现自我升华，且这种自我升华在攀岩群体中可以被分享、理解、认同。更甚者，一些经典路线的开发和完成，对他们也具有一定的精神激励作用。每条线路都有一个名称，其背后多少透露着攀岩者对待攀岩地的情感和态度。例如作为中国第一个传统攀圣地的老君山，其第一条路线名为 Soul's Awakening（灵魂觉醒），意指经由攀爬这条路线，进入了一种较运动攀更自由，更贴近自然的攀岩方式。类似的名称还有 Lucid Dreaming（清明梦）、Realization（自我认识）、Chilam Balam（先知之书）、Wheel of Life（轮回）等。

一个值得思考的问题是，尽管客观上一个攀岩地有时会出现两种神圣性的叠加，但其分属不同的群体，从群体的主观角度观之，两种神圣性是否发生了互渗，或者说两种神圣性的跨文化理解是否可能。

该问题可以从两个方面来看。其一，攀岩者是闯入者，是对先在圣地的破坏者，且大量的流动攀岩群体进入圣地的时候，更多是与岩石为伍，而极少与当地人群有交往互动，二者的神圣性仍然是在两个维度。若说任何自然物的神圣性都来自群体的构建，相应自然所被赋予的表征，又会影响栖居其中的人群（Lee and Ingold，2006：67-85）。由此当地人与攀岩者，无论孰先孰后，对一自然地的神圣构建，都会改变圣地原有的实在与表征，同时这种改变又会反馈于两个群体。其二，当攀岩者过于粗暴地进入时，势必会出现一些负面问题，比如世界知名的美国岩者 Dean Potter 攀爬 Delicate Arch（精致拱门）时，遭受了严厉的指责，但对"代表着美国国土之美的岩石"的破坏已是不可逆的；另就是最近发生的三清山巨蟒峰擅自攀登事件，① 引发了中国攀岩界的声讨，可三清山同样遭遇了不可逆的破坏，且这种破坏都是超越物质性的。

---

① 位于江西的三清山是历代道家修炼的仙地，自然山岳殊绝。2017 年 4 月 15 日，浙江三位户外爱好者用无人机、电钻和绳索等工具，爬上了 128 米高的巨蟒山。三清山公安分局依法对三人处以行政拘留处罚。而其破坏自然岩壁、"暴力"攀爬的方式，不但遭到国内攀岩群体的声讨，也引发了对于自然岩壁是否可以任意开发，攀岩纯粹性，人与自然关系等问题的探讨，参见 http：//jx. ifeng. com/a/20170417/5581278_0. shtml。

攀岩在中国方兴未艾，尤其是随着攀岩运动进入中国全运会和奥运会，户外岩区的开发日益扩展，势必不断遇到上述情况。倡导基于攀岩运动发展的跨文化理解，不仅有助于进一步思考不同群体对同一自然存在的神圣性赋予之进程和形式的学理问题，还具有紧迫的现实意义。

（二）攀岩群体：朝圣的循环

除了职业攀岩者，每个地区都有完全贡献出自己生活与精力，投身线路开发、攀岩运动传播、攀岩互动组织的攀岩者，或被冠上"岩痴""岩修罗"的名号。亦有那些从事其他职业的业余攀岩者，或称为"假日岩者"，对他们来说，所有的假期唯有一件事情：攀岩。

任何一条攀岩路线，都会标识出路线的开线者和第一个完成自由攀登的首攀者的姓名，有时二者为一人。由此攀岩人群可以大概分作三类：开发者、首攀者和重复攀登者。

开线者具有强大的攀岩实力和深厚的攀岩知识，并对攀岩本身有着深刻的理解，更重要的是对于天然的岩壁有着出众的审美。天下不乏雄奇高耸的岩壁，哪里可以开发、如何开发、是否能够创作出流传于世的线路、开发的过程中如何能够不破坏（不亵渎）岩壁的自然之美与灵性，将自然山变成攀岩山，又要赋予山体和线路以意义，这都是对开线者的要求。美国的 Todd Skinner 和 Mike Dobie，中国的何川、邱江和古古等攀岩者，无疑是出色开线者和攀登者。Todd Skinner 在 20 世纪 90 年代在桂林阳朔开辟出中国最早的户外运动攀线路，也几乎以一己之力将攀岩介绍进中国。同样，Mike Dobie 则通过对黎明老君山的开发，让国人真正实在地认识了传统攀。迄今，这两个攀岩地有着成百上千难度不等的路线，不仅仅是国人接触学习攀岩、实现自我攀岩价值、磨炼攀岩精神的圣地，更成为国际上的攀岩圣地。

何川、邱江和古古等都是在这个基础上成长起来的国内顶尖攀岩选手，他们不断尝试开辟不同风格的攀岩路线，寻觅各地值得开发的岩壁。如何川在华山绝壁开辟的"死了都要爱"大岩壁（Big Wall）传统攀线路并完成独登，邱江在阳朔、西宁及石鼓等地不停地开发运动攀路线，古古作为登山家在川西一带高海拔地区大岩壁的开辟和攀登，这些都可谓是留名攀岩史的线路开发。"我看到那些岩壁，就觉得一定有一些好线在那里，就想去爬，不开发出来，不去爬，太可惜了，欲罢不能啊"，邱江在一次凯乐石（KAILAS）组织的"寻岩中国"① 活动中如是说，这也基本代表了大多数开线者内心的想法，难怪乎攀岩群体都把他们视为先知或布道者一般的存在。

若说开线是从无到有的过程，那么首攀则意味着让攀岩由不可能到可能的过程。正如古古所说："一条线要是还没有人爬上去的时候，每个攀爬的人都会想，这个线路有没有可攀性，是不是特别难，危险度如何，这些，就有很多未知的时候，人们就会觉得事情特别难，不可能。但是一旦有人首攀了，后面爬的人就觉得可行了，陆续会有人来爬，来完成。所以首攀最难，也最有意义。"可以说，首攀，尤其是那些挑战式的、未知难度的首攀，对于攀岩群体来说有着启迪的意义。

首攀的价值，不仅在于线路的美，更在于线路的难度。② 一个老牌的攀岩品牌叫作 Five Ten（5.10），在其创立时人类的极限攀岩难度就是5.10。随着技术和装备的革新，现在难度已经到了5.15c，即那种有着巨大的仰角、几十米的长度，复杂的技巧需求和薄如信用卡边缘的几毫米的抓点的路线。线路从5.10到达5.14d难度花费的时间不多，却一直在这个区间中徘徊，直到美国攀岩者 Chris Sharma 在法国 Ceuse 岩场完成了5.15a 的路线，并定名为 Realization（自我认识）。"自我认识"，既是对他自己说的，也是对所有攀岩者而言的，难度并不会封冻在某一个限度，人类应该认识到自身的可能性还有更大的提升空间。此后，5.15难度的攀登大门洞开，虽然很多攀岩者现在认为 Realization 已经是一条相对的"简单线"，但它自我认识的意义却激励着后继者不断把难度推进。

---

① 凯乐石（Kailas）是中国本土的一个户外运动装备品牌。自2012年起，该公司开始提供资金和装备，以公益性质，集结国内最好的一批线路开发者，在中国寻找适合开发攀岩路线的岩壁，并进行路线开发，每年会去4~5个不同地区，起名为"寻岩中国"。它的宣传语摘引如下："那些藏匿于山野间的岩壁，是世间最具神性的景观，是大自然最具灵性的居所，那是攀岩者最向往的圣地……。"值得一提的是，凯乐石的公司名称，源自西藏神山冈仁波齐峰的印度语 KAILASH。

② 攀岩在欧洲和美洲有不同的难度等级划分，其中美国优胜美地登山系统 YDS 比较流行，其以5标识运动攀，在小数点后以数字加字母形式标注难度。比如一条线路标为5.7，大约就是俯角的有大扣点的路线，一个成年人在有保护的情况下应该能轻松攀登，但若是5.10a，则需要一定的锻炼和技术，到了5.15a，几乎就是世界顶尖选手辛苦地多次尝试，才有可能完成。

经过开线者的开发而成为攀岩地，尔后首攀者确立难度，树立标杆，启迪和吸引更多人前来重复尝试，构成了圣地成圣的"前半生"，其"后半生"则是由大量朝圣般的攀爬构成。

朝圣，可视作"信徒带着强烈情感与复杂的心愿，沿着一条相对固定、充满神迹启示的圣路，向着信徒们公认圣地进发的过程"（陈国典、刘诚芳，2013）。攀岩者的每一次外出攀爬，都如同一次朝圣。可以想象这样的场景，攀岩者在家中收拾好攀岩装备和食物，背起背包，经历漫长的旅行、徒步，过一段相对于日常截然不同的生活（即在野外环境中的生活，登山、下洞，甚至是更艰苦的生活），通达那些被称为圣地的岩区。

为何攀岩呢？这几乎是每一个攀岩者都会被问到，甚至自问的问题。攀岩作为朝圣，其驱动力何在，它一开始可以理解为人们对拥抱自然的渴望，对自我提升的体认，甚至对挑战不可能的刺激感的追求。在攀岩的世界中，它还和一系列"显圣"的传奇（Legend）有关，那些兼具真实与传说两重维度的内容构成了攀岩的内在知识，是攀岩者自我提升之体悟得以发生的认知系统之一，也是其驱动力的内容之一。

（三）诉说与见证：显圣的故事

显圣，是对于那些"成功"的攀岩者或"伟大的"攀岩成就而言的。在我看来，大多数的攀岩者都偏近自然主义者，他们不但对城市的、工业的生活有距离感，且有更强的环保意识，更乐于选择贴近自然的生活，因而在他们的认识中，成功的、伟大的攀岩，并不是征服自然，而是如何通过自我的修炼获得与自然的互融，从而在某一个"时刻"被自然接纳。这反映在关于伟大成功攀登叙事的结构中：发现了令人向往的岩壁或路线，刻苦自律的训练，前去攀登，遭遇坎坷，再次的训练并增加了精神性的修炼（如阅读书籍、瑜伽、冥想），达至肉体和心灵的融洽统一，最终完成了攀登，将之仅作为生命的阶段，继续向前。正是此种叙事结构的生产和再生产，赋予了人物之不朽、攀岩行为之不朽、岩壁线路之不朽和传奇之不朽。

每个攀岩者都有或者在寻找自己的"King line"（神圣路线），即无论攀爬再多再难的路线，唯有那么一条或几条让攀岩者有了顿悟的体验，这构成了关于显圣成圣，获得身心提升乃至不朽的故事原型。Chris Sharma

和 Realization 线路的故事是个标杆，在他们之前的 Jeff Lowe 拥有 1000 个首攀记录，并获得金冰镐终身成就奖，Jeff Lowe 因为不断摸索攀登的多元性与未知的可能性、将人迹罕至的岩区开发成攀岩圣地而被攀岩群体视为"先知"。1991 年，Jeff Lowe 同时遭遇婚姻和公司事业坎坷，他决定独自一人去艾格峰（Eiger）北壁（North Face），以攀登的方式安抚低落失意的情绪。在一个人与自然相交、个体的生命经受磨难之际，他忽然顿悟，决心以积极的心态面对糟糕的生活。之后，他将这次独攀开辟的线路命名为"悔改"（Metanoia），意为思想和精神上的彻底改变。新生代的攀岩者如另一位美国顶级攀岩者 Daniel Woods，在试着通过攀爬一条新的高度极高的抱石路线来推进抱石的极限，却因为惧怕而止步不前的时候，他开始承认自己的怯懦与退缩，且这种怯懦在日常生活中也处处发生，他决定通过刻苦的体能训练和学习情绪控制、冥想来直面这种怯懦，最终完成了路线，为攀岩世界重新定义了高度抱石的难度与可能，而这条路线被命名为"过程"（The Process）。

尽管类似"悔改""自我认识""过程"这样的 King lines 还有很多，但没有任何攀岩者认为由此就达到了终极的完满。古古在 2016 年完成了四川幺妹峰攀登，在国内外攀登界堪为壮举，可面对人们的祝贺他却说："这都是过去的事情了，该'翻篇'了，要说以后的事情。"同样的，国内攀岩者大魏仅攀岩两年，就完成了阳朔 5.14a 级别的路线"中国攀"（China Climb），当时完成同等难度路线的国人不足五个，他提到这段经历时说："我攀爬了很久很久这个路线，一直失败，但从来没有想放弃，最后我完成的时候，我爬的过程中就不断大叫，叫着叫着，就把难点都过了。爬了'中国攀'，我以后还想尝试更难的路线，下一个目标就是雷劈山的'红点饭'，如果能爬完，就再回白山爬'辣米粉'……。"就如"Process"（过程）的含义一样，完成 King Lines 只表现为那一刹那自我顿悟式的体验和身心改变，这只是攀岩生涯中的一刻，而攀岩仍然会继续，King Lines 的寻觅也会继续。

Allen Albramson 和 Robert Fletcher 以一种文化社会学的视角切入攀岩研究，对攀岩的社会、文化表征和政治意涵做了具有历史感的全面探讨。他们首先指出攀岩在攻克难点中短暂又持续的痛苦、自我规训的要求和最终的快乐解脱与满足具有类似新教伦理实践的特质，这一基本的特质使得至少是在西方社会中，人们对攀岩运动的热衷成为一种在身体/物质和象征层面从应许的人类未来获得价值的努力，也因此赋予攀岩丰富的象征资源。继而，他们基于对攀岩垂直上升和关乎生死的实际特征、攀岩活动叙事的"史诗性"以及攀岩在环保领域的戏剧化展现的具体分析指出，攀岩可以是亚文化群体反抗过度物质主义的主流社会的文化表征，可以是人类面对现代性、新自由主义和风险社会时克服不确定性、实现自我控制的意义支持，也可以是在处理人类与自然关系时反思进步史观与反对人类中心主义的政治化展演（Abramson and Fletcher，2007）。

二人的分析富于洞察，但太过重视攀岩运动作为实践群体的文化表征的面向，且希望从西方社会内在社会文化发展脉络中解释攀岩，忽视了从攀岩本身的经验现象去理解攀岩者的精神生活和身体知觉层面的活动。在他们关于人与自然关系的论述中，尽管承认了自然岩壁本身对攀岩者成长的意义，但仍然将二者对立，认为人在畏惧自然与风险的同时也力求控制风险并征服自然。在这个意义上，不仅自然在本体论意义上的主体性被弱化，人与自然的互通关系及在交互之间对于灵性的塑造难免也被一种政治话语所置换。另一方面，人类群体的成长与对价值的追寻，被限定在社会意义与文化价值的领域，缺乏对攀岩身体修行面向的观照，未深入探讨作为修行的攀岩运动（这在攀岩群体中亦是一种普遍认识）经由对身体和精神的磨炼达至对生命的丰富。这是本文将进一步扩充论述的内容。

二 垂直、风险与修行

就修行的属性而言，攀岩注重身体磨炼、知觉和感觉、精神训练乃至自我觉醒。如一本名为 *The Rock Warrior's Way: Mental Training for Rock Climbing* 的书中所言，人类在过去 3500 年积累了许多关于如何认识自我身体与精神训练的智慧，却从来没有在 2500 英尺高的酋长岩上测试过其是否真的适用（Ilgner 2003：37）。从梅洛·庞蒂（Maurice Maerleau-Ponty）的知觉现象学对身体与精神的哲学思考，到人类学早期对"身体技术"（莫斯）的认识及当下对"具身化"（Embodiment）和"感觉"（Sense）的讨论，身体知识和身体与精神的互致性在哲学领域分外凸显，更需要一种人类学的、经验性的研究来对这些哲学思考进行辩解、丰富或超越。

（一）风险与痛苦：攀岩的内在驱动力

攀岩作为运动有两个特点，第一是垂直性，第二是风险性。

我们或认为垂直与水平运动为人初之本能，却因文明发展而弃垂直偏水平，故在奥林匹克运动会中，基本都是水平运动。尽管大多数运动都需要协调性、力量、发力的整体性、柔韧性等，却没有如攀岩这般在垂直运动中发挥，故其垂直性也使得身体训练、身体知识、身体的感觉知觉相较大多数水平运动具有独特性和更多的要求。

一旦双脚离地，向上攀登，虽然极多地用到双脚的登踩钩挂、扭曲等技巧来支撑、平衡与发力，但对上肢、肩背和手指的肌肉、关节和筋腱有着极高的要求。需要注意的是，在自然岩壁上进行垂直攀登，手抓脚踩的都是自然形成的岩石，人的抓握登踩都要去适应岩石抓点踩点的分布、形状和大小。

仅从身体知觉而言，有以下六个特点。第一，手指的疼痛与上肢的迅速疲劳僵硬可能是最明显的，即便是高手也不能避免；第二，仿佛镜像般的混乱感，即左右不分，想抬左脚时反而抬了右脚；第三，发力方式的变化，上下肢如何协调、如何用脚来承担更多的重量、如何降低重心、如何感受从足间到手指间的张力等都是问题；第四，攀爬中以一种反关节的方式抓握不同造型的岩点稳住身体，保持三点平衡，都需要适应和练习；第五，在攀爬中需要维持一定的向上节奏和规律有力的呼吸，长时间的攀爬更需要上肢持续的极限耐力和恢复力；第六，心理畏惧的负担随离地高度增加涌现，克服畏惧成为更为深层的攀岩训练之要求。

毋庸置疑，客观上攀岩是一项非常安全的运动，由全套高工业要求和专业机构认证的器材提供安全保护，且没有身体对抗，发生损伤的概率很低。但是，主观上却存在着各种感觉和潜在的风险。感觉的风险在于尽管有器材保护，但每次在岩壁上脱落，都有 1～10 米不等的自由落体、制动和摆荡过程（专业术语为：冲坠），故即便是当今世界顶级的职业攀岩者也承认，自己在岩壁上会有害怕冲坠的心理。潜在的风险，主要发生于人类对攀岩运动不断突破极限的追求所引发的无保护自由攀岩、高水平高海拔大岩壁攀岩、为实现攀登目标而有意地省略保护安全操作的攀岩等，成就伟大的同时也增加了攀岩的风险。承受这两种风险的意义皆是：人们在攀爬中经历惧怕、紧张、或放弃、或享受，促进了自我意识、精神和身体意识的醒悟。

事实上，攀岩者越发认为风险的存在和对之惧怕的心理，以及对于完成攀岩路线的执念，通常会成为攀岩失败的原因。因而在对身体的体认和呈现的同时，他们更强调精神性的训练，并承认其带来的效果。换一个角度观之，攀岩带来的身体与精神的双重提升，成了攀岩者将攀岩视为独一无二的运动并持续地投入的动力。

由此，相较将攀岩视为基督教苦修式的救赎实践（Abramson and Fletcher，2007），将攀岩与更具东方哲学意味的"禅修"（Zen）相类比，更有助于我们理解攀岩作为修行的特质。Eric Swan 就指出，从对身体和精神的训练、对自我内在潜力的深入发掘与认识、与自然的交流及愉悦经验的获得等方面来看，攀岩确实与禅修有许多相近之处（Swan，2010）。然而，这一类比是将攀岩附含于禅修的特点，对攀岩本身的修行特性没有充分发掘。本文则试图从攀岩本身的特点出发，展开探讨。

（二）精神训练：垂直舞动的"勇者"

精神训练的目的，不仅是对恐惧的认识、克服或接纳，更在于对自我的想象、对自我价值和自我实现的意识，以及对身体控制与精神知觉的融通。

除对垂直运动的不适应之外，攀岩直观地将困难具象化在攀爬者的面前，是很多刚接触攀岩的人认为入门困难或很快放弃的原因。"遇到难点，爬不过去的时候，线路完成不了，就感觉玩不了了。"这是很多攀岩者的共识。攀爬者在爬高几米后，有可能会遇到一个"难点"无法突破，或是手力不够，或是柔韧不好。在这个时候硬耗下去，只会令手臂过度酸胀疲劳，最终只能脱落。再一次或多次尝试，也许都会遇到同样的情况。这种"爬不了就是爬不了"的具象、直接且突出的困难，会让人立即产生挫败感。尝试不同的路线，都有可能遇到相近的情况，挫败感也会累积。虽然通过体能训练，或能克服困难，但随着攀爬难度的提升，这种具象的困难和挫败感又会出现。

这一具象的困难有一层附加的知觉，即孤独感。它一方面表现为，当登上岩壁后，无论有无保护，攀爬者都要一个人面对并解决所有的问题，每一步动作、如何通过难点、器械的操作等。在世的无保护攀登大师 Alex Honnald 的自传起名为《孤身绝壁》（*Alone On the Wall*）很好地诠释了这种感觉。另一方面，攀爬本身也是人同自己的"竞技"，成败唯独取决于攀爬者自己是否能够完成路线登顶，他人的良好发挥与糟糕失误，都与自己无关。

正因如此，在体能考验之外，攀岩者也在每一次攀爬中直观地经历着苦行式的精神磨炼，向内挖掘，直面更为真实的自我。可从以下两个面向理解这一过程。

其一，攀岩会和日常生活互相映照，攀岩者常说"岩如其人，岩如其生"，攀岩的困难如同生活的坎坷与社会的压力，攀岩会将一个人在精神上最真实的一面暴露，是果决勇于挑战还是犹豫怯懦爱找借口，在此过程中一次次地刺激着当事人进行表达和选择。

其二，紧张、惧怕、愤怒等情绪出现在攀岩的过程中。日常生活的安稳、得体和友善，部分源自社会和文化的支持与形塑，攀岩将这一规范抽离。一位刚接触攀岩不久的女孩说："我发现攀岩的时候，容易骂脏话，好多人都是的，我自己也是，我平时几乎不会说脏话的，一攀岩就会说，控制不住。"相较更多的修行是从一开始便克制和消弭这些负面的情绪，攀岩则先是将这种情绪激发，让人直观地意识到自己体内所拥有这种复杂情绪，继而思考如何控制和消弭。攀岩是一个需要持续做出判断和动作以避免脱落的过程，过度的情绪反应会引发身体失去协调、力量流失、僵硬，攀登失败甚至风险发生。攀登的过程也成为一次次负面情绪被激发而瞬间就要知觉到并进行控制的过程，攀岩将人带入了一刹那的当下，此时此地变得尤为清晰和集中。

许多试图完成极限难度路线的攀岩者，会尝试在攀爬前或日常中进行冥想，以放下对成功登顶的执着心与胜负心，克服因为重复攀登失败而产生的心魔。无论是体能的还是精神的，他们往往称为"挑战自我"但从没有任何一个人说是在挑战岩壁。他们都认为，成功的攀爬是天然岩壁接纳自己的结果，因而其追求的是能够在攀爬中，通过身体的协调、精神的平和、注意力的集中，成为自然的一部分，达至与自然的融洽。

在描述这种精神训练的时候，攀岩者们会提到身体的重要性，比如攀岩者小狮子的"理论"："为了能够直面风险和坠落的紧张，就需要先攀爬大量安全简单的路线，让身体习惯放松的攀爬，在潜意识中记住这种感觉，此后才能攀爬更难的有风险的路线，反之，若是一开始就爬一些令人紧张的路线，紧张感就会累积，影响攀爬。"很多人也告诉我，第一次攀岩的时候，似乎并不害怕冲坠，可一旦经历了一次之后，紧张和惧怕就会变得具体，此后每次登上岩壁，身体便会僵硬，难以动作。有人会在攀爬前进行冥想，以排除惧怕与胜负的杂念，或是在攀爬中稍做停留，做一番告诫自己一切完备可放手去爬的"心理建设"，然而平静的心境总是在一次抓点不稳妥或动作受干扰时被打乱。这些经验揭示了在攀岩中，力量与表现、静心与精神训练，与身体息息相关。

（三）力量的传奇：身体在场的修行

经由梅洛·庞蒂对知觉的强调、布迪厄（Pierre Bourdieu）对惯习和实践感的理论构建，以及福柯（Michel Foucault）对于规训和生命权力的哲学思考，身体、感觉和具身化经验对于理解人与世界关系、人的自我存在、人的精神状态的重要意义被凸显（Csordas，2011）。攀岩的垂直运动类型及其难度的不断提升，首先是对体能全面且高水平的要求：肌肉、爆发、协调、耐力、柔韧、体重控制、全身知觉，关注当下刹那并伴随着风险与紧张而让身体时刻处于警醒状态。在与岩壁的接触中，身体与自然不断地互馈，为了达到一种流畅的融入自然的境界，需要在感知心跳、呼吸中寻找节奏。如上种种汇集成一种直面孤独和紧张的苦行式磨炼，唯有寻得纾解之道，并放下执着心与胜负心，力量才不因肉体之沉重与精神之混杂而流失，亦可获得顿悟式的修行体验。

在对西方哲学关于身体认识的评述中，夏可君提及，有关生命或身体的现象学包含三层感受皱褶：自发感发、他异感发、遥远感发或无感之感（夏可君，2013：6-10）。这或可帮助我们从身体在场的角度理解攀岩的修行本质。

"自发感发"指的是要感受到自身之极限与饱满，需要经由局部的触觉扩展至身体整体的感觉，形成一种整体的身体的张力。在垂直向上的过程中，为了避免脱落，攀岩者要尽可能稳固地控制自己手抓和脚踩。这不仅是局部的知觉，攀岩的发力不仅需要从指尖到脚尖的敏感，更需要全身的协调，此过程的极限是使攀岩者感受到身体整体的极限张力和鲜活的丰富性。

例如，在广东攀岩圈中流行的术语"封腰"，指的是要通过腰部的核心用力，保证指尖到脚尖的紧绷，以形成压力将自身稳定在岩壁上，腰一旦垮了，身体整体张力消失，人便会脱落。又如，身体的稳定依赖整体的协调感，若是因为紧张或过度控制，手指或足尖的发力失去均衡，身体失去平衡感也会脱落，因而任何一个"点"的轻重，都会对整体造成影响。在非常极限的攀爬中，触觉更会被放大。我多次尝试一条很苦的线路攀爬，在完成的那一次中，经过难点时，感觉到了时间迟滞，迅速的动作在感觉上变得缓慢，每一次去抓踩如半截铅笔大小的点时，都能感受到手指在岩点上的契合程度和岩石细微的凸起与摩擦，体认到每一步是否到位和稳定。有时候攀岩的动作需要动态的腾跃，一瞬间至少有两肢离开岩壁，这时候更需要在身体的摆荡中寻找稳定的感觉，下一瞬间便要迅速由全身的摆动转为静稳的控制。

值得一提的是，攀爬冲坠那数米的自由落体，形成了一种"看似没有触觉的触觉"，既是对最后一刻身体极限状态滞留的感觉，也是对自由落体这一极少能够触碰的"客体"的触觉。这种极端触觉加剧了身体整体的张力感，并以最激烈的方式锤击精神，强化攀爬的记忆，唤起"生之欲望"，借用老君山的路线名称，可以称之为"灵魂觉醒"。

"他异感发"指的是身体的外在展开，强调身体感受时刻处于出离自身，并与他者的身体"共在"和分享的状态，即"我是自我，我又是他者"。虽然在攀岩过程中，攀岩者并没有和其他人有身体的接触，其动作和精神状态，首先依赖经由对岩壁的触觉和身体控制形成的整体张力构成的由感觉到知觉的敏感回路，但其体认实践，或依赖或接受着其他观察者的指引或提示，这种身体知识的分享，即可视作攀岩主体的身体的外在展开。观察者可能是经验丰富者，能够对动作准确到位与否提出专业建议，也可能是攀爬过同一线路的人，依据自己的经验提供建议。这些知识经由正在攀爬者在岩壁上的身体实践表达出来，在他身上，叠加着不同的观察者提供的具身的经验构成的虚影，仿佛同时有多个人在攀爬。

虽然身高、体重、协调性、柔韧性、四肢长度、力量、耐力等均不相同的攀岩者，都能够完成同一条路线（尤其是高难度路线），但每个人的具身经验和实际发挥则是截然不同的。很多人的困惑由此而生，"身体不同，攀爬的时候，总感觉不到他们的感觉"。这不禁让我们思考一个问题：身体知识能否分享？或者说，主体的身体知识是否能够通过言语、图像等客观的中介进行分享？攀岩者成功攻克难点的那一瞬，攀岩者和观察者都能感受到那一刻，"身体的状态就是对的，就是那样就对了"。可谁都难说清楚"那样"究竟是什么。或许在攀岩中，身体知识是可以分享的，但并不是通过身体接触或客观中介，而是以每个独立的攀岩者自身与岩壁接触构成的体认知觉和精神上的"共振"。这也解释了攀岩者之间的情谊黏性的生成，搭档之间的信任与亲密，以及不同攀岩者通过共同攀爬而实现相互能力增益的现象。

关于自我见证的第三者视觉，不少攀岩者都提到，体能是攀岩的基础，但是好的攀爬，更在于身体姿态的协调和节奏的流畅，在此状态中常常会感到，有另一个自我在背后时时观察着自己，指引身体动作。有一位成都的攀岩者提到这点时，用"就如同灵魂出窍"来形容，而我则一直将之称为攀岩者的"第三只眼"。岩友小狮子则提到她有早晨坐禅冥想的习惯，在坐禅时也会出现出离自身而以第三者观照自我的情况，似乎与攀岩类似。在我看来，身体延展的他者化作"第三只眼"，确与坐禅类似，但也有区别，坐禅更多涉及精神性的延展，身体感则以观呼吸等方式淡化，而攀岩中发生的"灵魂出窍"，是由长期的自我体认经验知觉，以及当下一刻的身体感觉和身体想象促生的，是身体在场。攀岩作为一种修行，是具有清晰身体意识的。

"遥远感发或无感之感"指的是在进一步的向外展开中，身体会首先失去作为主体的感受，尔后从一个陌生的、一个自己不拥有的身体中获得感受，进而保持身体的鲜活。"遥感"是他异之感的延伸，上文提到的攀岩者具身经验和精神的"共振"可以视作遥感的体现。夏可君认为在遥感中，身体从其所在的世界获得感觉，由世界不断创生，又成为世界感的容器（夏可君，2013：9-10）。所有攀岩者都坦承，自己并不是在挑战岩壁，而是希冀被岩壁接纳，追求攀爬中与自然岩壁的和谐，从而在身体和精神上同时感受到真正的自由与生命的活力。

然而，自然并不以人类的方式接纳人类。常说向上攀登是人的一种本能，但人类的演化已经让身体不再适合适应向上攀登，就如古古在老君山上一边爬一边痛苦吼叫的："这些反关节的动作，根本就是反人类！"暂不论他口中的人类在那一刻指代的是哪种人类（可推断是习惯了水平运动的人类），攀岩者在"献祭"自己的身体的过程中，被自然接纳，成为自然的一部分，这也许正是攀岩作为修行通往神圣性的仪式。

讨论：更多的可能性

攀岩也可以被视为一种技能，艾约博（Jacob Eyferth）借现象学哲学和认知科学呈现了技能的本质，前者让我们意识到"我们存在与世界中的首要模式并非思辨性'穷理'，而是对周围环境进行有技能的、主动的、身体力行的介入"，后者则揭示了心智与认知，实为一种"人与人之间、人与世间物品之间进行结构性互动的结果"（艾约博，2016：16-21）。

在经由身体思考人与世界关系的经典理论中，人的主体性被过度凸显，要么强调世界的人为形构，如福柯的话语（Discourse）或布迪厄的场域（Field），要么偏向现代性的认识自然、改造自然的能动观。而近十年来，人类学在推动一种本体论转向之路，如提姆·英戈尔德（Tim Ingold）提倡用一种栖居（Dwelling）的视角取代早期社会文化人类学的构造（building）视角来理解人与自然生态的关系，即人类所生活的世界，并非一种先在的观念产物，而是人与其所处的自然生态持续互动、实践和体认的过程，强调人与非人对多元自然世界的共建（Ingold，2000：153-297）。菲利普·德斯科拉（Philippe Descola）则重估了自然灵性的价值，并试着用人类主体和非人类主体在内在性与外在性的类同与差异，探索人与自然相互理解的方式（Descola，2013）。

攀岩者通过攀岩的方式接触自然，在生命有限性之中，以谦卑和崇敬的心态，在具身化的实践中达至与自然的混融。自然的神圣性既是先在的，也是被攀岩群体的攀岩活动赋予的，同样，攀岩者经历的超越社会与文化规范的自我认识、在每一刹那当下对自由与活力的饱满生活的体认，以及身心的提升，亦是经由攀岩中的精神与身体磨炼及对自然的"献祭"而被自然赋予的。不仅如此，这种混融的感觉和知觉，最终以直觉形式浸透到攀岩者结束攀岩后的日常生活领域。

攀岩者的日常，在我看来，是一种"充满激情的孤立"（Passionate Isolation）。一方面，由于攀岩者在频繁攀岩中日益强化的对身体的认识、自律自主的精神训练、被动地（或主动地）获得的身心强化，以及常年朝圣式地进入神圣自然的经历，使得他们不仅对生活保持热情，且其生命亦充满激情；另一方面，出于身心协调和磨炼的修行需要，他们表现出较强的独立感，与人群（哪怕同是攀岩者）保持着距离，与科层化的现代社会保持距离。

攀岩向日常领域的渗透，或还有一些可供探讨的问题，例如攀岩与精神健康、科学认知的关系。前者的意义在于攀岩对于精神问题如抑郁可能带来的治疗作用，美国的一些心理学家和精神治疗工作者，如 Younghee Lowry，就尝试将攀岩作为一种"正念治疗"（Mindfulness Therapy）的形式，美国心理学会（APA）则认为攀岩可以让人关注每一刻当下的自我经验，而在每一刻的时间流逝中不带杂念与评判地观察自我的想法和情绪（Moore，2017）。我身边有一些攀岩者，坦言自己曾有轻度或中度的抑郁，都通过攀岩得到了一定程度上的"疗愈"。后者则将我们带入了信仰与科学如何解释世界的大问题，因为攀岩所具有的宗教性特质，它的知识生产与传递容易出现一种宗教的模式，但是另一方面，攀岩又是一项对身体有极高要求的、充满风险的现代体育运动，人们的训练和安全保障，不得不依赖现代科学的知识体系。

毋庸置疑，攀岩是一项"向死而生"的运动。明确与潜在的风险，甚至死亡的可能，仍然是攀岩之为攀岩的特质之一。有人感之若芒刺，有人视之为魅力。似乎从神圣与修行的角度理解，风险本不应该纳入考量，但正如本文表明的，垂直与风险既是攀岩的特质，也是攀岩者实在的具身经验，抛开风险理解攀岩，会让攀岩本身索然无味。作为一项极限运动，攀岩将生命与死亡、责任与冒险这两组具有哲学意味的命题抛向了每一位攀岩者。看起来，这两组命题总有些相悖，当大多数人认为不计风险的攀登，甚至导致死亡，就是一件对自己、对朋友、对家人不负责任的行为时，一小部分人却视风险为人类突破极限不可预计的伴随物，从行为上和设备上对风险的控制都会将人限定在一个有限的安全范畴之内，当人冒险与向上的本能被安全的本能置换时，真正的自由和活力也与人类渐行渐远（Charlton，2010）。

就在本文写作之时，2017 年 4 月 29 日，世界最伟大的全能登山家之一，传奇人物 UeliSteck 在喜马拉雅山区滑坠遇难，他曾经完成了一次又一次的高海拔无氧速攀，以一己之力将人类攀登带入了一个新的时代。坠亡之前，他正准备完成前无古人的珠穆朗玛峰—洛子峰无氧快速连攀。而在一年前，2016 年的 5 月 17 日，另一位不断推进攀岩可能性的攀岩者 Dean Potter 也在翼装飞行中坠亡。

事实上，两人从未表示过要为突破极限而置安全于不顾。Ueli Steck 在速攀优胜美地大岩壁路线 Nose 出了小事故的时候，就说到"突破极限，过犹不及"（not pushing too far, over the limits），而 Dean Potter 热衷徒手无保护攀岩，也曾试着将风险与安全合二为一，即身着翼装和降落伞无保护攀岩。两人在很长的一段时间里，都是世界各地攀岩者和攀登者的精神偶像和导师。或许承担风险也是一种为自然接纳的方式，他们对更高层次的追求以及对身体的"献祭"，不仅实现了自我的提升，更以这种方式改变了某个领域内人类的境况。

最后以 Dean Potter 在一次访谈中的自述作结：

> 我不是一个阴暗的人——不会总想到死亡，但死亡就在那儿等着我。我和其他人没什么不同：每时每刻，我们的生命都危在旦夕。对我而言，这很容易预见：我坠崖，就死了。但生与死就在那儿等待着我们所有人，这是我们都可以分享的最普遍的东西。……我被飞行的乌鸦给迷住了，看着它的影子在金光闪闪的花岗岩上悠然地移动。我渴望那种自由，从拥簇平凡的世界上空飞过，这个世界有许多人只是行尸走肉。……我不想死，但为了让我的人生有最美的注解，我情愿放手一搏。①

---

① "In Memory of Dean Potter," in *Climbing Magazine*, Cruz Bay Published, 2015（08）。由微信订阅号 NutsClimbing 翻译，见微信订阅号 Nutclimbing 2016 年 5 月 17 日文章《一年前的今天，这位极限大师离开了我们》。

参考文献

中文

〔德〕艾约博：《以竹为生——一个四川手工造纸村的 20 世纪社会史》，韩巍译，吴秀杰校，江苏人民出版社，2016。

陈国典、刘诚芳：《信徒、圣地及其关系——藏传佛教徒朝圣的特征》，《西南民族大学学报》（人文社会科学版）2013 年第 4 期。

贵州省政协文史与学习委员会编《贵州遵义旅游文史精编·西部卷》，贵州人民出版社，2011。

丽江市玉龙县黎明乡人民政府编、和国星编著《沉静的乐土——丽江黎明》，云南民族出版社，2006。

〔英〕西蒙·沙玛：《风景与记忆》，胡淑陈、冯樨译，译林出版社，2013。

夏可君：《身体：从感发性、生命技术到元素性》，北京大学出版社，2013。

英文

Abramson, Allen and Fletcher, Robert

2007. Recreating the Vertical: Rock-Climbing as Epic and Deep Eco-Play, *Anthropology Today*, Vol. 23, No. 6 (Dec., 2007), pp. 3-7.

Charlton, Paul

2010. "Risk and Reward: Is Climbing Worth IT?," in Stephen E. Schmind ed., *Climbing Philosophy for Everyone: Because It's There*, Blackwell Publishing Ltd., pp. 24-36.

Csordas, Thomas

2011. Embodiment: Agency, Sexual Difference and Illness, in Frances E. Mascia-Lees, ed., *A Companion to the Anthropology of the Body and Embodiment*, Blackwell Publishing Ltd., pp. 137-156.

Descola, Philippe

2013. *Beyond Nature and Culture*, Translated by Janet Lloyd, Chicago: The University of Chicago Press.

Ilgner, Arno

2003. *The Rock Warrior's Way: Mental Training for Rock Climbing*, Esiderata Institute.

Ingold, Tim

2000. *The Perception of the Environment*, London and New York: Routledge.

Lee, Jo and Ingold, Tim

2006. "Field on Foot: Perceiving, Routing, Socializing," in Simon Coleman and Peter

Collins ed. , *Locating the Field：Space，Place and Context in Anthropology*, London：Berg.

McGuire，Meredith B.

2008. *Lived Religion：Faith and Practice in Everyday Life*, Oxford：Oxford University Press.

Moore，Hailey

2017. "Climbing for Mental Health," in *Climbing Magazine*, Cruz Bay Published.

Swan，Eric

2010. "Zen and The Art of Climbing," in Stephen E. Schmind ed. , *Climbing Philosophy for Everyone：Because It's There*, Oxford：Blackwell Publishing Ltd. , pp. 117-129.

"瑜伽"的身体实践与精神修炼[*]

李若慧

摘　要　瑜伽传入中国后已经世俗化,不再是具有宗教价值的苦修。瑜伽变成了对"身"的锻炼和"形"的塑造,练习瑜伽成为一场感官体验,同时它与我们所追求的"好的生活"完美契合,即练瑜伽成为一件快乐放松的事,而不再是传统印度思想中的苦修。

关键词　瑜伽　身体实践　精神修炼

一　印度思想中的瑜伽:苦行传统

瑜伽被认为起源于印度,一些承载印度传统文化的思想典籍中有相关主题的论述,其中帕坦伽利·马哈利希(Patanjali Maharishi)的《瑜伽经》(*Yoga Sutra*)与后来的《薄伽梵歌》堪为经典。

瑜伽(yoga)一词源自词根 yuj,有"绑在一起""抓紧""扼"之义,也包含有拉丁词 jungere、jugum,法语词 joug 等意思。一般来说,瑜伽这个词用作指称任何苦行技术及任何冥想方法(以利亚德,2001:2)。

一般认为,瑜伽哲学的创始者是传说中的圣人帕坦伽利·马哈利希,关于他的身世有各种传说。大约在公元前 200 年,帕坦伽利将八部瑜伽的实际修炼和哲学编成《瑜伽经》,后世有人将《瑜伽经》的修持法门定位为"王牌瑜伽"(Raja Yoga),有别于后来发展出的哈他瑜伽。[①]

---

[*]　本文写作得到国家社科基金项目(18CMZ025)的支持。

[①]　格拉克沙那达(Gira Ksanatha)首创"哈他(Hatha)"一词,这一派与"王牌瑜伽"区别明显,后者为传统派,重智慧,重知识,也注重心灵的涵养,前者则注重呼吸控制法与体位法(体式、姿势 Asana)。(参见清河新藏,2011)

帕坦伽利写道："对圣人来说一切皆苦。"解放自身脱离苦难是所有印度哲学和印度神秘主义的目标。当然，这种对苦难的压制，并非以经验的方式（使用麻醉剂或自杀）。数论①的解决方法驱使人超越人性，只有通过毁灭人类人格方能实现。帕坦伽利提出的瑜伽实践持同样的目标。以利亚德（Mircea Eliade）写道："古典瑜伽开始的地方，正是数论终止的地方。"（以利亚德，2001：38）瑜伽和数论的目标一样，都是要去除日常意识，代之以一种性质不同的意识，这种意识能够完全理解形而上学真理。但是，帕坦伽利不相信形而上学知识仅凭自身就能引导人达到最终的解脱。在他看来，知识只是为自由的获得准备了基础，彻底的解脱必须通过一种苦行技术和一种冥想方法，二者共同构成了瑜伽。因此，要去除日常意识从而达到最终的解脱，不仅要通过知识，还要通过一种实践，一种苦行，简言之，一种生理技术。

在《瑜伽经》中，帕坦伽利将瑜伽修行划分为八分支或者称之为八部瑜伽，即"王牌瑜伽"，它们是：（1）Yama 制戒；（2）Niyama 内制；（3）Asana 体式；（4）Pranayama 呼吸控制；（5）Pratyahara 制感（感官的收摄、内敛），即精神从感官和外部事物的奴役中撤回并获得解放；（6）Dharana 专注（精神集中法、注意力集中）；（7）Dhyana 冥想（禅定）；（8）Samadhi 入定或三摩地，即在深邃的冥想中产生的超然意识，此时修行者（sadhaka）与他冥想的对象——自在天②合而为一。瑜伽修行当中第一部到第五部是外在形式的修炼，第六部到第八部是内在形式的控制。

制戒是每个修行者都需遵守的准则，它包括五个方面：不伤害、不欺骗、不偷窃、禁欲、不贪婪。内制也包括五个部分：清洁、满足、牺牲、自省、奉献。制戒和内制主要是为了控制修行者的情感和激情。体式即瑜伽实践，通过体式的练习而达到对身体的控制，"体态可以逐渐矫正，一种精心计算的强制力慢慢通过人体的各个部位，控制着人体，使之变得柔韧敏捷，这种强制不知不觉地变成习惯性动作"（以利亚德，2001：153）。体式的训练要求一种漫长的系列训练，这种训练必须连续施行，不能快、

---

① 数论派是婆罗门六个正统哲学派系之一，印度六派哲学中，最早成立之一派。

② 与数论不同，瑜伽断言了一个神，即自在天的存在。这个神不是造物主，它能帮助一个瑜伽修行者更快的得到解脱，因为它能够把三摩地带给以它为冥想对象的瑜伽修行者。（以利亚德，2001：80）

不能急，因为人们不可能有任何快速方式达到入定或三摩地的境界。通过体式的练习，瑜伽修行者从身体意识中解脱出来。他征服了自己的身体，并把它驯服成灵魂的最佳载体。

呼吸控制与制感使瑜伽修行者控制自己的呼吸，从而也就控制了精神。专注、冥想和入定把修行者带入自身灵魂的最隐蔽处。

帕坦伽利所定义的八阶段暗示了瑜伽修行不仅指一种精神上的努力，也是经验上的努力。经验基于身体，自由的获得只有通过经验。经验知识意味着方法、技术、实践。没有行动，没有苦行的实践，一个人就什么也得不到。瑜伽经验的双重功能是"奴役"人的同时且激励他去"解放"自身，这是印度思想特有的理念。瑜伽修行者相信自己可以通过苦修的方式获得真正的解脱。

神圣和世俗之间的对立在这里清晰可见，帕坦伽利定义的瑜伽八阶段使得瑜伽保持着一种宗教性，目的是通过一些瑜伽身体技术解放人脱离他的人类处境，获得绝对自由。"日常""世俗"都是人类的意向，而瑜伽练习的方向则是反"日常"和反"世俗"的。世俗的人被他自己的生活"占有"，例如冷和热、吃喝的欲望，保持站立和保持坐着的欲望，瑜伽修行者通过苦行，拒绝使自己有这样的欲望和身体感觉。对于冲动的、无节律的、变化的呼吸，其对之以调息，对于混乱的心理心智流，其通过制感专注思想于仅仅一点，从而最终退出现象世界。因此，帕坦伽利定义瑜伽为"消除心灵的修饰"，因为我们的心灵总是为我们的思想和欲望牵绊，而这些想法又被我们的经历影响。让心灵的心绪变化悬止，就是瑜伽（*yogash citta vrttinirodhah*）（帕坦迦利，2009：57-58）。

在《瑜伽经》的系统化阐述之前，作为苦行的瑜伽在印度的哲学思想中无处不在，已成为印度精神特有的维度。在吠陀中，可以找到古典瑜伽的根源。从最早的《梨俱吠陀》中就开始有记载苦行的传统。在《阿闼婆吠陀》中，"瑜伽"一词是暗示六头或八头小公牛共同拉犁。这可能是瑜伽最古老的含义，而后引申为结合的工具（K. S. Joshi，1965：54）。虽然瑜伽和苦行可以回溯到印度前吠陀时代的信仰和实践，但是瑜伽实践的胜利是伴随着婆罗门教①的衰落和神秘经验的兴起，在《摩诃婆

---

① 婆罗门教（Brahmanism）是印度古代宗教，现在流行的印度教的古代形式。以《吠陀经》为主要经典，因崇拜梵天及由婆罗门种姓担任祭司而得名。

罗多》①中瑜伽实践被当成了一种高尚的拯救方式在印度逐渐传播。在这部史诗中，瑜伽指称的是任何把灵魂导向梵天并同时给予无数"法力"的行为，在大多数情况下，这种行为等同于禁制、苦行（以利亚德，2001：166）。

在《薄伽梵歌》中，奎师那（Krishna）认为在拯救之路上，最好且最值得推荐的方式是瑜伽："瑜伽高于苦行（tapas），甚至高于知识（jnana），高于祭献。"直到《薄伽梵歌》，瑜伽被印度精神的顶点所接受。严格的苦行在《薄伽梵歌》中被净化掉了，即瑜伽不仅是严格的苦行、调息、呼吸控制等。《薄伽梵歌》作为《摩诃婆罗多》的重要篇章，给予瑜伽以最高重要性的地位，这里的瑜伽已不同于帕坦伽利的瑜伽。虽然帕坦伽利定义的瑜伽八阶段使得瑜伽保持着一种宗教价值，但《瑜伽经》中的"自在天"仅仅是瑜伽行者冥想中的神，而不是造物主。《薄伽梵歌》中的瑜伽则是一种"适应于毗湿奴主义宗教经验的瑜伽"（以利亚德，2001：170）。

二 瑜伽在中国的传播：接受、认识与练习

（一）瑜伽作为气功被认识与接收

20世纪80年代初，伴随着气功的流行，瑜伽以与气功类似的养身方式传入中国。"'气'这个字，在这里代表呼吸的意思，'功'字就是不断地调整呼吸和姿势的练习，也是俗语说的要练得有'功夫'，将这种气功疗法，经用医学观点加以整理研究，并且用到治疗疾病和保健上去，去掉以往的迷信糟粕，因此称为气功疗法。"（刘贵珍，1957）这时候瑜伽主要通过电视、期刊进行传播。最早刊登有关瑜伽文章的杂志是《气功》，在1981年第2期刊登了《瑜伽种种：瑜伽的历史与发展》（浙江中医杂

---

① 摩诃婆罗多，一译"玛哈帕腊达"，是古印度两大著名梵文史诗之一，另一部是《罗摩衍那》。《摩诃婆罗多》的成书时间约从公元前4世纪至公元4世纪，历时800年。它长期以口头方式创作和传诵，不断扩充内容，层层累积而成。印度现存最古老的四部吠陀（《梨俱吠陀》《娑摩吠陀》《夜柔吠陀》《阿闼婆吠陀》）是吠陀时代的"圣典"，而《摩诃婆罗多》的成书年代处于从吠陀时期的婆罗门教转化为史诗时期的新婆罗门教（即印度教）的时代。

志编辑部，1981：80）一文。三年后，《印度气功——诃陀瑜伽健身术》这本由一位苏联作者写的关于瑜伽的小册子被翻译成中文，由人民体育出版社出版。该书在介绍"什么是瑜伽"时，作者写道："瑜伽就是使人健康，时刻保持身心的和谐平衡。瑜伽就是使人体各器官功能完好，适应环境，动作协调一致。瑜伽就是使人体健美。瑜伽的健美不是肌肉块块隆凸，而是体格匀称，姿态优美，反应灵敏，动作迅速而准确……瑜伽就是教人顺乎自然，延年益寿。"（弗·沃洛宁，1984：1）该书介绍了如何正确呼吸、合理的饮食、生活的节律、身体功法等，但它当时也并未引起较大范围的关注。

使瑜伽开始被中国人接受和认识的人是张蕙兰。她是出生于香港的美籍华人，在美国生命本质学院（Identity Institute）和生命本质科学基金会（Science of Identity Foundations）及一些中小学和高校教授瑜伽。我最初知道她是在2003年，我的第一位瑜伽老师推荐了她撰写的《瑜伽——气功与冥想》。据说这本书是瑜伽师业界普遍认可的，几乎人手一本，很适合初学者阅读。之所以在出版多年后仍然畅销，是因为这本书是国人接受的第一本最系统、完整的瑜伽教学书，书里通过各种图示，将瑜伽动作一一分解。在这本书出版的前后几年，《气功》杂志开始介绍她示范的瑜伽功法，她主持的电视节目《瑜伽——自我身心锻炼方法》也通过中央电视台播放。与此同时，她还录制瑜伽气功音乐，通过中国唱片公司发行。

同时期有不少中国人将瑜伽等同于气功（张立鸿，1984；徐志良，1986；孙林，1992），虽然在张蕙兰的书中，她也将气功称为"中国瑜伽"，但是指出了印度传统瑜伽与"中国瑜伽"的区别，同时也试图将中国气功和印度瑜伽共冶一炉，希望让中国人认识到练习气功与瑜伽并不矛盾。练习者主要将练习瑜伽视作"消除压力、恢复体能、增强活力、增加肌肉关节的灵活以及获得身、心、灵的健康"，瑜伽具有了与气功同样的保健功效。

张蕙兰通过书和视频让瑜伽走进中国人的视野。1985年，中央电视台一台和二台几乎每天早晨和晚上都播放她的每集30分钟的电视系列节目。这个节目得到了较高的收视率，1985～1999年未曾间断。在节目中，她的头上、脖子、手腕以及脚腕戴着花环，穿着练功服，腰间系着宽边腰带，在浩瀚大海的背景中，随着音乐缓缓响起，进入了瑜伽冥想。从此，很多观众都记住了这个头戴花环的女人在海边练瑜伽。大海、花、安静的音乐与瑜伽结合在一起给观众留下了一个"美好生活"的意象，然而，张蕙兰带给中国人的是一种类似于气功的"养身保健方式"，且仅有极少数人开始练习瑜伽。

（二）瑜伽作为大众健身方式的传播

2000～2002年普遍被北京的瑜伽练习者们认为是一个分界线，伴随着21世纪初"健美操"等健身房运动的流行，瑜伽开始被大众接受。这时候瑜伽虽然也有"养身保健"的功能，但它更多是一种塑造形体美的健身方式，各个健身房逐步开设了瑜伽课程，最初大多由健身操老师或者舞蹈老师任教。瑜伽被认为是一种时尚的健身方法，练习群体主要是城市现代女性。由此瑜伽体位姿势开始不断地被挖掘，各种各样的瑜伽健身体系开始在健身房以及瑜伽馆盛行，例如热瑜伽、流瑜伽、哈他瑜伽、阿斯汤噶瑜伽、艾扬格瑜伽等。同时，瑜伽馆、瑜伽会所等相对专业的练习场所也相继成立，在这些场所的瑜伽房里配置着专业的辅助器材。瑜伽会所也开设了针对不同群体的课程，比如亲子瑜伽、孕妇瑜伽、力量瑜伽等。

将瑜伽作为塑造形体美的健身方式主要受到欧美瑜伽风潮的影响。欧美瑜伽摒弃了印度传统瑜伽在宗教和哲学上的体系，将习练形式系统化，以健身为主要目标，与当代生活相结合（刘兰娟等，2015）。被瑜伽教学圈称为偶像与实力兼具的林敏很好地将瑜伽与现代生活相结合，她在中国最先推广都市瑜伽、办公瑜伽，在服装、形体动作上追求美的一面，她说道："多数到健身房的人都是为了美体和健身，从练习时的视觉、听觉的美感到形体的变化，美瑜伽更容易让现代人接受。"（胡洁，2002：11）笔者于2008年曾慕名参加林敏在中体倍力健身俱乐部开设的一次课程，她的课程需要预约，一次课有80人左右。因为她可以双语（中英文）教学，所以课上有一些外国人。课堂气氛很活跃，以有节奏感的音乐为背景，动作连贯性很强，且强度较大，所以一堂课下来很多人会大汗淋漓。如她所言，她的瑜伽课（美瑜伽）更容易让现代人接受。

"美瑜伽"有舞蹈的美，这种美是自我感知的，是在很轻松的状态下完成的，一呼一吸皆有韵律。安静的音乐能够帮助学员更快地进入状态，旨在促进修炼的冥想特征。音乐的节拍和韵律可以创造出个人的微环境，发展对特定情境的想象。除了听觉刺激，通常在瑜伽房会点上精油灯，香气弥漫，瑜伽课就像是一次仪式——对自我身体的清洗仪式。身体体验着未曾中断的香气经验，嗅觉的感触带动了练习者全身的感受，使其想象自己进入了印度神秘的瑜伽世界。

（三）瑜伽作为由身入心的练习

在近十年，有练习者开始反省健身俱乐部里的课程以及经由欧美练习者改造后的瑜伽（流瑜伽、高温瑜伽）的弊端。流瑜伽强调连贯的体位操作并追求运动强度和难度，容易导致关节受伤。热瑜伽则是在高温下练习，容易导致心脏不适。

部分从事教学的人以及一些会所开始将瑜伽与中国传统文化相结合，比如中医养生、香道、国学等。同时，"高端的"瑜伽会应明星及一些有钱有闲的资深瑜伽练习者之需而开设。这类课程开始注重缓慢、精进式的瑜伽，塑造形体美的目的变得次要了，通过细微的身体感知，在练习过程中与自己的器官对话，达到身体的均衡、轻盈才是更重要的。

精进式的瑜伽课程，对于追求感官刺激的练习者而言是"枯燥乏味"的，课程没有音乐，也没有快速连贯的体式操作。课程不以冥想开始①，以放松开胯和放松骨盆腔的动作开始，通过柔软腹股沟、柔软盆腔、柔软腹部，可以拓展身体内部的空间。这让练习者能有意识地察觉自己身体的变化，也让其可以渐渐觉察到身体的解脱。

体式在健身房课程中仅是一个动作，完美连贯地完成即可，而在精进式课程中，即便是最简单的体式也非常重要。例如，能使得身体更挺拔轻盈的树式和山式。山式是使身体像山一样牢固不动地站立，这是一个基本的站立姿势。山式中，双腿双脚并拢、臀部、腹部收紧、胸部挺直，脊椎骨向上伸展，颈部挺直，身体的重心均匀分布在脚跟和脚趾上，而不是只放在脚跟或者脚趾上。错误的站立方式会导致我们身体的某种畸形，从而影响脊柱的弹性。没有接受过瑜伽练习的或者其他形体练习的人可能会在

---

① 通常一个小时的瑜伽课由冥想与体式两部分构成。

平时的生活中无意识地忽视这一点，或者腹部鼓起，或者驼背含胸。教练经常会在练习中提醒说：你要感觉头顶上有根绳子在上面拉住你的手往上拔，身体被拔得长长的。一方面，这样想可以有助于保持平衡，另一方面，身体在不知不觉中有了变化。

同时，在此类练习中，重视均衡性。例如，在"风吹树式"中，右侧弯后必然要左侧弯，做完后弯的体式后必然连接的是"前屈式"，"板式"后如果很累可以做"婴儿式"或者"下犬式"使身体得到暂时的休息。在体式练习中，意识随时在与身体细胞对话、与深层器官对话、与自然对话、与宇宙对话。因此，瑜伽是你恰当地并全身关注地去做任何事。非暴力，不强求是练习瑜伽的原则，因此，它不同于舞蹈、体操，在瑜伽中，每个人都有适合自己的动作程度，只有亲自练习，通过身体感知才能体会。没有工具来测量它的具体位置，而是通过身体感知使我的"现象手"连接到我的现象身体的那个部位（莫里斯·梅洛-庞蒂，2001）。在课堂上，老师亲自对学生的体式进行纠正后会说："你要记住这个感觉。"因此，是感觉带着身体练习，通过老师的"指导语"，身体"明白"和"理解"了体式。

（四）瑜伽与生活方式

瑜伽传入中国后大致经历了三个阶段。在第一个阶段，伴随着气功的流行，瑜伽以与气功类似的养生方式传入中国。张蕙兰被认为是将瑜伽介绍到中国的第一人，她在央视的节目给人留下了瑜伽是需要在一个自然、惬意、放松的环境中练习的养生功。

第二个阶段是 2000 年以后，伴随健身房锻炼的流行，瑜伽在中国广泛市场化。瑜伽作为一种能够塑造美好体形与气质的健身方式，进到健身俱乐部。林敏的"美瑜伽"满足了都市女性的需求，上课就如同下班后做一次 Spa 一样放松和愉悦，感官快乐大于练习本身。在大大小小的健身俱乐部里，无论是哈他瑜伽还是阿斯汤噶瑜伽、流瑜伽、高温瑜伽，都来了一个火锅混杂。教授方式也不同于传统瑜伽中"心灵导师"的口授，而是秉承着经济学中的需求带动供给的定律，吸引了一批前往印度、欧美集训的准瑜伽教练，无论是喜欢的还是不喜欢的，都进入了这个行业。结果，瑜伽课与体操课发生了融合，就像从小学习广播体操一样，动作一定要标准，呼吸放在其次，瑜伽的神圣感荡然无存。似乎一定要天生柔韧性好的人才能有资格去练习，这也是为什么瑜伽在中国似乎专属女性的典型休闲方式，男性则避而远之。

第三个阶段是近十年以来，部分从事教学的人以及一些会所开始将瑜伽与中医养生、饮食、香道、茶道、国学等中国传统文化相结合。瑜伽被理解为一种静修方式，同时也标榜着一种生活方式，这种生活方式在社会转型越发剧烈的当代中国社会甚至成为象征阶层差异的区隔。

三　由苦及乐：瑜伽是一种修行

上文所述的瑜伽在中国的传播过程，在某种程度上是基于我个人的练习经历，并引发了我的一系列思考，即传统的印度瑜伽是否仅仅包括体式与呼吸？瑜伽作为一种健身方式在传入中国后，发生了什么变化？中国的习练者是如何接受、认识及练习瑜伽的？我认为，对这些问题的探索，同时也是对中国人心目中何谓"好的生活"的探究。

瑜伽发源于印度，按照以利亚德所言，瑜伽构成了印度心灵的一个特有维度。瑜伽总是与超自然力量的获得以及展示联系着，通常会被看成稀奇的古代艺术，这项艺术将一整套宗教信仰与奇怪神秘的训练方法相结合（K. S. Joshi，1965：53）。到了现代，它成为一种锻炼方式，一种时尚。莎拉·斯特劳斯（S. Strauss，2005）认为瑜伽作为精神性的专指，也存在着人为塑造的因素，它在当代的定义与实践比起古老的传统反映了更多的现代性的超越国界的文化流动。对瑜伽再定义的核心人物是辨喜（Swami Vivekananda），他是将印度瑜伽传向西方的第一人。辨喜认为现代瑜伽是跨越国界的文化产物。大多数非印度人都将印度想象成典型的精神圣地，或者认为印度人拥有"精神资本"，这种"精神资本"便是布迪厄（Pierre Bourdieu）所说的文化资本的一种特定类型。精神资本的功能与经济学中的资本功能类似，都是为了获得"好的生活"。

瑜伽可以被理解为一件商品，具有身体技术的价值，可以为特定人群定制（Strauss，2005：8-9）。例如，从体式来说，每一个都有其特殊的功效，对于消化不良的练习者，老师会给其制订一套有按摩腹腔功能的体式，如蝗虫式、弓式、幻椅式、肩倒立式、犁式、卧扭转放松式，同时经常练习弓式和蝗虫式也可以预防和缓解椎间盘突出。莎拉·斯特劳斯在

《定位瑜伽：文化穿越的平衡表演》（*Positioning Yoga：Balancing Acts Across Cultures*）一书中阐述了瑜伽是如何从印度本土走向世界的，跨越国界后创造的瑜伽又是如何反过来影响印度的瑜伽。书中谈到，在古代印度，主要是男性练习瑜伽，他们通过控制身体得到精神的放松，并抱有对宗教的诉求，而现代印度的瑜伽练习者更多是为了释放工作压力，当然也承袭着固有的精神传统（Strauss，2005：124）。辨喜重新释义了瑜伽的价值，将其总结为：健康和自由。莎拉·斯特劳斯在书中阐释了这两个价值是如何流传下来的，并且如何运用于瑜伽实践之中。通过瑜伽，人们可以获得绝对的自由。瑜伽修行者梦想着从世俗的生活死去中解脱，再生为另一种存在，寻求创造一个"新的身体"。

练习瑜伽需要赤脚，在空旷且空气清新的地方进行，就是为了吸收宇宙之气。在瑜伽的冥想坐法中，头顶是天，坐着的是地，身体在无限延伸。基于这种空间的想象，才能达到瑜伽中的"梵我合一"。

瑜伽通过体验获得，通过意识对于身体的控制得到升华，通过一种精神的表征于世界各地传播。在传播过程中，对瑜伽的理解以及习练的目的都发生了变化。张蕙兰将气功称为中国瑜伽，因为她承认印度瑜伽与气功有着类似的练习法及功效。可以说瑜伽传入中国后已经世俗化了，瑜伽变成了对"身"的锻炼和"形"的塑造，无论是跟随张蕙兰的视频，还是跟着受西方健身体系影响的教练，练习瑜伽成为一场感官体验，同时它与我们所追求的"好的生活"完美契合，练习瑜伽本身即是件快乐放松的事，瑜伽不再是传统的印度思想中的苦修，而是乐修。

参考文献

中文

〔英〕B. K. S. 艾杨格：《瑜伽之光》，王晋燕译，世界图书出版公司，2006。

胡洁：《瑜伽那样的生活方式》，《健与美》2002 年第 1 期。

刘贵珍编著《气功疗法实践》，河北人民出版社，1957。

刘兰娟、司虎克、刘成：《国际瑜伽研究演进脉络与前沿动态的体育竞争情报分析》，《中国体育科技》2015 年第 2 期。

〔法〕莫里斯·梅洛-庞蒂：《知觉现象学》，姜志辉译，商务印书馆，2001。

〔印度〕帕坦伽利：《瑜伽经》，清河新藏译，经史子集出版社，2009。

清河新藏译注《无上瑜伽密——〈哈他瑜伽经〉5 部》，经史子集出版社，2011。

孙林：《神奇的藏密瑜伽——中阴静修法》，《气功与科学》1992 年第 4 期。

〔苏联〕弗·沃洛宁：《印度气功——诃陀瑜伽健身术》，王永嘉译，人民体育出版社，1984。

徐志良：《瑜伽卧功八法》，《气功与科学》1986 年第 5 期。

〔法〕米尔恰·以利亚德：《不死与自由》，武锡申译，中国致公出版社，2001。

浙江中医杂志编辑部：《气功》1981 年第 2 期。

《薄伽梵歌》：张宝胜译，中国社会科学出版社，1991。

张立鸿：《印度的普拉那疗法》，《中华气功》1984 年第 1 期。

英文

Joshi，K. S.

1965. "On the Meaning of Yoga ," in *Philosophy East and West*，Vol. 15，No. 1.

Strauss，**Sarah**

2005. *Positioning Yoga: Balancing Acts Across Cultures*，New York：berg.

◎田野报告

金银纸钱中的本命与鸿运

——以台湾南部进钱补运法事为例

孙美子

摘　要　进钱补运是台湾南部常见的民间信仰仪式之一。在海线地区叫"敬上神"或"谢神"，在山线地区则叫"天地进钱"，尽管名称不同，但行仪的诉求意在通过向神明进钱，达到驱邪避恶、消灾改厄、鸿图延寿的祈福祝祷作用。进钱补运法事是以进钱为媒介对本命元辰进行光复的一种策略，行仪期间使用的命钱和库钱背后，是一套受生与卖命，债务与延生的信仰逻辑。"进钱—补运—疗愈"作为一则宗教医疗经验，在反复的实践中因其时效性、灵验性在地方社会拥有深厚的信仰土壤和虔诚的群众基础。

关键词　进钱补运　北斗信仰　本命元辰　金银纸钱

进钱补运是台湾南部常见的民间信仰仪式之一。在海线地区叫"敬上神"或"谢神"，在山线地区则叫"天地进钱"，尽管名称不同，但行仪的诉求意在通过向神明进钱，达到驱邪避恶、消灾改厄、鸿图延寿的祈福祝祷作用。吴法师曾告诉笔者，[①]针对魂魄的法事在行仪过程中依据情节轻重，从小到大可分为"收惊、祭改、解连、补运、藏魂"五个层次。在形色各异的补运仪式中，无论是仪式规模、行仪时间，还是繁复程度，进钱补运都可称为大型的解厄、祝祷法事。

在行仪空间上，进钱补运可以分为两类：一类是以庙方为主体，以宫

---

① 依据田野伦理，匿去本文报道人真实姓名，称其为吴法师。

庙为展演空间，通常在神明圣诞、岁末年终时举办，信众自由报名参加的公开法事；另一类则是基于信众私人原因，新婚嫁娶、灾疾缠身或神明指示特邀法师来家行仪的私家法事。公开法事往往依据庙方所出资金多少，采取在醮仪基础上复合法事的实践形式；而私家仪式则将家户整体视作命运的共同体，批每个家庭成员的八字四柱，根据情况加入草人祭改、祭星制解等内容，形式更为灵活多变。

本文将整个仪式（醮仪复合法事）[1] 视作一个整体，根据仪式所行榜文，科仪可分为"祝启—请神—念三官经—献供—三界万灵圣灯—朝真礼斗—进钱补运—谢坛"八个仪节。本文将这八个仪节统称为进钱补运仪式，其中第七个仪节"进钱补运"法事为本文要讨论的仪节。

一　进钱补运法事

一直以来，补运作为一则常见的民间信仰仪式并未得到充分的讨论（张珣、洪莹发，2012：24-44；戴玮志等，2013）。《台湾斋醮》对进钱补运的行仪和主法曾有一段很简略的记述：

> 此一进钱补运仪式早期流行于客家族群，为族群迁徙过程中一种精神信仰上的仪式。从事法事时以红头司进行：进钱补运的祭解仪式，采用米卦、碗卦的占卜方式，行使符法时则表现神秘的灵力，让一般人印象深刻的则是吹角神通的形象。

嘉义的另一则方志对进钱补运有更为翔实的叙述：

> 俗又尚巫，凡人有疾病，或请道以禳灾，或延僧以解厄，而最可用者，红头司以红布包头，土神安胎更应□。一时鼓角喧天，跳舞动地，安符作法，随解而安。大则进钱补运，祈安植福，当天请神念经，香案茶品洁净，虔诚祈祷，无事不灵。[2]

---

① 由于私家仪式花费巨大且涉及病患隐私，在观察上具有相当大的难度，笔者选取两个行于宫庙的公开仪式，以台南新化氒天宫（记录于 2014 年 9 月 24 日）作为主要分析对象，台南市总赶宫（记录于 2014 年 9 月 25 日）为参照项。

② 《打猫西堡·杂俗》，《嘉义管内采访册》，台湾省文献委员会，1993。

笔者观察的进钱补运法事由三位法师合作，主法法师将自己的行仪法事定位为灵宝系统下的进钱补运，整个仪式在一个消灾解厄的脉络之下进行，根据行仪抄本内容性质，可分为请神、诵《北斗经》、上天曹、进钱四个部分。在法事开始前，要在坛场上方拉一条天桥，天桥以黑布为基底，两侧贴着"天官赐福"纹样的图纸。拉天桥的原因有两说，一说是法师上天曹进钱，此为云梯；另一说为天公居高位，不可见天，所以要以黑布遮住。

主法法师先祈请诸神降临坛场，信众手持一托盘上面放置衣服、替身、疏文。替身纸面上印着十二生肖的图案，信众根据自己的生肖来决定替身的样式。请神完毕后，主法师及其他两位法师呈三角形结构站立，主法师手持龙角，而后两位法师手持甘蔗平行站立，待主法师吹龙角后带领信众逆时针围坛场绕行，向东斗、南斗、西斗、北斗、中斗和五斗星君依次进钱。疏文的规格范式大致相同，以东斗为例，先是奉请东方青帝青台官，准备金长钱、保运钱、衣服、替身、文疏进奏上清圆罗宫北斗九皇宫、南斗六司，祈求东斗星君庇佑信众身体康健、福寿增长。之后以北斗为中心，在消灾解厄的脉络下，强调朝礼北斗可解厄延生的功能，并念诵《北斗经》中北斗解厄的部分，念诵完毕后请本次进钱补运仪式的醮主掷筊，掷出圣杯后方可上天曹进钱。

图1　法师带领手捧衣服、替身、疏文、补运钱的信众逆时针绕行，依次向五斗星君进钱（笔者摄）

在奏钱的部分先陈述造钱、造纸的根源，奉请造钱三师三童郎子、蔡伦仙师、黄通仙师。然后陈述奏钱的样式和钱的统计方式，在众神的见证下领银两上天曹，命宫进奏解灾厄望赐延生。届时，两位法师分别站在天公桌两侧，主法师继续带领手捧衣服、替身、疏文、补运钱的信众逆时针绕行，经过天公桌时，则将手捧之物呈给法师，第一位法师会将替身投放在案前，将其余的衣服、疏文、补运钱递送给第二位法师，此举象征信众到达天曹进钱，信众从第二位法师处取回其余物品，携疏文、补运钱去一旁焚化，法事圆满。

图2　法师上天曹进钱（笔者摄）

根据进钱补运法事抄本和仪式展演，可以将进钱地点分为两类。第一类是以路关为主体，例如张珣、洪莹发所述安平地区小法团所行的进钱补运，就将天曹、东岳、阳州、地府、水府视作行路关卡，分别向路关进钱。本文根据报道人与信众的访谈说明，将路关的职能总结为表1所示。

表1　进钱补运所行路关与原因

进金路关	原因
天曹	运气、命运、补财库
东岳	年头、前世、冤亲债主、重病
阳州	女人身体、树丛、血湖、妇女病、子女
地府	阴魂、祖先、冲犯
水府	与水相关之事

第二类则以天、地、水三界为主体，将三界视为府邸，分别向三界进钱，例如吴先化所行的闾山法抄本、吴法师所行的天曹进钱，及收录在《拜斗三献进钱科仪》中向东岳地府进钱的《进钱科》都属于这一类型。

六甲保安宫所行的天地进钱，实则以天地水三界为主要构架，由于进水府的仪式要走水路坐船，现今已省略，向地府进钱时就要依次过 26 路关，①焚钱烧纸买路。向路关进钱实则是一种除"煞"的方式，通过进钱以"贿赂"沿途关卡的执事、鬼卒，以便清除外缘阻力。

二 命钱与库钱

进钱补运法事中运用到大量的金银纸钱，纸钱的诞生有两说，一则根据纸张的生产认为纸钱的制造始自魏晋南北朝，一则见于唐代。② 从现有的资料来看，焚烧纸钱在中唐的风靡已得到确证，有学者认为中原古代礼制中并没有"烧化"这种做法，该行为可能来自异族。③ 高国藩认为从唐代敦煌写本中发现民间烧纸钱的风俗，这在中国丧葬史上具有首创的历史价值（高国藩，1989：249）。从侍鬼到敬神，纸钱的内涵非常丰富，其额度、性质、形制尚没有得到长足的讨论。本节将讨论进钱补运中极具代表性的命钱和库钱，通过讨论"宗教消费品"的符号价值，可更为清晰地认识民众践行宗教信仰的方式，进一步理解进钱补运背后的信仰观念。

首先，钱的额度。进钱的额度可依据经典所记述的六十甲子本命欠受生钱及欠寿生经数目推算，大多数情况则掷筊来请神明示意。

其次，钱的定义。法事抄本中所进之钱为开元通宝，与历史学上"开元"取开辟新纪元，"通宝"指同行宝货的诠释不同，民间信仰则利用谐音来创造自己的语言象征系统。

最后，钱的性质。在六甲保安宫的天地进钱的案例中提出了所进之钱的伦理规范，法师需要强调阳间信士所进之钱的正当性：

---

① 依法师所唱，去地府的路关共有 26 个，分别是草埔路、赤土大路、乌士大路、马齿砂路、石仔大路、石板大路、七星桥头、深田大路、龙关井边、冷水坑路、陀连山岭、土地庙前、阳州江上、白布店、六脚亭、花园市上、破钱山岭、十二星宫、十二街路、七条大路、注生宫、东岳大门、东岳二门、东岳三门、东岳四门、东岳五门。路经这 26 个关口才能抵达岳司觐见东岳大帝、地藏王菩萨及阎罗天子。（详见戴玮志等，2013：280）

② 魏晋南北朝的说法和纸张的产生有关，但物质条件的革新是否能激发一种新观念的诞生还有待考察。（详见赵睿才，杨广才，2005）

③ 陆锡兴根据《魏书·皇后传·文成明皇后冯氏》："故事：国有大丧，三日之后，御器物一以烧之。"认为烧化纸钱的习俗来自周边民族。（详见陆锡兴，2010）

此钱不是风花雪月钱，正是阳间信士×××男女老幼保运钱（库）。此钱都是好，正是康熙共通宝，通是通三界，保是保平安。此钱无多亦无少，多无嫌少亦无添，大神勿嫌凡闲意，小神勿嫌年尾发，年尾保运年年发，但愿阳间信士×××男女大小一年四季平安。

可以从两个角度来检视"进钱"仪式行为。首先是"有钱能使鬼推磨"的贿赂逻辑。吴先化的进钱补运抄本在《地府进钱神咒》中就有提及："地府圣帝领钱银，列班圣将领钱去。一送钱银出外厅，二送银钱出外庭，三送钱银收领去，领钱领银庇佑弟子保平安……得人钱财为人消灾，食人酒礼为人解厄。"所谓天下没有白吃的宴席，请人办事给银两自是天经地义。其次，进钱的观念也存在着一种债权意识，根据《受生经》所述的内容，人身性命与神明受生存在一种借贷关系，人需要缴库、还债、偿还受生时借贷的钱两来添福增禄，方能在阳世趋吉避凶。依循这个理论也衍生出"预存""寄库"的观念，以使人死后投胎以及转生顺利。

（一）命钱：进钱补运中的受生与买命

《天曹进钱如法》有提及此钱的性质："借问这钱是乜人钱，正是阳间蚁民某乜要买命钱，买卜寿元彭祖岁。"当今进钱补运法事中，确有独立的一类买命钱。笔者在台南新化看到的买命钱每一卷上有六枚铜钱，铜钱顶端写着"买命钱"的字样，每一小捆代表的价值是 100 万，也称为阴阳钱、解厄钱、补运钱、本命钱。吕理政在 1985 年采集的买命钱与笔者在台南观察的有所不同，铜钱上有"买命通宝"四字，他将其记述为一种印有小人图形的纸钱，当人因运气不好，或是遇上邪煞需要解运时，本命钱可用来祈求好运、驱邪逐煞，对于命不好的人则可用来增强本命。有别于库钱有明显的焚烧对象，买命钱的焚烧对象是不清晰的，向谁买命将关乎最核心的议题：性命受生的来源问题。

成书于唐宋之际的《太上老君说五斗金章受生经》为买命的观念提供了一则凝练的、理论化的经典依据。此经指出凡人性命皆由九天生气，五斗星君本命元辰主掌，直截了当挑明了人身本命和星斗运行之间的关系。此经依内容可以分为两大部分，第一部分以天干为依据陈述人的受生过程，第二部分则以地支为原则叙述受生和钱财的关系。

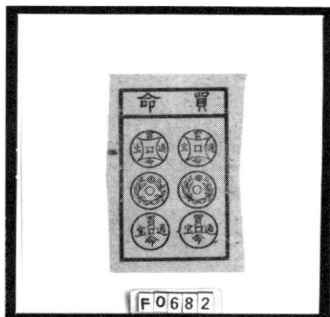

图3　买命钱（吕理政采集于1985，引自《台湾汉人》，中研院民族学研究所数位典藏）

图4　最上卷筒状的为买命钱，第二层由左至右依次为水钱、地钱、天钱，第三层为替身（笔者摄）

首先，世人秉阴阳五行而生，天干分为五类归属五斗，五斗注生之后，继由九天生气而成，五斗星君、本命元辰主掌灵神。

> 且人生下土，命系上天，人之生也，顶天履地，有阴有阳，各有五行正气，各有五斗所管，本命元辰，十二相属，且甲乙生人东斗注生，丙丁生人南斗注生，戊己生人中斗注生，庚辛生人西斗注生，壬癸生人北斗注生。注生之时，各禀五行真气，真气混合，结秀成胎，受胎十月，周回十方，十方生气。

其次，人当生之时，天曹地府依据注生时的受气多少许之以相应的本命银钱，人过世前需还清，才能免于地狱之苦向下一世流转。

表2　六十甲子本命欠受生钱及欠寿生经数目

	东斗	南斗	中斗	西斗	北斗
天干注生	甲乙	丙丁	戊己	庚辛	壬癸
受气	九气	三气	一十二气	七气	五气
五行-五脏	木-肝	火-心	土-脾	金-肺	水-肾
本命银钱	九万贯文	三万贯文	一十二万贯文	七万贯文	五万贯文

《太上老君说五斗金章受生经》把本命元辰是否光彩与银钱的充盈与否联结起来，买命钱也可以视作受生债。这本经的最后还陈述了诵持经文的切实利益：既可折抵本命银钱，又可得遇无上正真之道。《太上老君说五斗金章受生经》通过天干、地支的构建将人的生成和库钱联结到了一起，文本叙述了醮献钱财的原因抑或是切实利益有四则：（1）报答众真注生人身，并令其得生中国得遇大道之恩；（2）祈求本命星官庇佑，令其安乐通达，心想事成；（3）使得其过世之时不失去人身，得生富贵文武；（4）为男子之身，五体全备，十相端严，一切恭敬，得遇无上正真之道。

> 若有男女生身果薄，无力章醮，可于本命之日，请正一道士，或一或二，或三或五，或于宫观、或就家庭，持诵《五斗金章宝经》。或以自愿持讽，每诵一遍，折钱一万贯文。又志心持念托化受生天尊，或千或万，当来托生人中，三世长为男子之身，五体全备，十相端严，一切恭敬，得遇无上正真之道。

在具体的实行办法上，强调醮献钱财的重要性：

> ……但遇三元五腊本命生辰北斗下日，严置坛场，随力章醮，供养五方五老，乃吾化身注生圣众五斗星君、本命元辰，醮献钱财……乃是生人各有财禄命库，若人本命之日，依此烧醮了足，别无少欠，即得见世安乐，出入通达，吉无不利，所愿如心……

此经的结尾处，提出了一个献财的替代办法——"以自愿持讽，每诵一遍，折钱一万贯文"即将诵经的功德与钱财做了量化交换。

分析吴法师所行抄本，可知进钱的对象为五斗星君，仪式进行时，法师依次向东、南、西、北、中斗进钱。此钱有两重含义，对外称为进"买命"钱，意在用金钱向注生的五斗星君还清受生债，并且换得性命的延长，对内则称为"元命"钱，通过折抵受生时的本命银钱增强本命元辰光彩。

就进钱的对象来看，则是依次向东、南、西、北、中，五斗进钱，呈现出十分鲜明的五行特色。向五斗进钱后，则把北斗从中突显出来，念诵北斗的解厄功能。极大强调了北斗解厄的神学职能，体现了北斗崇拜所诉诸进钱补运仪式的疗愈能力，持诵《北斗经》可以使信众：

保安平，尽凭生百福，咸契于五行，三魂得安健，邪魅不能停，
五方降真气，万福自来并，长生超八难，皆由奉七星，生生身自在，
世世保神清，善似光中影，应如谷里声，三元神共护，万圣眼同明，
无灾亦无障，永保道心宁。

表3　进钱补运抄本五行内容结构分析

	咒	前行	本文
东斗	木德咒		
南斗	火德咒	南斗火官除毒害，北斗水神威凶灾，一切所求皆称遂，万般治闷释通开。能依经法明心照，必当遂愿契灵台，凡在首情常顶礼，祸厄无因彻敢来。	云中请＿方＿帝＿台官，身骑＿龙＿马挂＿鞍，飞云走马下吾坛。谨为凡间奏金钱，奏为大清国某处，居住奉道进钱保运，保安植福信女士，本命×××年××月××日××时生。谨按玄科，皈投大道，特伸祈禳。是夜日，虔备金长钱几，大车保运钱几万，衣服、替身、文疏各全会奏上。上清圆罗宫北斗九皇宫、南斗六司中、上清天曹主照某宫，门下进钱解灾厄，望赐延生之禄命，再添绵远之遐龄。伏望＿斗星君来领受，回来庇佑信女士身康命泰，福长寿增保安平，福如东海寿比南山。＿斗金钱奏以毕弟郎回转奏。
西斗	金德咒	上清天官解天厄，地官解地厄，水官解水厄，火官解火厄。五帝解五方厄，四圣解四时厄，北斗解一切厄，南斗解本命厄。	
北斗	水德咒	北斗七星中天大神，上朝金阙下覆昆仑，调理纲纪统制乾坤。贪狼巨门禄存文曲，廉贞武曲破军辅星。大周天界细入微尘，何灾不威何福不臻。元皇正炁来合我身，天罡所指画夜常轮。俗居小人好求灵，愿见尊仪永保长生。高上玉皇紫微帝君，三台虚精六浮曲星，生我养我护我身形。	
中斗	土德咒	五方降真炁，万福自来迎。长生超八难，皆由奉七星。生生身自在，世世保心清。善似光中影，应如谷里声。三元神共护，万圣眼同明。无灾赤无障，永保道心宁。	
五斗		太乙镇星，三炁合真，室胎上景，父玄母元。生我五脏，摄我精神，下拥玉液，上朝泥丸。夕炼七魄，朝和三魂，左命玉华，右啸金神。令我升仙，役灵使神，常保利贞，飞行十天。	

（二）库钱：进钱补运中的债务与延生

同样是焚烧大量的金银纸钱，补运和补库却从立意上分属两个独立的仪式系统。通过八字可看出人的财库兴旺与否，财库不旺则可分为易破财和易劫财两种情况，届时通过补库可以改善钱财易失的窘境。而补运则有很多因素，诸如时序上的灾厄：冲犯太岁、遭遇生命礼仪上的关卡、本命年抑或是祈福添寿（松本浩一，2001：27）。

在进钱补运中同样也焚烧大量的库钱，民间信仰认为有库就要有钱，所以可分为天库—天钱，地库—地钱，水库—水钱三组，库与钱都是配套适用的。由于经常在祭改、补运仪式中使用，这三组钱也俗称为补运金。《太上老君说五斗金章受生经》中有载依据地支，将十二本命分管于十二库神：

> 若有善信男女，种诸善根，善根不断，世世为人，当须醮送五本命钱，天曹地府各有明文。十二本命，十二库神：子生之人第一库中，辰生之人第二库中，申生之人第三库中，亥生之人第四库中，卯生之人第五库中，未生之人第六库中，寅生之人第七库中，午生之人第八库中，戌生之人第九库中，巳生之人第十库中，酉生之人第十一库中，丑生之人第十二库中。

按照《太上五斗金章受生经》的说法，世间的每个人都有受生债，受生债是人投胎转世时，曾经向冥府受生院借来投生转世的冥币。受生之时，每个人都需向冥府保证，只要投生为人一定偿还：

> 乃是生人各有财禄命库，若人本命之日，依次烧醮了足，别无少欠，即得见世安乐，出入通达，吉无不利，所愿如心，自有本命星官常垂荫佑。使保天年，过世之时不失人身，得生富贵文武，星临财星禄星，五福照曜身命胎宫，安乐长寿，不值恶缘。

《灵宝天尊说禄库受生经》则以受生钱财的理论解释了人阳世时富贵、贫贱的处境，贫贱之人乃是因为欠了冥司的债务：

提到人命属天曹，身击地府，当得人身之日，曾于地府所属冥司，借贷禄库受生钱财。方以禄簿注财，为人富贵。其有贫贱者，为从劫至劫，负欠冥司夺禄，在世穷乏，皆冥官所克，阳禄填于阴债。是使贵贱贫富，苦乐不同，汝当省知。

《灵宝天尊说禄库受生经》中地支所对应的库神与《太上老君说五斗金章受生经》有些出入，文本解释了库钱和元辰钱的区别：库钱是人生时向冥曹库借的受生钱，在阳世时需还清才能在下一世投胎不落贫贱，库钱呈现了人和冥府的债务关系，由此衍生了寄库预存以备的观念；元辰钱则是及得人身时被本命元辰许的钱财。文本明确提及了缴钱的方式与功德利益，可以视作进钱补运行仪背后的经典来源，人们通过还债、赎买来实现今生、来世富贵荣华的契机。

尔时，天尊告诸四众，若有善信男女，意乐经法，布施货财，依此经典，建立道场，严备香花，灯烛庄严，供养三宝大道、诸仙大圣，六时行道，十遍转经，修斋设醮，准备所欠受生钱数，及许元辰之财，一一明具，合伺疏牒，烧还本属库分者，即得见世获福，荣贵果报，来生永无苦难。若有众生不信前缘，返生恶业者，一堕九泉，若不具陈，故有生死苦乐之报。汝等大众，各自省知。

表 4　禄库曹典与本属元辰

	年序	生肖	库官姓氏	库钱	元辰姓名	元辰钱
1	子	鼠	李	一万三千贯	刘文真	七千贯
2	丑	牛	田	二十八万贯	孟侯	九千贯
3	寅	虎	雷	八万贯	钟元	六千贯
4	卯	兔	柳	八万贯	郝元	一万贯
5	辰	龙	袁	五万贯	李文亮	五千四百贯
6	巳	蛇	纪	七万贯	曹交	一千贯
7	午	马	许	二十六万贯	张巳	九千贯
8	未	羊	朱	十万贯	孙恭	四千贯

续表

年序	生肖	库官姓氏	库钱	元辰姓名	元辰钱
9	申	猴	车	四万贯	杜准	八千贯
10	酉	鸡	郑	五万贯	田交佑	五千贯
11	戌	狗	成	二万五千贯	崔渐进	五千贯
12	亥	猪	亢	九千贯	王爽	六千贯

＊：整理自《太上老君说五斗受生经》和《灵宝天尊说库禄受生经》。

图5　十二元神钱（元辰钱）
（笔者摄）

图6　宜兰头城释教用于缴库
仪式的冥钱（笔者摄）

在《噶玛兰厅志》中有一则对释教的描述："盖俗传谓人初生时欠库钱，死必还之，故有做功果、缴库钱之举，此释教也。"可见"缴库"这一观念在历史的淘洗中已经渗透到各个宗教传统中，并不是垄断在特定宗教中的一则孤证。

今世需要还清注生时向天曹所借的受生债，通过买命钱延长今世的寿命，并为了死后的福祉预存库钱。受生钱、命钱、库钱、本命钱、元辰钱是依据钱的性质对其做出的学术分类，从两则道藏经典也能比对出本命与元辰分属为两个概念，本命和天干有关，而元辰则与地支相连。而在民间实际操作中，这些钱的性质、功能非常含混，往往被统称为补运钱或保运

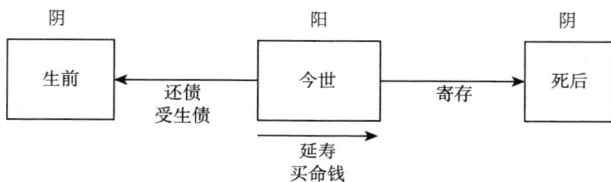

图 7　钱的三世作用

钱，现在十二元神钱已不常见。范华（Patrice Fava）在 1997 年于闽西拍摄的纪录片《闽西客家族游记》①　中，就记述了当地妇女在七月中元节当日在女性法师带领下，上山还本命钱的集体仪式。

结　语

为什么要进钱？向哪里进钱？进钱为什么能补运？对于纸钱的理解必须放置在整体仪式过程中，经由仪式中所诠释出来的非语言行为效果进行考察。从符号学的角度来看，纸钱在整个仪式体系中所扮演的角色解释了它的含义。美国学者柏桦（C. Fred Blake）认为在中国的祭礼中，存在一种沟通和陈述是由香、食物和纸钱来表达的。他认为中国的祭礼存在一个"三段五步"的范式，其中阴、阳、阴阳转化过程称为三个阶段，五行则是阴阳的精致化体现，称之为五步，整个仪式的宇宙观都在阴阳五行的概念下进行。仪式在操作层面上也有分离、阈限、整合三个阶段，蜡烛、香、食物、纸钱、鞭炮五个步骤（Blake，2005）。宇宙观的三段五步与仪式操作的三段五步相互对应：

五行：水—金—土—木—火

祭祀仪式：蜡烛—香—食物—纸钱—鞭炮

人们渴望更迭宿命、逆转时运的朴素愿景，通过金钱这般"媚俗"的概念获得了曲折的表达。董芳苑在《讨论台湾民间信仰》一书中，认

---

① Patrice Fava, France：Hakka, les Chinois tels qu´en eux-mêmes,（Documentaire），1997.

为烧金是一种功利性的贿赂行为，也可以说承袭了台湾社会的红包文化（董芳苑，1996：286-299）。焚烧纸钱并非单方面来自世俗人际社会的交流准则，早期对于焚烧纸钱的研究，难免会落入模仿阳世生活境遇的泥淖。"进钱—补运—疗愈"作为一则宗教医疗经验，在反复的实践中因其时效性、灵验性在地方社会拥有深厚的信仰土壤和虔诚的群众基础。这则雅俗共赏的解厄机制已经深植于民众意识，是地方社会解除生命危机、生存困境的一则宗教手段。"有钱就是任性"亦传递出对当下生活的盼望和对彼界诸事的期冀，那些密布在阳、阴两界的怖畏感也被悄悄渗透进一些人本主义的情怀，不失为民间信仰中可爱的风味。

参考文献

〔美〕C. Fred Blake：《纸钱的符号学研究》，冉凡译，《广西民族学院学报》（哲学社会科学版）2005 年第 5 期。

董芳苑：《讨论台湾民间信仰》，（台湾）常民文化出版社，1996。

戴玮志、周宗杨、邱致嘉、洪莹发：《台南传统法派及其仪式》，台南市政府文化局出版，2013。

高国藩：《敦煌民俗学》，上海文艺出版社，1989。

《嘉义管内采访册》，台湾省文献委员会，1993。

陆锡兴：《唐宋时期的纸钱风俗》，《文史知识》2010 年第 4 期。

〔日〕松本浩一『中國の呪術』、大修館書店、2001.

赵睿才、杨广才：《"纸钱"考略》，《民俗研究》2005 年第 1 期。

张峭、洪莹发：《安平进钱补运初探——以妙寿宫小法团为例》，台湾淡南民俗文化研究会编《民俗与文化》（第七期），（台湾）博扬文化出版社，2012。

从替死鬼到净化者*

——热贡年都乎村的"乌秃"驱邪禳灾仪式

宗喀·漾正冈布

周毛先

摘　要　热贡年都乎村每年年底会举行称为"乌秃"的驱邪祛病仪式。关于"乌秃"的词义与仪式渊源争论甚多，主要有"楚风说""古羌说"两种。持楚风说者认为，"乌秃"源自古汉语甚至"古楚语"对虎的别称"於菟"，为古楚文化的遗迹；持古羌说者推测，"乌秃"是古羌人崇虎习俗的承袭。本文认为二说均不能成立。"乌秃"不仅仅是对扮演成"虎"（stag）者的称呼，也是对扮演成"豹"（gzig）、"哑"（gzav，灾星）等的"傩舞者"和整个禳灾仪式的称谓。"乌秃"可被定义为"朵"（gTo）仪式。"乌秃"（wut'u）是当地蒙藏混合语和藏汉混合语方言中"朵"（gTo）一词的变音。在当代旅游业等的推动下，"乌秃"经历了从最初的"替死鬼"到现代意义上的"净化者"的转变。

关键词　"乌秃"（wut'u）　"朵"（gTo）仪式　"替死鬼""净化者"

---

*　本文系教育部人文社会科学重点研究基地重大项目"世界民族概论"（11JJD850009）和国家社科基金重大项目"藏蒙医学历史与现状调查研究"（15ZDB116）阶段性成果之一。本文成稿于 2013 年。2014 年、2015 年曾两度在兰州大学等举办的相关学术会议上进行过交流，引起了许多学者的关注。2018 年初，因陈进国研究员推荐投稿至《宗教人类学》。

　　年都乎村位于今青海省黄南藏族自治州同仁县隆务河谷西岸，为年都乎乡政府所在地，是安多热贡的核心地带之一。其地理位置介于北纬35°3′58″，东经102°01′24″，海拔2506米，距黄南州州府所在地5公里。年都乎现有4个小德哇（sde ba，即自然村落），8个自然村，共635户，2081人。除了藏语，当地人还讲一种蒙藏混合的语言，以藏语为书写符号。每年农历十一月二十日，传统上年都乎村都会举行一次驱邪祛病的禳灾仪式，该仪式也是青海省和黄南州近几十年重点推介的文化旅游项目，每年吸引数以千计的游客前来观瞻。学界最近几十年将该仪式书写为"於菟"。本文第一作者（宗喀）于2010年到该村调研时发现当地人不仅把扮演虎的人称为"乌秃"，把扮成豹的人也称为"乌秃"，初步判定学界对这个仪式存在误读，深感将此附会为"於菟"仪式（崇虎仪式）有悖于事实，鼓励当地的学者进行深入的调查研究，并督促博士生周毛先在相关节日期间到其家乡热贡进行深度观察和详尽记录。本文的田野观察累计有数个月，采访主要用当地语言即安多藏语方言和蒙藏混合语"铎斯该"（Do skad）进行，于2013年初完成了初稿，首次提出并论证了该仪式源于吐蕃特传统宗教的"朵"（gTo）仪式。

　　据调查，这个仪式曾在隆务河谷地带的许多村落中盛行，如今在一些村落中已淡出。年都乎人将这个仪式称为"乌秃"（wut'u）或"欧都"（ɣu tu），而河对岸的桑格雄（吾屯）人称为"托"（t'oː）。为了行文方便，本文均统一写为"乌秃"。"乌秃"是对仪式中"傩舞者"的称谓，同时也是仪式之名。这个仪式用藏语称为"朵"，其中古拟音读似"呃朵"上古拟音读似"估朵"。

　　根据调查资料，以前从年都乎的8个自然村中选8名青年男子，共有8个"乌秃"傩舞者。在一次鸣枪驱赶"乌秃"礼仪中，年都乎拉卡措哇的"乌秃"扮演者不慎中枪亡故，自此年都乎拉卡不参加"乌秃"仪式。现在7个"乌秃"中，两个被称为"果（xkoː）乌秃"，其意为"大乌秃"，其余5个被称为"尕地（kʌti）乌秃"，即"小乌秃"。装扮"乌秃"的人家可免去一年的劳务与课税，村民所供祭品作为酬劳为扮演者所有。据老人们讲述，旧时（尤其在1956年前）扮演者都为家里经济条件差的人，为了获得祭品与酬劳而扮演"乌秃"，传统上认为他们的寿命会缩短。现今村民对此忌讳已不太在意。

一 仪式内容与过程

（一）准备阶段

烧"肯子"：仪式前一天，家里的主妇要烧制"肯子"（kʻəntsə）。"肯子"为用锅盔烧制的空心圆圈的烧锅馍馍，烧制这种馍馍是为了方便套在"乌秃"的长杆上随身带走。据老人们回忆，以前家里若有久病不愈的病人，便会用面团擦拭其身体，涂上病人的唾沫后烧制成"肯子"让"乌秃"带走，喻示着将所有的病魔带走。在以前，这种"肯子"是不能吃的，现如今人们把馍馍当成是"干净的"祭品，但一般情况下本村人不会吃这种"祭品"。

大清扫：农历十一月二十日清晨，女士们要进行大清扫，将屋里屋外、巷道内的所有污秽、垃圾清理干净后，把过年时贴在门上的类似符咒的剪纸"咋日那日"（tsʌʑənʌʑə）撕去一同焚烧。所有女士要梳好头发、清洗自己，随后准备羊肉、瓜果、糖果及酒水，以备"乌秃"入室时招待。

制作"杆子""齐达日"：早上扮演"乌秃"的人从村北山顶的果木日郎（kovu mo ri lang）"拉泽"（lab tse，即山神祭祀台）上取出一些箭杆，一人需准备两个杆子，共做14个长杆备用。拉哇（lha ba，即神附体者、法师）要剪"齐达日"（tɕitʌr）、印咒符、做"齐柔"（tɕizəu）备用。

（二）仪式过程

化妆：午饭后，约12时，所有堪果哇（kha vgo ba，即头领）、拉哇和"乌秃"们来到果木日郎神殿，堪果哇吹海螺宣告仪式开始。"乌秃"们将拉哇备好的"齐达日"夹在杆子顶上，脱去衣服、将裤子挽至大腿，用炭灰擦拭身体，使整个身体发白，后将全身画成虎纹、豹纹状。头顶上用一条白纸扎上一束头发，游客戏称为"兔耳朵"。

封嘴：七个"乌秃"全部化妆完毕后，拉哇头戴五佛冠将其召至神殿门口排成两排跪坐，拉哇在内诵经。诵完经后从果木日郎神殿内拿上酒水给"乌秃"们喝，最后拉哇自己也喝一口，喝完酒之后"乌秃"们要封口，不能说话，直至仪式结束。

村内巡游："封口"后"乌秃"们两手高举插有"齐达日"的杆子，绕着果木日郎神殿的广场跳三圈，称为"尕地乌秃"的 5 个"小乌秃"冲到村内，翻墙爬入每家每户，但要绕过拉哇（lha ba tshang，即法师）。"小乌秃"们可以享用每家准备的鲜肉、酒水等食物，但不能说话，离开时需嘴里含着肉块（据说嘴里含着肉是为了不让其说话），带走村民准备好的"肯子"。两个"果乌秃"和拉哇跟着锣声与人群慢慢步入村内，在巷道间巡游。届时每户人家从房顶上将烧好的"肯子"挂在"乌秃"所持的长杆上，有些人家在大门外将准备好的肉塞到"乌秃"的嘴里，将用线连成一串的水果挂在"乌秃"的脖子上，也有人将整个羊后腿挂在"乌秃"的脖子上。一般情况下村民不出门、不开门，若有重病者，将其拖到巷口让"乌秃"跨过（据说重病者让"乌秃"跨过后要么就痊愈了，要么就过世，不会再徘徊在生死边缘）。每家在门口煨有"擦色日"（tsha gsur），这是专门为孤魂野鬼之类的"亦得合"（yi dags，即饿鬼类）焚烧的青稞面。最后"大乌秃""小乌秃"都在村城门集合，后听到一声枪响后冲出村外，跑到河口。

（三）结束阶段

洗身返回：整个仪式的最后一个环节便是洗身。届时"乌秃"们跑到河里，用腊月冰冷的河水将其身上的炭灰及画纹洗净，将"肯子"和杆子扔进河里，然后返回。拉哇将在"乌秃"返村的路口焚烧火堆、诵经等待，"乌秃"们需从火堆上跳过，喻示将所有不净之物祛除，将鬼魂、妖魔之类的东西拒之村外。据说以前这些"乌秃"的扮演者当日不能返村，需在河边搭帐篷过夜，两三日之后才能回家。

二 对"乌秃"的各种解释

"乌秃"是继"邦"祭或"肖康"后的年底禳灾驱邪仪轨之一。何谓"乌秃"？学界各说其词，主要有楚风说、古羌俗说。

1. 楚风说

最早提出"乌秃"为"於菟"的是乔永福，他据《左传》"楚人谓虎於菟"之说，认为"乌秃舞"属于楚风古舞，是楚人信巫崇虎的遗痕。

他从"虎"的别称"於菟"入手，论证了年都乎的"乌秃"与古代楚地巫风之间的联系。同仁地区古时为边关要地，自秦汉以来多有军队戍边屯田，明初又有江南移民移居此地，"於菟"是随历史的变迁从江南楚地流传而来。① 赞同这种观点的有秦永章（2000：1），马盛德、曹娅丽（2005）等，但马氏质疑，既然"於菟舞"是内地人带来的，为什么同样有内地移民的其他村落不跳於菟舞呢？

2. 古羌俗说

以刘凯为代表的一些学者认为，年都乎的"乌秃"仪式是古羌人虎图腾遗俗。他推测青海地区是古羌人的主要活动区域，年都乎人是在明代进入热贡的（刘凯将"羌"与"藏"视为不相关的两个民族），他们与藏族通婚，生活习俗、宗教信仰与藏族相近，自然会受到"羌文化"的影响。因此"乌秃"是古羌人氏族部落崇虎图腾意识的曲折反映，是古代羌族文化的遗存（刘凯，1993）。

以上两种观点，都源于对"乌秃"一词的曲解，都忽略或未观察到年都乎人不仅将画有虎纹的人称为"乌秃"，还将画有豹纹的也称为"乌秃"，泛指装扮成虎、豹疫驱邪者。这种仪式也曾在热贡许多其他村落中盛行，有装扮成反穿皮袄脸涂黑炭的怪物形象，还有装扮成"九头哑"的形象。因此，将"乌秃"理解为"虎"实属以偏概全。以上学者在描述仪式过程时都用"驱赶於菟（乌秃）"这样的字句。既然崇虎，又为何驱赶呢？这显然不合乎逻辑。仔细观察，"乌秃"其实为替村民吸纳病魔邪气者，所以才被驱赶。对"乌秃"一词的曲解影响着整个仪式的文化蕴涵与渊源的解读。我们认为年都乎的"乌秃"与西藏传统宗教，即本教仪式中的"朵"关系密切。"乌秃"为"朵"在热贡的一种地方化了的古老仪式。

三 从本教等的"朵"仪轨看"乌秃"仪式

1. 从"朵"到"乌秃"：语义、语音的对比

"乌秃"仪式现在被误认为年都乎专有，但是传统上"乌秃"在"四

---

① 此文原载《青海日报》1989年10月8日、14日第四版，12月23日第二版，分三次发表。乔永福于1987年5月发现"於菟"舞，经过近两年半的研究后发表该文。

· 161 ·

寨子"及周围的其他村落也曾非常流行，只是如今不兴。"乌秃"是与"肖康""邦"等禳灾仪式相关联的一个仪式过程，"肖康"或"邦"是"乌秃"的序幕，而"乌秃"是仪式的高潮和谢幕。若不注意"乌秃"之前的一系列禳灾仪式，游客们确实容易将其视为一种"独特"的仪式。据桑格雄（吾屯）老人们的回忆，1956年前在桑格雄（吾屯）也举行这种禳灾仪式，只是将这些"傩舞者"称为"托"，这些"托"会装扮成"哑"（gzav，即煞星、灾星）的形象，依舞者人数有五托、九托、七托之称。照此看来，"托"应为一个固定词。尽管几个村落发音有别，有"乌秃/欧都/托"等，但均是对"傩舞者"的称呼。且被称为"乌秃/欧都/托"的"傩舞者"既可为年都乎所画的"虎""豹"形象，也可为桑格雄所装扮"哑"的形象，还可为沃果日等周围村庄在举行"肖康"仪式中所扮演的反穿皮袄、脸涂黑炭的"敦"（gdon，即妖魔）的形象。因此，在语义上"乌秃"并不专指"虎"，泛指包括虎、豹、哑、敦之类的"替身物"，这个"替身物"统称为"乌秃/欧都/托"，无论从名称、形式、内容来看，都与本教等西藏传统宗教系统中的"朵"仪式相吻合。

从语音方面来看，讲热贡蒙藏混合语和藏语的年都乎人将这些"傩舞者"称为"乌秃/欧都"，讲汉藏混合语和藏语的桑格雄人称为"托"，这些发言的基字应为一个字"托/秃/都"，与本教等的"朵"相吻合，因为t和d在世界许多语言中（包括印欧语与藏缅语）都存在互换关系。至于年都乎人为何发"乌秃/欧都"的音，与蒙古语或蒙古语族的发音习惯有关。讲蒙古语族的人们往往在单词前附带"乌、阿、俄、奥"之类的前元音。如"水"为"乌丝"（usə），"他"为"乌姜"（udzɑŋ），"去"为"奥德"（otə），"吃"为"艾德"（eitə）等。所以，讲蒙古语族的人们在发藏语词时往往惯带前元音。如藏语的儿子"吾"（bu）借用时称为"奥吾"（ɔwu），天空"纳木"（gnam）称为"乌纳木"（unʌm），从前"纳"（gnav）称为"乌纳"（unʌ）等。据此，"乌秃"应为藏语"朵"（gTo）的转音。"朵"前面的"乌"无疑是语言转借过程中所带的惯音。

2."朵"与"乌秃"：仪式内容、形式的对比

从内容上讲，称为"乌秃"的几个傩舞者将全村所有疾病、邪魔、不净之物随身带出村外，还村中以安详和洁净。

我们查到最早提到有关"gTo"的文献是敦煌出土编号为 PT1134、PT1285、PT1287 的古藏文写卷,其中提到"drag gis gto bgyis dpyad""lag smye mtsho la bsnyal/gto zhing dpyad/spyad nav bram zhing byul byul na""bal bon rom povis/gto zhing dbyad/dbyad nav/ bram zhing bchag/bcha"等①gto 与 dpyad 并用,明显是两种相互关联的禳解仪轨或仪式。至于何谓"朵",研究本教的权威学者之一卡尔梅·桑木丹(Samten G. Karmay)的 *zhang bod gnav rabs kyi brda cha tshig mdzod* 做了较为清晰明了的解释:

> 像神(lha)、鲁(Klu)、年(gnyan)之类无形的具有神力的生灵称为"垛"(gtod),人们触怒这些生灵而危及人体的称为"敦"(gton),而消除"敦"的方法与知识称为"朵"(gto)。

"朵"是消除"敦"之类妖魔鬼怪的仪轨。"朵"文化的历史悠久、文化底蕴深厚。相传本教教主顿巴谢日(ston pa shen rabs)之前的最重要的成就者为朵加耶庆(gto rgyal ye mkhyen)。之所以称为"朵加"(gto rgyal),是由于他的教义主要以"朵"为基础,形成了"朵禳灾理论"(gto gzhung)、"朵禳解术"(gto bcos)、"朵禳灾仪轨"(gto chog)、"送朵祟"(gto skyel)的"朵"文化。本教或类本教传统宗教仪式中有"朵禳解(gto)供施代替品(mdos)赎命物(glud)"之说。要消除危害(gnod)、魔障(bgegs)、邪魔(gdon)的缠绕,就要举行"朵"的禳解仪式,将家里不净之物,如病魔、鬼怪、魔障等以"替身物"(glud)的形式送离,比如做成食品或衣物,或直接以人作为"替死鬼",将这些病魔、鬼怪、障碍附着于这些物品或人身上带出家门,从此消除障碍、赎回性命,使生者安详、病者痊愈。

这个仪式在藏地民间普遍存在,像循化道纬一带也在藏历大年初七、初九举行类似的仪式,称为"阿伊伯玛"。行仪时,用糌粑捏成一个头戴皇冠的女性形象的人形,并将之抛到村尾的路口。届时人群站在巷道内口喊"乔乔",手持瓜果向"阿尼毕玛"及扛着他的人投郑,以示驱赶村内的鬼怪精灵。传统上贡本每隔几年便举行规模盛大的"阿伊伯玛"的仪

---

① 参见 http://otdo. aa-ken. jp/search/kwic. cgi,http://otdo. aa-ken. jp/archives. cgi? p = Pt_ 1285&k = gto。

式。藏地普遍流行的藏历十二月二十九日之“古突”（dgu thug）及“朵玛”（gtor ma）的习俗都可视为“朵”文化的表现形式。不仅民间保留有本教或类本教遗俗，藏传佛教也吸纳了这些古老传统信仰之祭祀神、鬼，祭祀“拉泽”，烧香祭祀，红、白“色日”，制作“朵玛”等。以前大昭寺抛朵玛送鬼时，在举行完各项仪式后，两个人反穿皮袄蒙头装扮成替死鬼（glud vgong，即替人受灾害的鬼物）的牺牲品，将一个送向桑耶方向，另一个送往彭布方向。“鲁贡嘉布”（glud vgong rgyal po）仪式是在五世达赖喇嘛阿旺洛桑嘉措时，噶厦政府举行的一种大型的宗教仪轨。据说那两个反穿皮袄的勒贡是达赖喇嘛的“替死鬼”，替达赖喇嘛受灾的牺牲品。沃果日拉哇常常说“肖康”的历史悠久，之所以拉萨大昭寺前也举行“肖康”仪式，据说因为宗喀巴大师去卫藏时怀念家乡，遂在大昭寺前举行“鲁如”（glu rol）和“肖康”仪式。甘南拉卜楞大寺举行达日“二月祭礼”（gnyis pavi tshogs mchod）也有“送祟”（glud rdzong）仪式。以前由人替代替身物“glud”，替代“glud”的人一般是家庭条件较差者，当日民众向河水中抛撒钱币和供品，仪式结束后所有祭品作为补偿归“替身”所有，但据说这个“替身”的生命会缩短，现如今用糌粑捏成的人形物替代。类似驱邪祛病、送瘟神的仪式在贡本塔尔寺周围、嘉戎、平武、迭部、文县等藏地盛行，只是形式上各有地方特色。

在民间也将这些“牺牲品”称为“朵”，在热贡地区当有些人骂不顺眼的人会说：“别像个‘朵’一样矗在那儿，碍眼。”“朵”不仅仅是对仪式的称呼，也是对仪式中“替身物”或“牺牲品”的称谓。因此，年都乎的“乌秃”，不管是装扮成虎、豹，还是像桑格雄一样装扮成“哑”、沃果日一样反穿皮袄脸涂黑炭装扮成“敦”，都为“替身物”或“替死鬼”，将村内所有的疾病、鬼怪、不净之物带到河边随河流漂走。

年都乎的“乌秃”仪式相当于其他地区普遍举行的“送祟”（glud rdzong）仪式。在仪式中寄送在病人身上擦拭过的“肯子”；村民谢绝开门，“乌秃”爬墙入内；从屋顶上捎“肯子”；焚烧“擦色日”；绕行拉哇家；最后到水中冲洗、跳火堆。留居河畔、当日不能返村等民俗事项说明村民没有将“乌秃”视为崇拜的对象，而将其视为替村民带走“病魔、鬼怪、邪魔”之类的不净之物。因此，“乌秃”从最初的“替死鬼”实际上转变成了现代意义上的“净化者”。

参考文献

中文

乔永福：《楚风土舞跳於菟》，《青海日报》1989 年 10 月 8、14 日，12 月 23 日。

秦永章：《江河源头话"於菟"——青海同仁年都乎土族"於菟"舞考析》，《中南民族学院学报》（人文社会科学版）2000 年第 1 期。

马盛德、曹娅丽：《"於菟"舞祭——重现远古图腾》，《中国西部》2005 年第 9 期。

刘凯：《跳"於菟"——古羌人崇虎图腾意识的活化石》，《民族艺术》1993 年第 3 期。

英文

Jascheke，H.

1881. *A Tibetan-English Dictionary with Special Reference to the Prevailing Dialects*，Motlal Banarsidass Publishers.

Nebesky-Wojkowitz，R. De

1993. *Oracles and Demons of Tibet: The Cult and Iconography of the Tibetan Protective Deities*，Book Faith India.

Lopez Jr.，Donald S.（edi.）

1997. *Religious of Tibet in Practice*，Princeton University.

Karmey，Samten G.

1975. "A General Introduction to the History and Doctrines of Bon," in *The Arrow and the Spindle*，Kathmandu: Mandala Book Point，pp. 108-113.

2003. "Proceedings of the Tenth Seminar of the IATS," in *Old Tibetan Studies* Volume 14.

Snellgrove，David

1987. *Indo-Tibetan Buddhism: Indian Buddhists and Their Tibetan Successors*，London: Serindia.

Beckwith，Christopner I.（ed.）

2002. *Medieval Tibeto-Burman Languages. PIATS 2000: Proceedings of the Ninth Seminar of the International Association for Tibetan Studies*，Brill Academic Publishers.

◎学术评论

人类学伊斯兰概览[*]

〔美〕 延斯·奎纳斯 (Jens Kreinath) 著

樊 静 马 强 编译

摘 要 本文通过讨论人类学伊斯兰研究的贡献，梳理人类学伊斯兰研究的历史、理论、关注的领域、讨论的问题，提出阅读人类学著作可以增进对伊斯兰教的理解，阅读民族志有助于改进对人类学田野调查方法等的认识。

关键词 人类学伊斯兰 观察穆斯林 民族志

回答"什么是人类学伊斯兰"这个问题并不容易，先来回答"什么不是人类学伊斯兰"或许对于概述这一研究领域中一些不确定的边缘问题有所助益。人类学伊斯兰既非研究作为世界宗教之一的伊斯兰，也非研究《古兰经》，或者先知穆罕默德的生平及其教导；既非考察伊斯兰信仰和实践体系，也非研究其主要教义和信仰纲领的教导。人类学伊斯兰也不是有关描述伊斯兰的本质，并回答有关正义、信仰和后世的基本教义问题，也不是用最简单的术语勾勒谁或什么定义了穆斯林，即其基本信仰和行为准则。

人类学伊斯兰旨在研究宗教、伦理、教义学教导在社会中得以建立和

---

* 本文得到"陕西高校人文社会科学青年英才支持计划"项目资助。本文编译自 Jens Kreinath, "Toward the Anthropology of Islam: An Introductory Essay," in Jens Kreinath, ed., *The Anthropology of Islam Reader*, London and New York: Routledge, 2012, pp. 1-41。延斯·奎纳斯是美国威奇塔州立大学文化人类学副教授，研究兴趣有土耳其和中东的宗教少数群体及文化动态、各种宗教信仰融合、跨宗教交流动态、人类学伊斯兰、仪式理论等。

奏效的方式。例如，这些教导如何被穆斯林在社会关系网中予以调和，以及这些调和又如何影响穆斯林日常生活的方方面面。为了在伊斯兰研究方面能够更好地掌握人类学的相关性，首先应该对应用于社会和文化人类学中的方法和观念有充分理解。

一 人类学伊斯兰研究的贡献

由于社会文化人类学是一门兴起于欧洲和北美的学科，田野调查这一实证研究方法通过在人类学自身学科的地方政治和历史语境中打下人类学知识的基础，质疑那些普遍存在而没有实证基础的假设。伊斯兰人类学研究通常同区域研究相关，或被当作区域研究，如中东人类学。这些不同方法之间的主要差异之一是它们从一开始就阐明伊斯兰教的作用。

从西方视角观察，致力中东研究的不同学术领域内的学者倾向于认为伊斯兰教是东方的，而基督教是西方的。这一倾向在一些游记和早期对穆斯林的第一手人类学研究中尤为明显。殖民时期那些研究北非和中东的学者过度简化历史动态的复杂性，并秉持东方学范式和专注最"原始的""异域的"和非正统的伊斯兰形式，而他们的研究或以游记的形式详细描述阿拉伯半岛，或是聚焦北非和中东地区穆斯林的早期人类学研究。

人类学家，尤其是近期的，在殖民前提和范式下对穆斯林进行田野调查时，不得不长时期强调东方学中的西方观念。区分大传统和小传统，使人类学家能够用既宽泛又相当多元的宗教信仰和实践对社会文化进行调查。这一独特区分在所谓"世界宗教"的研究中使用一种理论方法，为人类学家解释地域差异提供了概念工具，使本土环境中的伊斯兰研究变得尤为丰富。这一区分帮助人类学家将具有一神信仰且拥有全球信徒的伊斯兰教，同根植于地方文化和个体信徒中的穆斯林传统相区别。

在这一分析框架中，人类学家能够研究人们如何实践不同形式的伊斯兰，以及在使该宗教适应地方文化的同时汇入自身的文化传统。这一框架促成了对地方伊斯兰形式的早期人类学研究，特别是苏菲派或其他北非或中东地区穆斯林的社会组织形式。然而，应该注意的是，学者的研究兴趣已经明显从对地方伊斯兰形式的关注转向对苏菲传统的研究，而这一点尤其受到西方学者的青睐。

英国社会人类学在北非和中东运用的民族志研究范式主要是功能主

义和结构功能主义，其侧重点是生存方法、生存模式，以及穆斯林社会中的相关政治组织形式。在研究穆斯林实践伊斯兰和适应地方环境的诸多方面，人类学研究的常见特征是关注小型社会，主要书写村落和社区的社会生活，或者关注其他生存模式，如游牧生活。这些理论范式在不同程度上认为文化和宗教机构的作用是促进社会团结和政治领导，或争夺传统权威和要求政治变革。

早期对北非和中东穆斯林社会的民族志研究，关注其政治和经济特征，人类学家非常容易忽略伊斯兰在非洲社会中的作用。受人类学学科体系范围的约束，人类学家常常倾向于思考边缘的伊斯兰，当地穆斯林文化同伊斯兰的非正统形式和传统相混合，无论从融合还是杂糅方面都值得研究。他们从边缘的视角诠释了作为主要文化和宗教因素的伊斯兰正统如何形塑这些社会的日常生活。

兴起于 20 世纪 60 年代末的批判人类学，以及殖民主义衰落时期出现的结构主义和象征人类学，模糊了文化系统的分类。由于民族志研究范式的出现，人类学家推动了对宗教象征的理解和关注，并将他们的研究兴趣转向对个体经验的研究。这一时期，由于民族国家的形成遍及非洲和亚洲，穆斯林群体自身也经历了社会和政治巨变。这一变化使其冲破了持续的西方霸权，并脱离殖民地权力而取得政治独立。人类学家逐渐意识到了宗教与社会运动、从仪式抗拒和宗教复兴到政治抗议的群体能动性，以及整个穆斯林世界中文化变革的重要性。

殖民主义和后殖民主义话语的出现，挑战了西方霸权统治的理论框架与学术边界的合法化。后殖民批评对人类学知识形构的洞见使田野工作者更加关注伊斯兰中各种正统和非正统之间的互动，这是当今人类学研究凸显的特点。值得重视的是，人类学家已开始与报道人合作，在民族志写作中更多地呈现报道人的观点及宗教和文化变迁中妇女能动性的解释。

人类学研究中已建立的女性主义批评范式，使穆斯林妇女的社会角色及其宗教实践的民族志研究成为研究前沿。人类学家开始关注文化赋予的性别角色、妇女聚会中的社会和宗教动力，以及妇女在圣徒崇敬和祈祷群体中的参与。

穆斯林妇女社会角色方面的民族志研究，通常仅由女性人类学家进行，不仅专注于家庭和公共领域中的妇女义务、妇女在婚礼和葬礼上的角色和责任，而且聚焦于穆斯林妇女的婚姻模式。许多研究关注妇女参与宗教、经济活动和进入公共领域受到的限制，并特别关注穆斯林在法律和政治领域中的性别歧视。

人类学家同样致力研究女性在穆斯林公共空间转型中的角色，这些都详细记录于对穆斯林妇女参加伊斯兰运动或反对伊斯兰进程的民族志研究中。这一点也非常适用于认识和研究伊斯兰女性主义的独特形式，而该形式对遍及中东、南亚的伊斯兰运动有重大影响，特别是关于人权，以及女性享有平等参与政治进程和进入公共空间的权利。穆斯林女性在公共空间中的新角色及其卓越影响，尤为明显地体现在她们佩戴头巾方面。虽然殖民时代的研究旨趣是女性隔离的变革性影响，但是人类学研究在妇女面纱及其社会和政治含义方面历经了戏剧性的转变，特别是在与世俗主义和现代性观念的结合方面。

全球范围的世界变革不仅意味着劳动力向西方国家迁移，还导致人类学研究转向注重欧洲和北美的穆斯林。穆斯林在欧洲和北美的新近情况打开了人类学研究的新领域，并使其专注于伊斯兰实践在多元社会中的各种形式和跨国网络的形成。致力这些领域的人类学家通常在解释世俗主义和公民身份观念时，也借助社会学和政治科学中的方法和概念。西方世界穆斯林社会的人类学研究进一步拓展了世界其他地方民族志研究讨论的问题，包括对现代性不仅局限于西方世界，而且与伊斯兰相冲突这一假设的争论；同时，现代性概念本身在穆斯林中也备受争议。应该明确的是，该领域的变革之所以引人瞩目，是因为不可逆转的全球化进程给穆斯林带来的持续影响。

如前所示，人类学所质疑的不仅是对地方文化的理解，而且包括对知识不同形式的批评，即通常被称为后现代的尝试。回到起初所提出的问题：人类学家和其他学者如何了解伊斯兰这一特殊研究对象，或者他们能够了解的局限是什么。人类学伊斯兰关注穆斯林的生活和工作，包括那些自认为是穆斯林的群体聚居点和多元的宗教实践。然而，人类学家开始意识到这一事实：即使是关于研究对象的基础性问题，例如穆斯林是谁或穆斯林怎么做，在人类学家进入田野之前已被穆斯林自己回答了。

这种在田野调查工作中的反思性认识对人类学家来说并非限制，而是让人类学家对人类学遇到的地方性问题给予更准确、更实证性的解释。鉴于这种民族志写作的转变，人类学家能够通过参与观察和定性访谈，以及观察人们协商和争论这些问题的方式，来回应质疑。在回应如"穆斯林是谁"等问题上，人类学家能够观察和记录当地人所关心的问题，包括有关穆斯林身份认同的问题，这些问题通常在各种言语（和非言语）交流中得以回答，并且嵌入宗教教育、宪法和法律语境，或与经济商品有关的实践中。

正如人类学家普遍认为的，受访人对此类问题的回答通常有情境化和关联性，并允许修订和诠释，比如不同环境和社区中的穆斯林对"什么让一个人成为穆斯林"这一问题的认同程度不同。如果没有给这些定义的语境或实践提供确切的语境或独特的视角，人类学家不会尝试从局外人的视角为穆斯林和本土伊斯兰提供一个明确或者抽象的解释。相反，人类学家尝试从穆斯林的本土文化、社会关系和政治经济方面解释这些问题；同时，这些要素也产生了各种实践和语境。有关这些问题的洞见及答案，只能通过与穆斯林同吃同住，以及人类学家进入田野调查时应持的立场而获得。

由于田野调查涉及不同地点和场景，人类学家所采取的视角是假定文化差异概念的存在。这一方法使研究者能够洞察以前未曾知晓的生活情境和存在模式，这些对理解日常和宗教生活的微妙性和模糊性至关重要。由于本土环境的特殊性，研究伊斯兰的人类学家了解身为穆斯林意味着什么，以及如何在特定时空中作为穆斯林参与宗教实践。通过描述和分析日常生活约束下的穆斯林语境和实践，人类学伊斯兰关注穆斯林如何生活，并为理解伊斯兰实践的复杂性做出了有价值的贡献。

然而，这并非意味着人类学家必须像信徒一样观察伊斯兰以达到理解它的目的，而是观察穆斯林群体，融入他们的实践和语境，以至于能够掌握局内人的视角。另外，这也并不阻碍人类学家询问穆斯林所经历的生活，强调和质疑某些具体实践的方式，或者穆斯林对伊斯兰的理解方式——这些方式影响着他们在更广泛的社会和文化领域中的实践。

应用人类学方法对穆斯林进行整体性和全面性的研究，要求人类学家以其学科的经典方法研究主题间的关联性，如经济活动、社会组织和政治参与、教育、艺术、诗歌和友谊等。民族志研究不仅关注穆斯林群体本身，而且关注他们如何组织自己的生活，如何在当代世界的动态发展和复杂性中理解和实践伊斯兰。

应用人类学视角研究穆斯林的实践应当包括创立印刷文化的，以及新媒体的引入，如电视、广播、录音机和互联网。媒体的引入对穆斯林群体的知识和权力关系变革有诸多影响，并不断促进对宗教责任和义务的认识与实践的变革，这些变革可见于斋月期间的商业化和斋月形成的不同消费模式，某种有关伊斯兰时尚产业的建立以及继而出现的不同消费文化。

虽然这些民族志研究具有学术、历史和地域上的独特性，但对人类学伊斯兰研究而言仅是学科起点之一，用来理解穆斯林如何概念化和协商多样且不断变化的宗教实践。

二　阅读人类学著作以增进对伊斯兰教的理解

通过对穆斯林实践的研究，能够对伊斯兰有怎样的认识？如上所示，人类学家能够推动理解穆斯林的路径是进行田野调查，并在学术刊物上发表研究结果。当然，一种方式是阅读相关民族志研究，如《人类学伊斯兰读者》一书所刊登的文章；另一种方式不仅包括人类学家在田野工作中对参与观察和访谈的描述，也包括那些研究和分析这些民族志作品的学者的诠释。然而，在人类学知识的形成过程中，除了参与观察与实地访谈，还遵循其他原则，因此与人类学家在实地工作中所获得的一手经验相去甚远。

有两个潜在的陷阱会在阅读民族志作品时出现。其一，由于阅读作为一种符号表征系统直接进入语言领域，它主要通过作者使用的语言和文本策略进行信息解码。因此，读者在理解以文字形式呈现的民族志研究结果中起决定性作用。读者在阅读过程中通过文化分类系统的过滤，形成了对人类学文本的理解，该理解带来了不同于研究者所做出（或企图做出）的新的诠释。其二，读者需要注意作者在知识生产时的角色，批判地接受作者的默认假设或含糊其辞的结论。阅读人类学作品时不要对任何一个假设和结论想当然，或认为研究发现自然就是准确的，人类学文本的读者应该认识到研究者概念化其所呈现的研究结果的方式，理解他们如何在以话语和写作编码的研究和阅读过程中获取知识。因为语言领域早已存在各种初始数据和经验事实没有出现在语言领域中，读者在阅读人类学作品时应该了解知识形成的过程和结果，这些初始数据经过分类体系的过滤，被赋予了不同的诠释。

阅读和评论民族志作品的第一步，就是对情境和概念性框架有更好的理解，而这些环境和概念性框架通过描述与对比的方法呈现人类学知识的构成。德国哲学家汉斯·格奥尔格·伽达默尔在《真理与方法》一书中说明了这些理解与诠释过程的相关性。正如社会学或文学批评等其他领域的学者所发现的，研究者通常研究他们感兴趣的问题，而且这一兴趣引导他们获得未来探究中的结果。另外，在他们的研究和阅读实践中，研究者带着过去的经验、现在的偏好、未来的期待进入研究地点，它或许是一处研究田野，或许是一部受关注的作品。

作为人类学作品的读者（和作者），人类学家必须分析、比较和评论民族志中所阐述的结论，并在做出更深入的结论前质疑其中的假设和方法。即使那些人类学方法声称提供完整论据并在文本中全面描述社会现实，它们仍遵守学术研究的原则，并根据其学科标准，运用写作技巧合理使用田野调查数据。鉴于此，学术框架的条件建立了构成民族志数据解释的平台，在形成人类学知识和权威方面起了重要作用。为了诠释文本和环境中的多重视角，伽达默尔建议研究人类文化的学者在阅读和写作时，应该致力于清晰表达那些心照不宣的假设，并以一种可接受的对话形式承认自身的偏见。

伽达默尔认为，当在此时此地的田野中遇到人，或读到记录见面交谈的一手笔记时，偏见的表露始于一些开放性问题。他也认为，在某一情境中每个人都有各自视角，通过不同观点的交流，研究者和被研究对象（通过对话与交流）、读者和作者（通过阅读和写作）能够实现所谓的"视域融合"。伽达默尔的这种观念性比喻是指，当读者以作者的视角阅读他或她的作品，掌握和理解作者意图时，就能带着各自的情感，被应用于田野调查和民族志的写作。只有通过与不同视角的人群接触，人类学家才能扩展和超越自身最初观点的局限性。然而，当学生在阅读和撰写人类学文本时，这种情况也会发生，因为理解的过程主要是开放式的和非传统性的。伽达默尔认为，只要愿意质疑自己暂时的假设，修证其尝试性的结论，持不同背景和信仰的人就能够达成相互理解。

例如，如果欧洲或北美的人们相信伊斯兰教压迫妇女，或妇女在伊斯兰教中没有享受与男性同等的政治和法律权利；并且，如果他们进一步相信妇女是被强迫佩戴头巾的———一种压抑的标志，他们通常会接受那些西方主流大众媒体所表达和持有的固有观念和偏见，这会影响对研究群体戴头巾实践之行为的理解和分析。另外，如果非穆斯林意识到了他们所存有的心照不宣的偏见，并通过（例如）阅读有关这类问题的调查或学术性著作，以及与戴头巾的妇女交谈来评定他们的先入之见，他们可能会意识到这一符号表征对他们遇到的穆斯林女性之意义。这样的互动或许能引致肯定、拒绝，或修正原初的假设和历来持有的偏见。

虽然大多数人不知道他们是如何，或者什么时候产生出一些惯常的或持久的偏见，但是当他们开始质疑其观点时，便开始理解不同视角，并以伽达默尔的理解创造出"视域融合"的可能性。认识和尊重不同视角促进了相互理解，而这一相互理解的新水平超越了事实知识，并对田野调查的思考和反思提出要求，而不仅仅局限于搜集和记忆田野资料。

三　阅读民族志有助于改进人类学田野调查方法

阅读民族志与田野调查相结合的主要结果之一便是人类学家和人类学专业的学生都逐渐意识到，人们的行为不总是与观念或象征体系相符，即使这些是他们文化的一部分。即便一部民族志作品侧重宗教仪式的实践，社会和宗教生活的动力却远远超出这些仪式观念，并比任何人期待或预料的都复杂。人类学家在阅读和书写民族志作品时，无法说清楚诸如礼拜是什么和意味着什么。那么，如果人类学家参与仅有一个人、一个地方，或一个群体的仪式实践，或者仅仅使用某一种理论方法，他们能否说自己对礼拜有了足够的理解呢？虽然人类学家在田野调查之前或其间能够基于自身阅读的、习得的、观察的，或听说的描述礼拜，但当他们想要解释礼拜在某一地方社群中的社会和文化环境，却只能从某种程度上概念化这一实践。因此，有可能认为，伊斯兰祈祷不可能像伊斯兰教那样是一个普遍的概念。

当在田野调查中观察穆斯林的礼拜仪式时，人类学家只能在特定的时刻和场景目睹诵念和礼拜仪式的动作。虽然他们不能讲清楚礼拜的意义和本质是什么，但是至少能够在田野笔记及民族志等书面报告中描述自身所观察到的。问题在于，某位穆斯林在人类学家尝试描述礼拜之前已经向他解释了礼拜是什么，那么人类学家如何能够对礼拜做出更恰当的解释呢？

人类学家把这些理论和实践知识的形式称为知道"是什么"和知道"怎么样"。虽然人类学伊斯兰是一个学科，并从事关于伊斯兰是什么的理论问题研究，但是它超越了技术知识以获得如何理解伊斯兰的现实意义。

在"知道是什么"（knowing what）和"知道怎么样"（knowing how）方面，有必要反思人类学家在其研究中的观察和参与，或民族志和民族学方面所持的诠释视角和立场。事实上，如果对这些方法和理论问题不做认真解释，任何一项人类学研究都不可能进行。人类学研究的两种不同路径——一条专注于民族志，而另一条专注于民族学——提供了如何从事这种研究的范例。

无论如何，有必要反思研究者和读者所持有的立场，以及他们的视角对理解其他视角的局限性。一些人类学家以自己的方式认为，通过明确区分诠释中的主体和客体，并使两者在整体结构关系中处于平等地位，就能够避免特权化人类学家在田野调查中的立场。相反，也有人断言人类学研究呈现出一个基本的认识论问题：以人为研究对象的人类学家不能不持有某种立场，或与他们所研究的人群建立关系，因为（他们认为）如果没有兴趣和关系，知识是不可能获得的。

这并不是说一种人类学视角本身会产生一种关于穆斯林的统一知识体，或通过分类和比较不同的话语实践和语境而产生出一种同质的方式以概念化伊斯兰。相反，人类学本质上旨在通过各种描述和比较方法呈现一种多元视角。人类学伊斯兰更倾向于使用"伊斯兰"这一术语，由此，它更是一种基于"家族相似性"而用于比较的探索性工具，以建立一个研究的概念领域和框架，让调查者突出有关穆斯林实践和话语的知识多样性。人类学伊斯兰承载了包容性和文化相对主义原则，这一框架使人类学家通过维持田野中的多元和动态而不至于沦为某种永恒结构，对变化的穆斯林个体能动者的不同视角和观点予以详尽的审视。

正如米歇尔·福柯所指，即使研究者在比较伊斯兰的不同形式和实践时选取公正的立场，或声称倾向中间立场和客观性，他们仍然会同研究对象建立关系，并借此表达他们对真理和客观性的渴望。就此，有必要理解人类学伊斯兰研究中知识和权力的关系，以及研究者与研究对象之间的关系；民族志田野调查在描述环境和相关处境时，会考虑两者的关系。

同时，随着研究结果在写作过程中向学术群体公开田野中的发现，民族志写作也增加了继田野工作之后的另一层关系，并进入写作和阅读的话语（其他学者会成为读者）。为了用一般术语解决这一问题，人类学家和其他社会理论家力图通过使用如"拟态""能动性""习惯"等概念发现理论和实践之间、观念和现实之间的依据。然而，这并不意味着没有这些观念，尝试性的陈述表现、比较或概念化就不具备理论性或实践性。

  毕竟，人类学不仅限于民族志叙述，也要求比较数据，概念化一些问题，并将所描述的内容理论化。然而，民族学田野调查所要求的有限且高度明确的研究焦点，能够为研究穆斯林的人类学家提供特有的可能性，来比较关于地方特殊性的多种视角。最后，人类学家在搜集资料时，只是在特殊场合而非宽泛的普遍环境中邂逅研究对象。这些其实是通过在田野中阅读和再阅读民族志作品以概念分析和理论开启的方式来实现，但通常又以远离阅读民族志而结束。

参考文献

Kreinath，Jens（ed.）

2012. *The Anthropology of Islam Reader*，London and New York：Rout Ledge.

Gadamer，Hans-Georg

1975. *Truth and Method*，trans. Joel Weinsheimer and Donald G. Marshall，London：Sheed and Ward.

Said，Edward W.

1981. *Covering Islam: How the Media and the Experts Determine How We See the Rest of the World*，New York：Pantheon Books.

Foucault，Michel

1972. *The Archaeology of Knowledge*，trans. A. M. Sheridan Smithy，London：Tavistock Publications.

超越意识形态和教义学：
追寻人类学伊斯兰*

〔美〕阿卜杜·哈米德·宰尼（Abdul Hamid el-Zein）著

马晓翠　马　强　译

摘　要　人类学将伊斯兰教视为一套特定社会语境中的文化体系，教义学则认为伊斯兰教是一种统一的宗教传统，二者都在找寻真正的伊斯兰教。人类学的伊斯兰观察和认识伊斯兰的视角，是通过分析嵌入自然和文化中的宗教实践和人类经验，揭示出伊斯兰文化逻辑的多样性。

关键词　人类学　伊斯兰　教义学

在我们的思想史进程中，伊斯兰教被理解为一种统一的宗教传统，且同其他制度化的宗教一样，被认为是其自身理解的指南。[①] 伊斯兰的概念因此定义了主题的本质及其解释或说明的相应模式，但源自这一框架的发现已经同这些前提相矛盾。

为揭示这一问题的重要性和复杂性，本文首先考察关于伊斯兰的两个明显相反的立场，即"人类学的"和"教义学的"的立场。这些观点来自有关人、神，以及世界本质的不同假设，使用不同的分析语言，并产生了对宗教生活的不同描述。这里选取五部代表人类学内部不同视角的研究

---

* 本文得到"陕西高校人文社会科学青年英才支持计划"项目资助。本文译自 Abdul Hamid el-Zein，"Beyond Ideology and Theology：The Search for the Anthropology of Islam，" *Annual Review of Anthropology*，Vol. 6，1977，pp. 227-254。

原文注释为类注和尾注，为方便阅读，译文将之改为脚注。——编者注

① Reuben Levy，*The Social Structure of Islam*，Cambridge University Press，2nd ed.，1957.

作品，尽管一般的评述就足以说明更加规范的教义学范式。当然，这里所讨论的作品并没有穷尽相关伊斯兰研究，但它们体现了某些主要的方法，足以讨论理论观点和民族志描述之间的互动。在所有的方法中，宗教作为人类经验普遍形式的意义，以及伊斯兰作为特殊实例的意义是预设、永恒，且无可争议的。因此，上述作品都声称揭示普遍本质，即真正的伊斯兰。那么可能有人会问，唯一的、真正的伊斯兰是否存在。

格尔茨作品的研究范围及其复杂性提供了一种开展调查的恰当视角。虽然坚持宗教体验的单一形式和伊斯兰传统中的整体意义统一性之假设，但他也同时强调日常生活中宗教经验的实际内容具有多样性。这些认识错综复杂地体现在他最近的伊斯兰研究中，① 对多样性得以最终整合的理论观点从未被系统地予以陈述或阐释。这些关键假设只有通过其他作品中所持观点之间的隐含关系的重现才能清楚地体现出来。

对格尔茨而言，人类现象同时是有机的、心理的、社会的、文化的。某些普遍性问题和做人的品质源于人类生物条件的现实和必要的社会心理过程。然而，一旦被人类的直接意识所控，这些有关存在的问题和条件便显得可塑且难以捉摸。人类独有的能力是通过文化层面为这些问题和过程赋予意义，并加以组织和控制。② 人类现实的这四个方面相互决定，因此最终必须整合在一个单一的分析框架内。由于文化的特殊性在于它是解释所有经验的工具，所以"文化"成为格尔茨理解人类存在的核心概念。文化为人类直接的、实际的理解自然和存在的真实同时提供秩序和意义，也就是说，文化并不是指一套制度、传统，或习俗，而是涉及生活的概念化，即解读直接经验的演绎过程。③

---

① Clifford Geertz, *Islam Observed: Religious Development in Morocco and Indonesia*, New Haven: Yale University Press, 1968.

② Clifford Geertz, "Ideology as a Cultural System," in D. E. Apter, ed., *Ideology and Discontent*, New York: Free Press, 1964, pp. 52-63; Clifford Geertz, "The Impact of the Concept of Culture on the Concept of Man," in J. Platt, ed., *New Views of the Nature of Man*, University Chicago Press, 1965, p. 51; Clifford Geertz, "Person, Time and Conduct in Bali: An Essay in Cultural Analysis," *Southeast Asian Study*, Yale University Cult. Rep. Ser. No. 14, 1966, p. 5; Clifford Geertz, *Islam Observed: Religious Development in Morocco and Indonesia*, pp. 16, 100; Clifford Geertz, *The Interpretation of Cultures: Selected Essays*, New York: Basic Books, 1973, p. 5.

③ Clifford Geertz, *Islam Observed: Religious Development in Morocco and Indonesia*, pp. 93-94.

赋予世界意义的文化过程植根于人类的象征性思维能力。当下定义的时候，所有人都会对客体加上他们的经验（事件、图像、声音、手势、感觉）想法和意义，使之隶属于象征或意义的物质媒介。[①] 反之，意义使这些客体变成可理解的形式。这种表达能力导致文化体系的创造被理解为象征模式，必须具备一定程度的一致性，以建立人类自身存在的结构。[②]

对格尔茨而言，它们负载的象征和意义被文化定义和社会共享。个体出生在原本有意义的世界里。他继承前辈对于文化的解释，与同辈共享，并传给下一代。因此，象征性思维是社会的、主体间的、公众的，不会躲到神秘且无法获得的私人主观意义领域。

所以，当人类创造自身象征时，这些象征界定自身的现实本质。对格尔茨而言，文化分析包括这些社会的、主体间的，以及文化上相关的世界研究。也就是说，文化是一种实证科学，它把象征看作思想的经验表达，将其置于现象学术语中的本意是开发"一种描述和分析有意义的经验结构的方法……总之，是一种文化的科学现象学"。[③] 这种方法的重点是"意义"。由于不可能发现事件、行为、制度或对象的直接的本体论状态，所以问题的关键在于当意识到时就该抓住其意义。

不同形式文化体系的形成与思想组织的一定水平相对应。格尔茨在其研究中非正式地指出各种可能的文化体系：宗教、艺术、常识、哲学、历史、科学、美学、意识形态。[④] 在他有关伊斯兰的研究中，常识、宗教和科学成为其分析过程中最重要的象征形式。

常识通过人类为其直接体验赋予意义而构成一个基本维度。[⑤] 常识不是单纯的就事论事的现实理解，而是判断、评估或口头智慧等，构成一

① Clifford Geertz, "Person, Time and Conduct in Bali: An Essay in Cultural Analysis," *Southeast Asian Study*, p. 5.
② Clifford Geertz, *The Interpretation of Cultures: Selected Essays*, New York: Basic Books, 1973, p. 17.
③ Clifford Geertz, "Person, Time and Conduct in Bali: An Essay in Cultural Analysis," *Southeast Asian Study*, p. 7.
④ Clifford Geertz, "Ideology as a Cultural System," in *Ideology and Discontent*, D. E. Apter, ed., p. 62; Clifford Geertz, Islam Observed, *Religious Development in Morocco and Indonesia*, p. 94.
⑤ Clifford Geertz, "Common-sense as a Cultural System," *Antioch Review*, Vol. 33, 1975, pp. 5-26.

个实际的现实。这组共享的观念不是深思熟虑或反思的结果，而是与现实经验接触的结果。常识观念涉及生存的基本方面，它们总是被视为理所当然。

然而，常识观念、实际现实和人类创造力之间的关系从来都不稳定。人类与世界接触的性质随着认识的提高因时而变、因地而异。因此，常识观念也随之不同并发生变化，或当常识根本无法解释经验时，其权威不断下降，而宗教作为一种更高、更普遍的解释秩序出现。① 在格尔茨看来，宗教为世界提供了更宽泛的解释，并修正了常识。也就是说，宗教和常识进入持续的辩证过程，且必须作为人类现实体验中互相关联的特征予以研究。

格尔茨指出宗教是人类经验"世界观"和"精神气质"两个维度的综合体。任何文化中，集体观、想象和世界观概念建立自然、自身和社会的基本现实。它们定义了存在的绝对真实。② 精神气质构成存在可评价的方面，表达所希望的特征、语调、风格、社会和文化生活的质量，它关注正确完成事情的方式。③ 精神气质与世界观，或价值与存在的一般秩序，相互不断重新确定。它们之间的关系在神圣的象征形式中是有力且具体的表达，不仅客体化，而且凝结意义世界的多重映射，使其聚焦于有形的、可感知的形式。由于其强化事实和价值整合的力量巨大，任何文化都需要数量有限的综合象征。④

宗教象征体系不断应对历史变化无法避免之力。格尔茨将历史看作持续的形成过程和意义的沉淀。不是法律和历史过程的存在，而是意义的创造，因为意义是主体间的，并构成了社会转型的过程。历史需要被反向研究以获得任何普遍性解释，因为没有可预测的、必要的意义序列。然而，尽管格尔茨也不接受宏大的历史必然性，但他还是受到传统观念的约束。

---

① Clifford Geertz, *Islam Observed: Religious Development in Morocco and Indonesia*, pp. 94-95.
② Clifford Geertz, "Ethos, World View and the Analysis of Sacred Symbols," *Antioch Review*, Vol. 17, 1957, p. 421; Clifford Geertz, *Islam Observed: Religious Development in Morocco and Indonesia*, p. 97.
③ Clifford Geertz, *Islam Observed: Religious Development in Morocco and Indonesia*, pp. 97-98.
④ Clifford Geertz, "Ethos, World View and the Analysis of Sacred Symbols," *Antioch Review*, Vol. 17, 1957, pp. 421-422.

对于大多数的文明，结构的可能性变化被设置在形成期。① 因此，传统的信仰，如伊斯兰，随着文化共享意义的延续而出现。

然而，格尔茨作品中有关历史的概念包含内部的张力。一方面，历史的变化是人类不断创造意义的必要领域，通过创造意义，人类意识到自己是人和文化的生物；另一方面，人也不断否定变迁，其象征性创造反映了在客体化形式中予以固化和稳定意义的意图。宗教反映了这一斗争。在极端变化，如外敌入侵或征服，宗教象征和信仰在先前一致的社会条件下面对动荡和矛盾可能会被削弱。然而，同样可能的是凭借对信仰的恪守（the commiment of faith），这些象征可能会通过否认其他形式的体验，如道德、审美、科学，甚至是现实的考虑而持续存在。也就是说，诚信是变迁的真正对手。信仰（belief）可以暂时地、局部地稳定现实，而诚信（faith）却试图完全固定现实。

这是通过另一种经验模式，即科学，让其他文化体系得以被理解。因为科学本身是一种文化体系，也成为一种解释过程。然而，它构成了一种优越的理解模式，在此意义上，它掌握人类存在整个过程的真实性，而不同于常识和宗教仍局限于经验的特定形式。作为一名科学家，人类学家不能只是观察和报告，还必须解释本地人对现实的解释，或给予"深"描。② 当科学的想象终止其本身的文化观念，以便理解人类经验的本质时，就达到了深描。格尔茨认为科学的解释是探索表达复杂性的问题。解释是通过揭示象征形式的秩序来重组和澄清意义的复杂性。③

宗教经验的科学理解也许是最难的。主观精神性经验每时每刻都完全参与，因此永远没有主体间的直接沟通。相反，直接宗教体验往往被转化为常识。但是，作为主导解释模式的科学，识别和解释"二次修订"的过程，并且能够间接理解宗教象征。此外，正是这种重新描述的常识，为科学观念展示了宗教同社会行为之间的关联。

在《观察伊斯兰》一书中，④ 格尔茨将这种科学的文化现象学应用

① Clifford Geertz, *Islam Observed: Religious Development in Morocco and Indonesia*, p. 11.

② Clifford Geertz, *The Interpretation of Cultures: Selected Essays*, pp. 3-30.

③ Clifford Geertz, "The Impact of the Concept of Culture on the Concept of Man," in J. Platt, ed., *New Views of the Nature of Man*, University Chicago Press, 1965, p. 47; Clifford Geertz, *The Interpretation of Cultures: Selected Essays*, p. 16.

④ Clifford Geertz, *Islam Observed: Religious Development in Morocco and Indonesia*, 1968.

于分析摩洛哥和印度尼西亚伊斯兰文化表达的多样性。格尔茨探讨神圣象征同世界观、精神气质、信仰、常识和构成整个宗教经验的社会情境之间的相互关系。宗教体系和社会秩序的具体内容因时代和文化的不同而不同。在这项研究中，宗教经验意义中详细而复杂的变化既是由历史压力引起的，又是文化或社会传统已有的差异。然而，比较印度尼西亚和摩洛哥伊斯兰产生的意义的复杂多样性，通常试图以更高的分析水平揭示相似性，这种相似性包含文化表达形成和变迁的过程，或一种核心传统风格的变迁过程。

变迁的第一个因素是历史事件的偶然顺序。早在7世纪，伊斯兰教由一位支持新建立的、概念模糊的宗教社团的阿拉伯士兵传入摩洛哥。而印度尼西亚人接受的是14世纪抵达当地的商人带来的较为发达有序的伊斯兰教。伊斯兰教首次扎根于异国的初始阶段，各个社会的特殊环境限定了伊斯兰意义可能的发展和变化。[1] 这些限制创造了各种不同的边界，它们是明确的意义"传统"发展的基础。也许在格尔茨的分析中，最重要的制约因素是宗教符号和宗教观念必须自然融入社会秩序的本质，才能显得真实。[2]

摩洛哥的情况是，相关社会环境由一种不稳定的居住模式和持续的斗争构成。宗教象征定义并解释了这种社会现实。与支离破碎的社会结构相吻合，摩洛哥伊斯兰不会以宗教派别或层次结构去决定某人能否成为领袖和圣徒。相反，不论其社会或宗教地位，任何人都可能拥有个人的克里斯玛（charisma），这成为权威和权力的唯一标准。圣徒作为权威象征，如同战士一般积极强化自己的学说，通过制造奇迹不断致力于增强个人精神魅力，并要求尽可能多的盲从者。

印度尼西亚的环境完全不同。人们平静地生活在城镇或边远的农村，他们的社会关系建立在一种秩序和合作意识之上。那里的伊斯兰卷入了严格的、科层化的秩序，以确定何人能够获得最高地位。圣徒变成了自足的秩序、内省和自我改造的象征，其力量不在于权威的强制力，而在于通过多年静修获得的自我洞见。

格尔茨认为这些圣徒是隐喻的象征或文化建构，其中社会具体化了定

---

① Clifford Geertz, *Islam Observed: Religious Development in Morocco and Indonesia*, p. 11.

② Clifford Geertz, *Islam Observed: Religious Development in Morocco and Indonesia*, p. 20.

义其重要行为的价值、规范、理想和观念。每个圣徒都包含和凝结成千上万种意义，然而又能够在不和谐因素之间创造一种象征性的统一。① 通过选择和比较这些关键的综合性象征，以及这些表达特殊历史和社会维度的调查，格尔茨建立了本地伊斯兰存在意义的多样性模式。他准确地定位了一种伊斯兰文化体验同另一种之间的区别。尽管摩洛哥和印度尼西亚的圣徒们可能在凝结隐喻的象征方面扮演了类似的角色，但其意义并不相同。

　　尽管格尔茨强调这些宗教经验的特殊性和历史性，他一直将之统称为"伊斯兰的"，并提到"伊斯兰意识"和"伊斯兰改革"。他归咎为宗教现象的统一性成为他对人类存在预设观念的结果。对格尔茨而言，人类现实在其最根本层面是统一的，涉及生命的普遍情况。生活世界对所有人是一个经验性的世界，通过主体间或社会共享的象征性表达构成。格尔茨不仅建立了共享经验的现实，也建立了其表达的形式。他的伊斯兰研究强调常识、宗教和科学的重要性。虽然依据特定文化表达的内容各有不同，但其形式本身及其相互关系仍是固定且普遍的。这些形式的动态及其内容的表达产生于被称为历史的存在维度，而且意义在时空中的连续性导致了意义的历史传统的形成。

　　因此，伊斯兰的所有表达通过这些普遍条件的两个维度寻求意义的统一性。首先，宗教作为特殊体验的表达，具有整合世界观和民族精神的某种明确特征；其次是意义的历史延续传统，其中原初表达及其时空中所有相伴的东西，并非以完全明显的真实存在，而是微妙地同原初象征基础的发展相关，通过共享意义的社会过程相联系。伊斯兰被看作符合维特根斯坦的家族相似性理论。惊人的相似之处似乎延续了好几代，但仔细看来却毫无共同之处。相反，特点重叠交错、错综复杂。单一传统中的发展趋势更无秩序。连续性出现在拐弯抹角的连接和粗略对比中。② 这种建立在其哲学预设层面的伊斯兰的一体性、统一性，也让格尔茨想当然地认为在实际经验层面也有一种"伊斯兰的"意识。每一个体的经验包含了普遍特

---

① Clifford Geertz, "Ideology as a Cultural System," in *Ideology and Discontent*, D. E. Apter ed., pp. 58-59.

② Clifford Geertz, "Mysteries of Islam," *The New York Review of Books*, Vol. 22, No. 20, 1975, pp. 18-26.

征，赋予经验以宗教的形式和能够唤起整个伊斯兰传统的特殊的共享意义。

伊斯兰的多种表达可以统一在人类现实普遍意义层面的认识，可以将格尔茨与其他反人类学的分析相关联。克拉潘扎诺[①]在对摩洛哥伊斯兰教哈马德沙教派（Hamadsha）的讨论中谈到文化不是经验的主体间的解释，而是弗洛伊德无意识的一种表达。从心理学的角度看，一切有意习得和接受的意义构成文化且变得武断和虚幻。其唯一现实在于，他们抑制和控制社会的普遍本能和心理冲突。因此，在这种情况下，作为一种文化和宗教表达，伊斯兰成了这些潜在矛盾的历史再现。在意识意义层面，伊斯兰的多元呈现并不被视为不同的文化现实，而是作为历史相关的意识形态或建立在单一现实上的想象。这大体上统一了所有伊斯兰和其他宗教的绝对真理，存在于无意识和人类心理的普遍状态中。

克拉潘扎诺的分析集中在摩洛哥独特的伊斯兰教哈马德沙教派。他试图揭示伊斯兰的表达是如何被构建的，通过这一方式解决出现在社会结构、价值和角色期望中的相互关系的某些普遍心理冲突。哈马德沙教派的追随者主要是阿拉伯人，在其传统家庭结构中，男性要求完全的权威，而女性处于被动和顺从地位。然而，阿拉伯人的父亲要求儿子也具有这种女性化的顺从，而儿子在通过遵守这些要求以满足其父亲的同时，又渴望理想的男性主导行为，所以其张力十分明显。儿子既要具有女性的教养，又要表现出男性气概。若其意识到自身的男性理想，那么他就会通过反抗其父亲而消除女性化顺从。克拉潘扎诺认为，这些冲突源于根植于弗洛伊德心理分析的性本能，产生了通过哈马德沙教派的宗教表达获得释放的需要。

解释传奇和仪式是为了揭开隐藏的心理意义。哈马德沙教派神话中的两位主要圣徒，西迪·阿里·本·哈姆杜什（Sidi Ali bin Hamdūsh）和西迪·艾哈迈德·杜艾（Sidi Ahmed Dghughi）创建了统治与服从、男性与女性之间的矛盾。圣徒关系仿照父子之间的纽带。西迪·阿里扮演积极、主导的角色，而西迪·艾哈迈德则通过被动顺服来确定其男子气概。仪式的真

---

① Vincent Crapanzano, *The Hamadsha: A Study in Moroccan Ethnopsychiatry*, University California Press, 1973.

正意义在于调解这些冲突。在哈德拉（Hadra）[1] 仪式中，女魔阿伊莎的功能是作为外部的超我力量，加强女性化的男性地位，同时进一步强化其男子气概。这样一来，她帮助男性参与者走出女性角色的心理创伤，从而认识到自己的理想。

上述解释完全依赖于两个前提，即理论和民族志。首先，克拉潘扎诺依托弗洛伊德心理的性紧张假说。其次，他将一种简单、明确地对支配和服从的反抗，归为阿拉伯男性与女性之间的关系，从而证实了他的理论立场。同弗洛伊德一样，克拉潘扎诺通过寻求一种单一的预定意义，对其材料强加限制。因为所有自觉表达的文化意义被谴责为纯粹的幻想，它们必须被降为同样隐藏的现实。他的弗洛伊德式假设将普遍意义限制为有限的、完全固定的象征词——本能，而本能决定所有人的经验。

出于这个原因，克拉潘扎诺的分析从来没有寻求哈马德沙教派神话多种版本的解释。他只需要检查一种，因为所有版本最终都会揭示相同的人类真相。然而，这些不同凸显出一个重要的问题。一个传说：西迪阿里死前，西迪·艾哈迈德带回女魔；而另一个传说：西迪阿里死后，西迪·艾哈迈德归来。事件顺序中这种细微的差别可能意味着对圣徒关系或者女魔的力量需要解释，这不符合克拉潘扎诺对现实的解释。

然而，克拉潘扎诺采用弗洛伊德范式视角，认为这些文化意义的变化没有增加对人类经验理解的新知识。多样的文化表达没有区分不同的人类现实，且只提供一种假想模式，男性从中逃离单一普遍的现实，即无法解决的状况，欲望既不能抑制也不能满足的创伤性陈旧经验。因此，所有表面上独特而多样的制度、思想和事件，只是重复人们之前的经常行为，经过时间或历史的变化回到无限的再造过程中，没有意外，也没有惊喜。

以这种方式解读弗洛伊德，赋予研究者通过幻想看到隐藏现实的特权。正如利科所言，"这可以理解为纯粹的减损"。[2] 然而，弗洛伊德能以不同的方式被理解——如利科对他的解读。解释不必返回到单一的含义

---

① Hadra（حضرة），本义为出席、到场，是苏菲派集体性的孜克尔（记主）仪式，通常在周四晚宵礼后、主麻礼拜后或周日晚举行，也可在伊斯兰教的重要节日或纪念、聚会等场合举行。地点可以是家庭、清真寺、苏菲道堂等。内容主要包括记主、赞圣、求恕、求吉等。不同的苏菲派哈德拉仪式中的孜克尔内容和仪式过程不同。——译者注

② Paul Ricoeur, *The Conflict of Interpretations: Essays in Hermeneutics*, Evanston: Northwestern University Press, 1974, p. 192.

中。如果大家都认为一种象征有一种意义，那么所有在意识层面下的不同意义是失真的，隐藏了真正的意义而成为"秘密"，不能被那些实际生活在这些意义中的人控制，只有通过研究人员的洞察力才能掌握。但如果象征是开放的，其真正意义不再是秘密，而是一个通过不断解释被复原的谜（enigma）。如果没有这些文化解释，心理固定的内容便是沉默，象征性的关系也就不存在。① 正如格尔茨认为意义不是被一次解释，而是被持续地解释，以揭示人类生活的意义。

显然，除了原始体验中意义所在的位置，克拉潘扎诺的范式还包括关于人类、意识和历史的明确假设中。人类被囚禁在一个他并未创造的世界中，所有逃离其中的努力业已注定。按照这个观点，历史和变化仅仅是幻想。意识意义或文化，包括伊斯兰的宗教表达，是一种遮掩和避免原始经验基本现实的机制。②

这种有关生活、历史和意识的悲观论调，与格尔茨提出的人类现实形成对比。对格尔茨而言，人类与世界的辩证关系，通过反思和意图，把被赋予的、毫无意义的认识变为充满意义的鲜活的人类世界。反思模式及其强度变化是从对社会中特定世界的被动反思，到积极和批判性的反思，认为世界并非想当然的存在，而是被质疑、重新解释，有时甚至被连根拔起。但这种批判和怀疑情绪并没有消除意义和意识，相反，它扩大了两者的区别。人的能力和创造力没有限制，进步本身就是人类在自身的历史进程中所创造的有意义的概念之一。

但是，它是人类必不可少的，以便持续创造意义、反思理所当然的现实，并修正、改造，甚至否认它。为达此目的，人们不能把现实看作固定的和完成的，而应看作对小说和新的表达都开放的东西。阻碍这种开放性的社会制度将在僵化人类、历史和意识中结束。格尔茨在描述他所研究的伊斯兰社会中的稳定性时，暗示了这种限制力：在摩洛哥和印度尼西亚宣告上帝已死将会是相当长的一段时间。在这两种社会中，意义系统在一定程度上是社会和宗教强加给了社会成员，禁止他们质疑或批评现实。

---

① Paul Ricoeur, *Freud and Philosophy: An Essay in Interpretation*, Yale University Press, 1970, pp. 91-98.

② Philip Rieff, "The Meaning of History and Religion in Freud's Thought," *The Journal of Religion*, Vol. 31, No. 2, 1951, pp. 114-131.

　　然而，由于与西方意识形态和科学更加频繁、更为政治化的显著遭遇，某些伊斯兰社会已开始批判性反思建立在理解世界之上的宗教假设。两本专著现在看来全部处理关于社会变革对宗教结构的影响，以及传统社会整体上的变化形态。布吉拉的专著研究了哈德拉毛地区胡热依达镇（Hureidah）南部阿拉伯人社会分层的政治。① 吉色南的专著调查了 20 世纪埃及神秘主义社团的形成及其与社会和政治变革的关系。② 两人都旨在分析宗教系统对曾经支持他们的社会安排的减少的反应。虽然生态、社会结构，甚至伊斯兰历史在这两种社会中有差异，两者的特点是当前社会动荡构成挑战的传统宗教象征和意义是明确、稳定，且封闭的系统。

　　南部阿拉伯半岛的情况是，传统上赛义德或先知穆罕默德的后裔是宗教精英。赛义德根据从先知时代起的谱系血统将自己定义为一个群体。通过宣称宗教知识和特殊血统观念之间必要的对应关系，他们既拥有营造宗教意识形态内容的权力，也有在人民内部强化这种意识形态的权力。

　　赛义德认为先知后裔将优秀的知识传递给他们，他们用这些优秀的知识创造了宗教象征体系的内容。他们不仅声称自己是人与真主之间的媒介，而且是真主在现实大地上的直接代治者，根据真主的旨意恢复世界秩序，界定自然和普通人之间的意义。获取这种知识的途径更是控制在封闭的宗教教育体系中。按照传统，理论上这种教育虽然对所有社团是开放的，但它仅适用于赛义德或那些他们认为有能力获得宗教知识的长老。

　　然后，赛义德强化自己的主导地位，并延续其在社会中通过特定的社会和政治手段构建的控制其他群体的宗教思想，他们根据其宗教权威而将这些权力合法化。他们仲裁持续的部族争斗，在部落中建立可以和平相处的保护区。他们也通过这种方式保护其他人——使被称为穷人和弱者的农民和工匠免遭部落成员的袭击。虽然赛义德是凭借血统的神圣象征而组成的整体，但他们分散定居在一大片区域里，以便同诸多不同部落和穷人阶

---

① Abdalla S. Bujra, *The Politics of Stratification: A Study of Political Change in a South Arabian Town*, Oxford: Clarendon, 1971.

② Michael Gilsenan, *Saint and Sufi in Modem Egypt: An Essay in the Sociology of Religion*, Oxford: Clarendon, 1973.

层建立广泛的政治关系网络。他们进一步通过坎发安（Kafa'ah）婚姻制度①的宗教保护渗透并控制其他社会群体，这种婚姻制度只允许同一社会群体内通婚，或同社会地位较低的女性结婚。然而，没有女人冒着降低子女社会地位的风险嫁入较低的社会群体。通过遵守这一制度，赛义德创建了微妙的平衡，既能在所有低出生率社会群体中建立亲属控制，又能通过承认孩子属于自己而保持更高的地位。通过此类根本上基于宗教思想的控制，赛义德积累了政治权力、社会声望和经济优势。

以这种方式构建的社会，宗教精英完全遏制社会变化。如果有可能流动的话，也只是向下而不是向上。② 布吉拉认为在这一框架内，仅有两种潜在变化的进程：第一，地位低的群体向社会制度不同和有机遇的地区迁移；第二，通过政治干预的迁移。然而，哪种都未能完全抹去预先建立的等级。虽然英国占领时期解除了武装，且平定了部落，以此剥夺了赛义德政治权力的资源，但赛义德仍操控经济关系。布吉拉认为只有当这种经济基础发生改变时，真正的改变才会发生。

在布吉拉的研究中，他把伊斯兰理解为一组由一位精英创造并被群众接受的思想，使其缔造者能够加强和控制社会、经济和政治等级制度。伊斯兰因此被降低为工具意识形态。根据自己的理解，布吉拉把宗教象征解释为实现政治和经济目标的意识手段。群众尊崇赛义德是服从的迹象，延续了赛义德的优越地位。坎发安婚姻规则被理解为只是一种允许赛义德与所有群体通婚，并禁止其他群体实践同样权利的机制。同克拉潘扎诺一样，布吉拉关闭了意义和解释体系。克拉潘扎诺使用无意识的习语，布吉拉则使用政治和主导的语言风格。布吉拉质疑宗教现象在创造意义世界中的重要性，赞同对不断变化的历史条件予以社会和经济的解释。其结果是在一个强加于他们的文化体系中，而不是在按照体系自身的术语进行分析的参考框架内，解释赛义德的地位和宗教象征的意义。

从某种程度上说，在不断变化的社会中，吉色南关于伊斯兰表达的分

---

① 坎发安（Kafa'ah,）是伊斯兰婚姻法中的一个术语，本义为平等、相等，指准丈夫和准新娘之间的协调和平等，包括宗教、社会地位、道德、虔诚、财富、家族、习俗等多种因素。——译者注

② Abdalla S. Bujra, *The Politics of Stratification: A Study of Political Change in a South Arabian Town*, p. 112.

析避免了这个难题。① 他研究埃及社会动荡期间出现的一位圣徒，以及他对真主及人类存在的洞察。韦伯认为圣徒作为一位魅力型领袖，具有独特的个人能力，在社会危机时塑造存在的意义，并使一群人相信他的远见。韦伯强调了魅力型领袖革命性的本质和"根据革命意志'从内部'解放人并塑造物质和社会条件"的信仰，而吉色南对此并未强调。② 精神魅力肇始于同理性法律规范的冲突："因此，其态度是革命的，并重新评价一切：它使主权打破传统或理性标准。'已经写好了，但我来告诉你们。'"③魅力型领袖创建的意义系统必须包裹在小说、个人和情感的洞察中，它连续捕捉信徒的想象，并说服他们不加质疑地跟随他。精神魅力的本质在于它的自发性，一旦变得常规化和失去个性时就会灭亡。因此，在其纯粹状态，精神魅力反对代表正式、客观、规则和意义固定体系的科层制度。

吉色南关于圣徒作为魅力型领袖的分析更符合韦伯对爱德华·希尔斯的相关解释，韦伯强调精神魅力的非凡品质，但将其与社会建立的秩序相联系。④ 吉色南描述的圣徒并未同现有的社会秩序形成竞争。相反，他以领导者形象出现，拥有个人视角，在危急时刻出现，并试图根据政府创建的组织要求建立一种神秘派。他想要社会重新调整，而不是革命。

在埃及，当圣徒西迪·萨拉马·拉迪（Sidi Salama ar-Radi，1867—1927）出现时，英国的占领，以及西方社会技术和经济成功的影响割裂了传统价值观、社会结构和宗教派别，特别是在面对通过世俗手段获得成功日益增长的重要性时，神秘派的意义支离破碎。欧莱玛，即宗教精英的权威有赖于对《古兰经》进行合法、正式的教义学解释，同政府一道，通过净化其观念和正规化其结构，努力重振伊斯兰的形象。因此，在1903 年的官方决议中，神秘派被组织成一种官僚体系。尽管如此，他们对于隶属的固有易变的观念、允许成员资格不断变化和派别自身分割以及政治失意招致的东西，连同世俗教育、政党和社会俱乐部的竞争，都让神

---

① Michael Gilsenan, *Saint and Sufi in Modem Egypt: An Essay in the Sociology of Religion*, Oxford: Clarendon, 1973.

② Max Weber, *Economy and Society: An Outline of Interpretive Sociology*, New York Bedminster, 1968, p. 1116.

③ Max Weber, *Economy and Society: An Outline of Interpretive Sociology*, p. 1115.

④ Joseph Bensman and Michael Givant, "Charisma and Modernity: The Use and Abuse of a Concept," *Social Research*, Vol. 42, No. 4, 1975, pp. 570-614.

秘派及其知识的整个原理出现问题。

圣徒西迪·萨拉马·拉迪想要通过创造新派重建神秘主义的优势地位，以满足中产阶层崛起的需求，并为工人阶级提供对宗教的个人表达。他拥有了传统神秘主义的领袖标准：获得已建立的宗教领袖链条的教导，并声称拥有了真主超自然力的馈赠。也就是说，格尔茨在摩洛哥发现的埃及圣徒的神奇人格魅力和建立在谱系基础上的赛义德的个人魅力之间达成妥协。他的权力由启示和导师们的神圣血统决定。然而，在现代化快速发展时期，圣徒的合法性还需要正统的教义学知识。虽然与过去神秘主义关于学习教义学的价值矛盾，但现在又将其纳入进来。因此，西迪·萨拉马·拉迪奇迹般地将当前有价值的正统教义学信条融入确信知识直接来自真主的神秘主义传统。

西迪·萨拉马·拉迪建立的哈米迪耶·沙孜林耶派（the Hamidiya Shadhiliya）基于一套他审订的法律文集，规定了一种严格的角色和功能等级。每个成员都对圣徒或其代表负责。成员们的行为受到严密监察，教派的分支机构也会被随时检查，以确保其服从法律。该派要求其成员宣誓以强化对教派不能背叛、终身信奉。圣徒的宗教创新结构直接陷入现有正式科层化的僵化中，引起神科主义的挑战。

吉色南的分析中最令人费解的也许是使用魅力（charisma）架构来阐明这位圣徒的社会学权力。如果予以调查，神秘派似乎缺乏对这一概念的要求：首先，圣徒原本是卡威基耶·沙孜林耶派（Qawigjiya-Shadhiliya）的一员，他从该派中吸引了那些构成其新派的主要追随者。[1] 其次，埃及沙孜林耶派的历史表明，教义学观念和神秘知识之间传统上是相容的。[2] 西迪·萨拉马整合教义学构成和神秘主义之努力，是一种对既定模式内容的改述，而不是一种符合韦伯对精神魅力型领袖的定义中的个人和革命的结合体。

最终，新派的科层结构直接同个人精神魅力相矛盾，圣徒通过法律和神圣誓言，废除了持续重新诠释精神魅力的过程。吉色南也承认，根据社会学标准，那时埃及的社会和政治生活无法捕捉圣徒人格魅力的变化特

---

[1]　F. A. Mustafa, *The Social Structure of the Shadhilya Order in Egypt*, MA thesis, University Alexandria, Egypt, 1974.

[2]　J. Al-Shayal, *Aatam al Askandriya*, Cairo: Dar al Maarif, 1965, pp. 162-190.

点、方向和强度。相反，他的洞见和组织只描绘了一个符合正式的结构性宗教传统观念的静态世界。

此时就出现了宗教在社会进程中的适当角色问题。不同于布吉拉将宗教和伊斯兰降低为用来控制社会经济基础的政治意识形态，吉色南探讨了宗教意义的力量，通过个人精神魅力，创造并定义社会生活的本质和历史感。这样一来，他提出了格尔茨也强调的宗教的文化意义。然而，正如布吉拉所分析的，宗教基本上仍是一套用来掩盖和证明社会现实的思想体系。对布吉拉而言，宗教控制社会世界；对吉色南而言，宗教仅仅界定和规范社会。最后，精神魅力型圣徒和宗教的作用，通常是为了满足一定的社会和政治条件。此类需求的程度决定了圣徒的成功和宗教制度的合法性。如果宗教手段未能应付不断变化的社会关系和态度，其他机构就会作为替代方案出现。因此，对布吉拉和吉色南二人而言，社会变革的进程沿着一条单一的路径进行，而伊斯兰构成了一种临时的思想障碍，最终将被更现代、更合理的社会形式所取代。

依照二人的观点，宗教约束并稳定其社会基础。如果不是通过与西方的接触而产生的外力变化，伊斯兰社会仍会封锁为传统形式，由其固化的宗教世界观所决定。即便如此，在南阿拉伯半岛和埃及，伊斯兰的表达都有其重要性，无论是通过完全抵制社会其他方面的变化，如赛义德的例子，或是在新的社会和政治环境中重新调整，建立科层化的神秘派。两种情况中宗教本身都未成为创新的力量。

埃克尔曼的贡献在于质疑宗教本质上是静止的这一观念。[①] 他运用历史主导理论视角，认为社会现实和所有文化，或象征体系，包括宗教，是一个变化的连续态。他批判其他变化模式，认为只是比较了前后两种静态模式，并未解释可能转变的社会进程，吉色南和布吉拉即属于此类。他们将传统和稳定的伊斯兰社会与被看作受西方影响余波形成的新社会形态进行比较，他们忽略了每个社会中构成这种变化基础的内在辩证关系。

为揭示这些过程的复杂性，埃克尔曼坚持认为，必须在共时性和历时性两个维度上分析社会活动。对社会在时间上的历史性观点保留一种唯一

---

① Dale F. Eickelman, *Moroccan Islam*, Austin: University Texas Press, 1976.

和有特色的特殊性；共时性研究揭示了某个时间点上各要素之间的相互关系，但由于象征和社会之间不可避免的不一致，最终导致变化。因此，这两种观点在许多其他人类学方法中相互补充而非相互矛盾。① 在此方面，埃克尔曼声称跟随马克斯·韦伯的脚步。他完全反驳那些在韦伯的社会学和历史学分析中寻找根本冲突的人。②

韦伯在自己的作品中认为当下的既存现实在本质上是不确定的、混乱的、不合理的经验之流。③ 人在生活的某些方面选择并强加了意义，然后构成了其真实的历史和社会世界。他可以选择强加可能意义的范围仍是无穷无尽的。因此，创造历史关联也是无限的，且"在变迁中，在人类文化依稀可见的未来永远都是变化的主题"。④ 为了掌握和组织由行动者自己主观意义所界定的社会和历史现象的具体定义，社会学家采用了理想型概念，简化了主观意义类型历史资料的复杂性。理想型本身是通过选择和夸大一种或几种观点而形成的。这是研究者设计的一个思想画面。"在其概念的纯洁方面，这种精神建构在现实中的任何地方都无法经验性地找到。它是一种乌托邦。"⑤ 然后，结合历史学和社会学的意义，现象在时间或历时性中发生概念改变，是社会学理解共时理想化的来源。

埃克尔曼关于摩洛哥圣徒崇敬的分析是对韦伯式概念的重新诠释而非再生产。如果他想在严格的韦伯式意义的恒常变化中建立自己的模型，那么他研究事件的意义、兴趣、关联性也必须改变。不过，他指出"从当前语境中开始分析圣徒崇敬，并试图理解其中摩洛哥人如今对社会现实的基本设想，人们就会产生一种在较早阶段重要但又缺失的期待感"。⑥ 这意味着使用现在重建过去，反过来也表明价值和利益的连续性，违反了

① Arun Sahay, *Sociological Analysis*, London：Routledge & Kegan Paul, 1972, pp. 153 – 164.

② Reinhard Bendix, "Max Weber's Interpretation of Conduct and History," *The American Journal of Sociology*, Vol. 51, No. 6, 1945–1946, pp. 518–528.

③ Thomas Burger, *Max Weber's Theory of Concept Formation—History, Laws, and Ideal Types*, Durham：Duke University Press, 1976, pp. 77–93.

④ Max Weber, *The Methodology of the Social Sciences*, E. A Shils and H. A. Finch trans and eds., Glencoe：Free Press, 1949, p. 90.

⑤ Max Weber, *The Methodology of the Social Sciences*, E. A Shils and H. A. Finch trans and eds., p. 90.

⑥ Dale F. Eickelman, *Moroccan Islam*, p. 63.

韦伯的历史变迁概念。埃克尔曼进一步评论说，目前圣徒崇敬方面大量融入之后，"很明显缺了点什么，我看到了信仰模式的碎片化，一旦稳固，便开始崩溃"。① 稳定的社会和宗教现实再次塑造。在此，现在并不被设想为独立的历史现实。相反，它被评价为不完全反对一种重建或推定过去的总体。

埃克尔曼将历史看作一个真实的经验事件序列。他根据文件、法国游记，以及对目前的观察来重现历史真相。这些事件由内在统一意义、价值和利益链接，从过去某一点到现在。历史意义的这种扩展意味着稳定而不是变化。摩洛哥文化系统对持续且无限的变化不公开，而是通过历史连续性观念固有的边界加以限制。

若有变化，正是在这一界定的现实之内。对埃克尔曼而言，任何社会的变化力量在于缺乏社会行为同表达文化上定义了的意义世界象征体系之间的配合。他认为，人类学分析中有把这两个维度置于完美契合的倾向，要么社会结构被看作基本稳定的领域和对其反射的象征体系，要么相反。这些情况避免了历史变革问题。然而，两种体系之间发生的互动表明它们仍有差异且不平衡。当埃克尔曼的基本分析单位——个人控制象征，以实现自己的社会目标和利益，证明或获取社会地位，或积累力量时，能够看到这种不对称的关系。埃克尔曼把控制手段看作思想，对象征和社会对立予以调节。思想本身必须被视为社会活动，通过各种形式的表达，包括仪式行为来维持。在表达和控制的过程中，思想随时间而改变。他们依次重塑和重新界定社会秩序。然而，由于意识形态根据其历史时刻的不同而不断变化，社会结构与其意识形态的对应物永远不会完全重合。

所有宗教表达，包括此处的伊斯兰，都被当作"思想"概念对待，本质上被定义为一种工具性和实用性的功能。宗教思想以两种社会层面运作：知识分子和宗教精英阐明的思想，以及本土和民间宗教传统解释的不明确思想。虽然它们有一些共同要素，但这两个维度不断发生冲突。关于摩洛哥伊斯兰的特殊形式圣徒崇敬，埃克尔曼调查的当地解释是基于五种关键概念的一种世界观造成的：真主的意愿、理性、礼节、义务（当然）和立命。虽然这些概念在任何永久性范式中彼此并无关联，它们都有助于

---

① Dale F. Eickelman, *Moroccan Islam*, p. 64.

回报有意义、有条理的社会运动。例如，真主的意愿被认为是世界上所有一切发生的原因。有理性的人必须不断改正自身的行为过程，以适应真主的意愿，① 以便最大限度地获得世俗成功机会。那些更接近真主的人，比如作为圣徒的穆拉比特②（Marabouts），能够解释真主的律例，声称在获取这些知识方面拥有特权。因此，"亲近"圣徒成为人们用来实现和证明各种形式社会收益的思想。

至少对那些跟随他的人而言，圣徒通过生活世界中强加的意义和一致性界定最初无序的现实流派。圣徒对世界保持的看法是一种固定和普遍的现实，"一切都是定然"。对穆拉比特而言，变化是一种幻象。在这个系统中，表演者也许有得有失，达到圣徒的地位或成为蒙羞的罪人。但是，尽管有这些可能性，必须保留在他不能改变的宇宙的总框架之中。

为分析这种宗教思想，埃克尔曼将其置于历史的解释框架之内。然而，关于这一理论观点的本质，他研究的内容在两种解释上提出了特定的问题。首先，虽然历史以及所有宗教和伊斯兰被认为卷入持续的变化之中，而他们的研究却基于所谓普遍的和不变的假设；历史事实本身并不变化。实际的宗教象征内容可能会有所不同，宗教始终被定义为一种思想，而思想被定义为工具。伊斯兰所有文化表达的重要性可以根据这些前提予以解释。宗教作为摩洛哥人所理解的真主意志的一种思想，用永恒的前提消解历史。与此相反的观念即历史的有效性，对埃克尔曼而言也许也是思想。那么就出现一定自相矛盾之处，作为思想的宗教研究必须用其他思想观点来研究。③

不只是埃克尔曼的作品，文中提到的所有人类学的专著，从某些根本性、理论性的前提审视，涉及人类现实的本质、有意识或无意识的经验、历史和宗教。每组相互依存的假设暗含相应的解释模式，揭示伊斯兰多元文化表达的真正含义。然而，尽管其中存在差异，但是所有研究伊斯兰的立场作为一个独立的、意义现象的既定领域，同研究其他文化形式如社会关系或经济制度，以及其他宗教的立场天然不同。在伊斯兰的领域中，他们还建构本土或民间伊斯兰与精英伊斯兰或欧莱玛伊斯兰之间的内部分歧。

---

① Dale F. Eickelman, *Moroccan Islam*, p. 126.
② 北非对伊斯兰教圣人及其后裔的通称。——译者注
③ I. Lapidus, "Notes and Comments," *Hum Islamica*, Vol. 2, 1974, pp. 287-299.

然而，区分的标准有所不同，以便服务于现实、历史和意义的每个观点。

对格尔茨而言，不同社会将伊斯兰改造为适合自己独特历史经验的宗教，因此在本土层面存在着同历史环境一样多的伊斯兰意义和表达。然而，精英、欧莱玛把自己从本土解释或伊斯兰特定历史体现的规范中分离出来。他们基于其独特的经验反思神圣传统，以掌握伊斯兰的永恒精髓。然而，他们的优越地位，通过界定从民间知识中分离出来的某种东西，使其无法把这种普遍性与共同经验联系起来。欧莱玛伊斯兰是高度抽象、正式、遵法的伊斯兰。也就是说，教义学比宗教意义的民间体系更具反思性。同时，它较少仪式化和较少同常识经验和社会行动相关。

表达方式也不同。对伊斯兰的大多数民间解释停留在被视为真主意欲和圣徒权威的自然现象意义上。这些宗教元素的力量并不在于它们的物理表现。例如，圣徒不是刷干净了的圣地或埋在里面的人，而是根据历史传统和当前情况区别社会间的意义系统。教义学视角否认这些象征权威，他们的伊斯兰概念核心在于阅读《古兰经》和先知的传统。正规的宗教教育是一个重复的过程，这一过程以普遍性为旗帜，其意义业已被定义和稳固。① 有关伊斯兰本质一成不变的构想和民间概念在任何特殊情况下不断根据社会习俗变化的民间观念，同时存在于所有伊斯兰社会中。

采取现象学方法的人类学家侧重于本土伊斯兰的日常生活经验，将教义学的解释研究留给伊斯兰学者。因此，他面临把握易变和不确定意义的困难。他必须确定这些意义以便理解并传达给他者。象征成为有限的、有界域的思想容器，并结束分析过程中连续产生的意义。意义通过其在象征中的客观化成为静态。② 为了分离这些主观意义的客观化，研究者必须把象征本身当作一种客观现实加以描述而不受自己象征范式的影响。科学则需要公正客观和中立。尽管科学家的理解也是一种解释模式，也只能猜测他者经验的意义而不是直接进入他者的经验，它通过识别解释自身的过程和结构获得其优势的有效性。

科学观念包含一定的内部矛盾。科学就像任何其他文化形式一样，是

① Ibn Khaldun, *The Muqaddimak*, F. Rosenthal trans, Princeton University Press, 2nd ed, 1967.

② J. Waardenburg, "Islam Studies as a Symbol and Signification System," *Hum Islamica*, Vol. 2, 1974, pp. 267-285.

一种解释和反思经验模式。因此，文化态度的暂停永远无法完成，真实客观性的标准必须是一种更高体验的文化形态。此外，反思的科学过程、经验和有意识的主体也必须成为反思的对象。这样一来，正是被研究的象征的制造者变成了意义的被动载体，而科学和被认为不感兴趣的意识采取了主动。

现象学的立场意味着基于不同形式反思强度和体验程度的某种等级。对体验的反思越深，意义体系的秩序越强大。客观理解在于识别意义复杂性秩序。本土的多种伊斯兰包括接受、认为是理所当然的体验和少量直接反思。教义学伊斯兰需要更具反思性、更有序的意义体系。最后，历史因其特别需要反思过去，而科学在人类学反思人类体验的个案中，因其意识到人类体验过程的本质而成为占优势的理解模式。然而，在整个等级中，教义学和人类学都声称比伊斯兰民间表达更具反思性。因此，两者将民间表达看作无序、不够客观，且对宗教体验的描述有点不够完整。但是，他们都以不同的方式应对这种体验的多样性。教义学家谴责这一观点，以强化他们对伊斯兰永恒意义的认识；人类学家把各种表达看作被弱化的形式，被魔法和迷信扭曲，从而间接暗示存在着一种纯粹并明确定义的伊斯兰本质。然而，克拉潘扎诺在伊斯兰内部发现了一种不同的现实。他不把宗教表达看作一种经验形式，而是将其缩小为弗洛伊德心理分析学的内在动力范围。在此框架内，精英伊斯兰和民间伊斯兰有着同样的存在功能。但是，欧莱玛的伊斯兰教提供了宗教意义规范无可争辩的、正式的解释，如哈马德沙教派的民间表达充当着真实的伊斯兰特殊疗法的视角，在正统伊斯兰中，必须依据正式的伊斯兰传说和仪式表达特定的内容，以掩饰和合法化其对"规范"的背离。

因此，伊斯兰这两个维度之间的区别建基于其表达的内容。然而，如果两种内容最终在潜意识冲突的现实中起到同样的作用，如果两者都试图将一个在其他方面神经质的倾向正常化和社会化，那么究竟用什么标准来区分正常与反常或异常的内容呢？根据克拉潘扎诺自己的前提，伊斯兰两种形式的内容应被视为对异常张力的正常升华。这就引出了一个问题，即为什么必须把哈马德沙派的特殊性分析为"异常行为"。克拉潘扎诺可能将宗教体验看作强加给人的自然必需品、人冲突的本能，以及超我的理想发展之间的一组关系。任何表达的独特性是这些因素特殊综合的结果。但是克拉潘扎诺一方面通过削弱宗教调解潜意识精神冲突的功能，另一方面通过描绘伊斯兰的绝对标准来限定伊斯兰的真正意义。间接地，他僵化的不仅是伊斯兰，还有其所在的文化和表达的象征。在这种范式下，摩洛哥社会被描绘成静态的、无发明的，限制在一个预定的意义世界里。

同克拉潘扎诺一样，布吉拉把宗教意义的制度性表达当作思想幻象。其存在的理由并不是基于固有的紧张关系，而是根植于体现人类基本需求和价值观的社会经济结构中的冲突。宗教作为社会紧张的有意识反射发挥的作用，产生于物质不公和压迫。在保守和等级化的南部阿拉伯半岛，已接受的伊斯兰形式合理化并保持了赛义德的经济和政治权威。这是一种统治思想。所以，宗教意义并不是对格尔茨而言的一种经验性的形式，或弗洛伊德心理学的面具，而是现有社会结构合法化的模式。宗教象征符号是由于权力目的而可操控的社会标志，因此在实际行为中直接表达。赛义德创造了宗教象征，但被其他必须接受宗教和其他社会控制形式的人被动地认为理所当然。

精英和本土伊斯兰之间的区别，必须同发生了新的转折的宗教意义的概念相一致。对布吉拉而言，欧莱玛或赛义德的精英视角并不构成一种优势的宗教认识，如同格尔茨坚持认为精英伊斯兰具有反思性，或克拉潘扎诺指出精英伊斯兰比本土伊斯兰更"正规"。相反，他认为欧莱玛的伊斯兰仅仅是另一种扭曲的、专为操控世俗化而设计的思想和社会力量，同伊斯兰的所有其他本土表达方式一样，赛义德也是如此。本土伊斯兰与精英伊斯兰都比附为理想的伊斯兰，表达的是《古兰经》中所发现的真理的永恒原则，建立了人类自由、平等、正义的现实。这成为认可和实现理想伊斯兰的问题。布吉拉乐观地预测，当前社会秩序中的明显冲突标志着不可避免的斗争和朝着这一目标的变化。然而，只有通过重组经济基础，才能彻底推翻错误思想，并实现真正的伊斯兰。

吉色南的分析揭示了精英伊斯兰和本土伊斯兰之间的区别，不同于布吉拉立足于对立和统治定义赛义德的角色，吉色南的分析立足于互补。欧莱玛正式的、系统化法律与人们从内容和风格两方面更神秘的解释不同，然而，两者都在传统上反对统治阶级的绝对权力。虽然欧莱玛被认为是一个很少要求实际政治权力的社会少数，神秘派（因其界定伊斯兰的民间概念和价值）有能力组织民众反抗以应对任何政府威胁。因此，为了巩固自己的社会力量，欧莱玛与神秘主义者结盟。即使这两种伊斯兰方法没有直接支持彼此的信仰体系，但它们至少并不矛盾。这两种形式的伊斯兰依据遍及各处的派别和真主意愿的意义，为社会规定了稳定和永恒的世界视角。

这两种信仰体系的崩溃与西方技术、观念和价值的影响有关。随之兴起的现代化产生了世俗官僚结构现象，目前被认为是真正理性的社会秩序，挑战所有社会固有的、建立在真主设定的等级观念上的传统秩序。由于正规严格秩序本身的原则，欧莱玛在即将到来的社会科层体制中很容易做出调整。然而，他们声称有权重新界定以理性的科层逻辑为根基的精神前提，正统的伊斯兰因此同新的社会秩序相符合。

随着现代化的官僚主义倾向，社会产生了新的体系，工会、政党和世俗教育的影响同欧莱玛一样，引起了神秘派对其意义和派别界定的重新评估。吉色南分析的重点是圣徒试图说明欧莱玛和世俗力量这些理性的原则只有通过神秘体验才能获得，但他自己形式化和科层化神秘派的解决方法，违背了他恢复直接的精神性接触的权威的意图。依照吉色南自己的标准，圣徒被认为是失败者，他无法在变化的社会秩序中调整神秘主义预先存在的结构。对吉色南而言，宗教是虚无，它不界定真正的现实，而是发挥着支持社会秩序的预定现实。伊斯兰的精英和本土两种视角的描述都是思想，不是布吉拉所言的理想的伊斯兰，而是世俗社会的合理秩序。因此，有两种意义体系：宗教体系和社会现实。如果两者相合，社会则保持稳定；反之，宗教思想体系屈服于基本社会条件，冲突就无可避免，因为它构成自身现代化进程的社会动力，导致了历史意识、理性和个人主义的产生。从这种视角观察，现代科层制度、竞争和世俗生活的合理秩序终将摧毁并留下那些无法对体系做出调适的其他意义体系。如果在传统社会，伊斯兰规定社会现实的意义和秩序，而现代社会，社会生活的实际经验条件决定了伊斯兰的意义。

伊斯兰与社会变迁关系是埃克尔曼研究圣徒崇敬的核心。他根据自己的思想体系观念，区分了精英伊斯兰和本土表达。与吉色南相反，埃克尔曼认为任何社会结构，即使是所谓"传统的"和保守的社会结构，都绝不会亘古不变，而是瞬息万变。这种变化来源于社会行为与符号体系之间的不匹配，它们的辩证互动产生了意识形态体系，作为一种社会操纵手段，体现在特定历史背景下的实际社会活动中。在此框架内，欧莱玛的伊斯兰被认为是"明确"的超越文化相对价值和信仰影响的意识形态，从而可以合法地被看作"宗教"。这些解释基于文化背景和历史时刻而变化。宗教意义体系从而保留其社会和历史特殊性。因为他们从来没有上升到跨文化应用的水平，正如精英伊斯兰给了他们真实的思想地位，本土伊斯兰在文化上始终是一套特定的信仰，而不是一个固定的和完全一致的制度化宗教。

两种形式的伊斯兰并存于一种紧张的状态中。精英不断质疑伊斯兰的本土传统。人们认可由欧莱玛规定的一般概念，但他们选择根据更为特殊、与其日常经验模式相符的伊斯兰观念进行生活。

这种特殊的人类学区分似乎强化了欧莱玛通过将精英版的伊斯兰当作"宗教"，并减少其对不明确思想的其他解释，从而诉求优势宗教地位。精英和民间伊斯兰之间的这些区别，显然来自定义各种人类学范式的基本假设。尽管所有立场都认为各自前提的客观性和普遍性，而事实却是人类、真主和世界本质基本层面的多重含义，对单个的、绝对存在的观念形成挑战。不是接受给定的真理，这些人类学前提可能会被视为人类学家自己将伊斯兰在信仰层面看作多元，而在文化层面是相对传统的表达，因而是"科学的"东西。如果关于伊斯兰在不同角度的描述必须被称为意识形态，那么也许这些不同的人类学就需要相同的理解。[①] 学者自身的文化理念和价值观塑造了伊斯兰，这几乎不是一个新的认识。同特纳[②]一样，韦伯认为和"所有 19 世纪有关穆罕默德的性特征材料，是《古兰经》和穆斯林婚姻家庭教育被形塑的主要因素"。

前提强加的认知与主题问题本身相异，涉及重新评估科学理解的权威。从这个角度看，伊斯兰功能或本质定义的变化并非起因于知识的积累，而源于西方宗教观念的变化。[③] "公正的观察者"这一概念，实际上浸润了科学领域的价值观。这些领域中自命的优势及其脱离常识世界促进普遍现实、语言、价值和利益体系的发展，贴上了"科学"和"客观"

① Robert A. Femea and James M. Malarkey, "Anthropology of the Middle East and North Africa: A Critical Assessment," *Annual Review Anthropology*, Vol. 4, 1975, pp. 183–206.

② Bryan S. Turner, *Weber and Islam*, London Routledge & Kegan Paul, 1974, p. 34.

③ J. Waardenburg, *L'Islam dans le miroir de l'occident*, The Hague and Paris: Mouton, 1973.

的标签。这种同世界共享视角有关的特定知识标准，描绘和界定了理论的方法和研究的主题。①

就这种民间和精英伊斯兰可能的科学区分而言，人类学研究前者，但其分析原理类似后者。

不管人类学家在其不同的范式中如何自我定义，教义学立场指的是精英伊斯兰，同科学一样采取超然的态度。无论是科学还是教义学，理解宗教现象的真正含义，只有通过从普通主观假设所谓分离，以及同研究对象即刻卷入中获得。这两种立场都同意存在完全不同于正统伊斯兰的"民间"伊斯兰，认识前者需要更深刻的反思和系统化原则，而不是到信仰的民间表达中寻找。人类学和教义学只是在选取分析的本土解释的特殊方面不同。

然而，教义学伊斯兰所指的权威在任何给定的文化体系中存在认知的竞争，不难发现，民间教义学在其抽象化、系统化程度和宇宙论含义方面与正式教义学之间有竞争。甚至可能说这种民间伊斯兰构成了真正的伊斯兰，而欧莱玛传统历史地发展出了已经确立的与伊斯兰社群生活交织在一起的精神现实本质的原则。② 事实上，这些对立的教义学是相辅相成的。因为每种形式界定并需要另一种形式，确定一种真的反意识形态化伊斯兰的问题成为一种错误的观念。

在最普遍的抽象层面上，民间教义学涉及在传统文献、民间传说、英雄故事、谚语、诗歌中正式表达的终极现实、自然、真主、人类和历史原则的反思。例如，赛义夫·本·迪·亚赞（Seif bin dhi Yazan）的故事，根据伊斯兰原则和先知的存在，在穆罕默德实际出生并宣扬教义之前世界现实就是已知的。因此，民间观念与历史学家和伊斯兰学者的观点对立，直接反思世界秩序，而不是先知和《古兰经》的实际陈述才导致对这一秩序起源的认识。

自然界和人类世界的秩序依赖于分层原则，以不断递增的次序安排事物或人：从火到水；从部落分支到部落区再到整个部落。伊本·赫勒敦在

① Paul Feyerabend, *Against Method: Outline of an Anarchistic Theory of Knowledge*, London: NLB, 1975, pp. 18-19.
② Abdul Hamid el-Zein, *The Sacred Meadows*, Evanston: Northwestern University Press, 1974.

西方比任何一个在家谱、药理学、民间传说、神话等方面有所造诣的民间作家更为出名，他精美地描述了宇宙的进展："每一要素被准备改造成较高或较低的要素，有时被改造。较高者总是比其前面的要素低一点。"① 最终，这一顺序抵达精神性世界，建立和维护这些联系。真主传授给亚当的神圣语言阿拉伯语，表达了这种永恒结构和所有揭示事物本源的名字，自然或原始状态。整个世界成为一个开放的文本，真主在文本中启示他的语言和意志。《古兰经》也以这种范式被阅读和解释。

理想情况下，人类心智本身必须服从这一自然逻辑。但是，由于人类偏离淳朴，给世界强加了虚假和陌生的概念，心智和自然最初并不一致。先知和圣徒的角色使这两个维度结合在一起。② 然而，这种张力仍然存在，并在被称为历史的人类生存事件中表现出来。也就是说，历史研究变成了一门道德科学，其中世界道德意义的阐明，指出了人类的错误和成就同完美存在的理想有关。历史表明，尽管亚当获得了完整的知识，但时间的流逝使其遗产被误解和变质。穆罕默德及其建立的第一个伊斯兰社团重整了流失的亚当后裔。现在，人类必须不断尝试重演这一时间中的特定时刻。因此，在这一范式中，历史绝不是指人类生活新意的不断创造，而是努力重获和稳固永恒的体验。

尽管自然连续而有序，而历史保持非连续性且杂乱无章，在民间教义学中，纪念先知、圣徒活动和各种仪式都试图通过以割断时光流逝的仪式重复过程，将历史的非连续性转换为自然秩序。

历史上，在西方的认识中，制度化教义学形式的发展，缘起于回应挑战无所不能的希腊哲学和亚里士多德逻辑学。冲突观点之间的内部对话也导致了教义学实际准则的建立，以《古兰经》为最终权威来反对理性原则。③ 而民间传统中，自然秩序和《古兰经》被视为隐喻，严格正式的教义学解释赋予经典完整的权威以界定世界秩序。④

完全专注于经典引发了强烈的形式主义和传统主义的发展，以及共同

---

① Ibn Khaldun, *The Muqaddimak*, F. Rosenthal trans, p. 194.
② A. A. Hindam, *Hidayat al Qasideen*, Cairo: Dar al Anwar, 1939, pp. 6-15.
③ J. Van Ess, "The Beginning of Islamic Theology," in J. E. Murdoch and E. D. Sylla eds., *The Cultural Context of Medieval Learning*, Dordrecht-Reidel, 1975.
④ M. Abu Zahra, *Usul al-Figh*, Cairo: Dar al-Fikr al Arabi, 1970, pp. 76-105.

语言和一个有范围的意义世界的建构。① 《古兰经》和先知的传统以一种强势的、存在真实意义的语言规定了绝对现实。因而产生了一种解释传统以理解《古兰经》术语的不同用法，并区分明确的和隐微的经文。这导致了修辞学的发展，用以分析经典中的隐喻（mjaz）和转喻（kinaya）。②这种方式的建立，现在被认为只是受控于含义关系，一个词意是否暗含或在另一词中被暗指。③ 真主以这些形式表达终极真理，允许用已知的阐明未知的，并保留已知和未知的真意。④

因此，民间教义学和正统教义学从同一原则发展而来，即自然和《古兰经》反映真主的秩序和真理。然而，这两种范式选择了相反的重点。一方在自然中定位意义，并将《古兰经》纳入基本秩序之中；另一方首先在《古兰经》中发现真理，然后将这种现实延伸到对自然及其他方面的解释。其根本的互补性源于相互完善的关系。双方都寻求维持真主和世界的统一，但也都承认这种做法破坏了统一的进程。一方试图挑战另一方的消解观。正统教义学从时间和言词的统一性入手，反对空间中意义的必然多样性——本地传统的分裂。⑤ 民间教义学始于接受空间的统一和秩序，反对因时间推移而造成的多重意义。因而两者都试图控制经验的变动：正统教义学试图通过固定时间控制空间，而民间教义学通过固定空间来控制时间。

无论是民间还是正统教义学，其内容最终并无内在差异，说明一方并不比另一方更具客观性、反思性或系统性。如果伊斯兰学者和教义学家对正式学科享有特权，那么他们只有根据与其真理观念相联系的、先入为主的、合法的标准才能这样做。他们认为客观性建立在系统分析被称为体现

---

① Georage Makdisi, "Law and Traditionalism in the Institutions of Learning in Medieval Islam," in G. E. Von Grunebaum ed. , *Theology and Law in Islam*, Weisbaden: Harrassowitz, 1971, pp. 75–88.

② B. Tabanah, *Al-Bayan al Arabi*, Cairo: Egyptian Anglo Press, 3rd ed. , 1962, pp. 18–23.

③ M. Nasif, *Nazariyat al Ma'na Fial Naqd al Arabi*, Cairo: Dar al Qalam, 1965, pp. 184–198.

④ M. Abu Zahra, *Al Quran, al-mujiza al Kubra*, Cairo: Dar al-Fikr al Arabi, 1970, pp. 251–412.

⑤ W. Braune, "Historical Consciousness in Islam," in G. E. Von Gnmebaum ed. , *Theology and Law in Islam*, Weisbaden: Harrassowitz, 1971, pp. 37–51.

绝对真理的《古兰经》的基础之上。因此，他们必须避开经典，否认客观性而肯定直接洞察世界秩序的合法性。实际上，这两种形式的教义学可以被描述为宇宙原则的复杂体系，二者相辅相成且同样"真实"，其区别仅在于表达的模式：一方作为制度而存在，而另一方作为文献而存在。

两种教义学的表达与人类学的结合是其理解伊斯兰方式的结构。一切始于对人的本质、真主、历史、意识和意义本质的积极假设。他们对伊斯兰意义的解释取决于本身已经预设并固定的意义，以此确定伊斯兰的普遍性，界定和限制正常的"宗教"和"伊斯兰"现象，并区分民间伊斯兰与精英伊斯兰、虚假伊斯兰和真实伊斯兰，只是具体内容有所不同。格尔茨从体验的真实性，克拉潘扎诺从心理，布吉拉和吉色南从社会关系的结构和功能，埃克尔曼从历史观念，以及真主、自然和《古兰经》的教义学着手研究。

有效性的标准也不同。人类学立场声称比民间和教义学传统都更客观。对于伊斯兰的民间表达，他们认为科学分析具有更好的反思性和系统性。虽然教义学被认为具有高度反思性，但并不是至关重要的，也因此仍服从科学的、同样至关重要的人类学权威。人类学分析不仅将其有效性建立在关于现实本质特殊假设的必要性方面，也建立在科学理性认识论的标准上。与此相反，教义学的真理建立在无可置疑的信仰基础之上。因此，在知识内容和形态层面，信仰是反科学的，教义学和人类学都否认对方把握最终真理的能力。然而，从知识结构的角度看，二者的对立只是表面现象，因为它们都始于先入为主的意义，这必然框定了理解伊斯兰的其他经验。另一形式的矛盾出现在本文的总结中，所有分析都建立在一个单一的、绝对的假设上，试图发现伊斯兰中的真实。然而，综合来看，这些研究揭示了可能定义和伊斯兰描述的惊人的多样性，且这种多样性不仅由分析角度的不同所致。无论其前提本质如何，每种范式都认识到了在物质层面必须分析的宗教表达的唯一性。格尔茨有关不同文化和不同体验的历史解释作品，克拉潘扎诺调查哈马德沙教派调整社会关系的特殊性，布吉拉、吉色南和埃克尔曼研究伊斯兰表达中历史变迁的必然性，所有方法，包括教义学，都强调精英伊斯兰与民间伊斯兰内容的差异。最后，初始问题的意义变得清晰：在五花八门的意义中，是否有独一的、真实的伊斯兰？

人类学和教义学的方法都认为有一个真实的伊斯兰，这一真实的伊斯兰来自一个包含人的本质或真主普遍真理的原则。多样性的重要价值在宗教和所有人类经验两个层面被忽略，呈现出绝对、固化和确定的意义。因为从这种假设入手，任何特定文化状况、象征，或《古兰经》章节的实际解释，都将以两种路径反映预定的意义。首先，尽管特定内容可能会有所不同，但它必须始终包含针对一种经验形式的意义特征。对格尔茨而言，摩洛哥圣徒的象征包含了精神魅力和权威，而爪哇人的象征是沉思和孤僻。然而，根据他自己的范式，两种象征都凝聚和综合了世界观和精神气质。对克拉潘扎诺而言，不同神话、传说、仪式和伊斯兰派别本质上都是用来表达生理、心理因素的驱动力。因此，这些前提的范围和边界赋予每种象征、行为或制度一定内在和固定的特征。此外，即使是在文化和历史方面被认为变化的意义的相关维度，变化只是与意义的不变标准相一致。例如，埃克尔曼能够预期意义中的变化，仅仅由于社会和象征系统关系持续、长久的不平衡状态。因此，虽然意义的多样性和可变性在实际文化表达层面得到公认，综合仍是分析的最终目的。当掌握这种多样性的重要而真正的原则被揭示出来，一张被冻结的意义之网就会被抛撒在主题的变动意义之上。在这样一个严格的框架下，就不可能认为伊斯兰的每一种表达都创造了其自己的、真实的意义世界。

前面所讨论的立场都认为人类通过意义体系规范自己的世界。人类学的困难在于发现一种理解秩序的手段，达到普遍性的预期水平，而没有削弱或破坏这种多样性意义和人类经验意义的丰富性。这一困难的本质体现在伊斯兰圣徒的各种观点中。此处所评述的作品中，圣徒被选择性地视为一种隐喻、政治人、经济人，一种生存、意识形态的一部分，甚至毫不相干的东西被简单地丢弃。多元的解释会导致个人把圣徒视为物品，并人为加入不同的意义，根据调查者的兴趣而变。每个调查者从众多圣徒可辨认的特征和功能中，选择一两个被认为与众不同的，在随后的分析中被当作圣徒。基于如此精挑细选的民族志资料的分析，人为地瓦解了"圣徒"的复杂性，使之成为单一的维度，在有关文化建构"圣徒"不可否认的多样性方面，留下未经解释的诸多可能性问题。

许多与圣徒及其追随者有关的行为，连同来自圣徒所表达的意义范围，可能出现虚假、古怪和无关的主题。例如，在埃及最重要的圣徒墓庐，吉色南观察到崇拜者中疯狂不当的行为。唱歌、跳舞、喊叫、开玩笑，甚至咒骂，在圣徒忌日，伴随着敬拜仪式——无论作为虔诚的信徒或作为政治/经济上理性行动者可理解的活动，都无法解释这种行为。事实上，吉色南所描述的行为和方式在这一宗教环境中是亵渎。这不仅是埃及人个案中出现这种"亵渎"导致的不适，韦斯特马克发现在摩洛哥有同样令人费解的情况，① 在那里，圣徒墓定期被仪式性地涂上鲜血，这是一种有意识的亵渎标志。笔者在非洲努比亚地区和东非的拉穆镇（Lamu）发现了类似现象，游客在圣徒墓的墙壁上涂抹被宰动物的血液。面对这种资料，分析者要么证明其合理性"适合"其已界定的圣徒的真正意义，扩大他对"圣徒"的定义，以适应超越简单的政治或经济控制，或隐喻凝结的意义维度，要么可能发现这些资料中与圣徒"本质"属性不符/无关的东西。看来十分有必要重新审视我们原来有关"圣徒"的积极观念。

笔者已在别处表明，可以把圣徒有益地看作一种象征，而不是作为一种意义的载体，作为一种合理建构，其中纯洁和污秽、亵渎和神圣的维度以一种宽泛而可变的内容范围予以表达，包括政治、经济，以及生活的其他实际方面。② 圣徒因此象征性地体现分类体系的基本性质，在这一模型中所有体制（政治、经济等）和与体制相关的行为（权力操控、资源配置等）都有必要框入其中。当然，正如对如此内容的理解不同，这些层面圣徒表现出来的适当的反对可能因地而异。但是，只有超越复杂范畴中的制度、职能、行动者以及相对简单的积极意义，圣徒或其他任何"宗教符号"的丰富性才会随着其文化逻辑的地位而出现。

这些评论立场在某些方面都接受基于现实分离的客观原则，其中客观成为主流观点，能够纳入其客观真实的意识。每个案例中的对象是一件或一组事物，其秩序或终极意义是通过区分系统的"联系"和"事物"的技术来发现。事物可以是建构的象征，承载了有点空洞，但包含了"意义"、制度、范围，或其他任何实体的存在作为实体是不容置疑的。也就是说，我们一直将伊斯兰的分析看作接受其为根本的"伊斯兰"存在、"宗教"、"经济"、"政治"，甚至是"圣徒"，他们彼此之间在既定文化

---

① Edward Alexander Westermarck, *Ritual and Belief in Morocco*, New Hyde Park：University Books，1968，pp. 177-178.

② Abdul Hamid el-Zein, *The Sacred Meadows*, Evanston：Northwestern University Press，1974.

中可能会有所不同，但其存在的"真理"并不受质疑。那么这种分析的目的就成为发现当前事物"本质"和联系方式的过程，这似乎是这些事物在一个"文化体系"中运行最好的解释。那种表现为主导的关系（假如是一种联系），随着研究事物的本质而变化。

因此，对格尔茨而言，象征符号凝结并传递意义，而对克拉潘扎诺而言，象征创造和维持历史、文化和心灵之间的虚幻关系。布吉拉、吉色南和埃克尔曼则关心的是展示"伊斯兰"在指导政治和经济制度之间现实行为互动的作用，以及在调解历史现实和思想谎言之间分裂的作用。

但是，如果此处分析的伊斯兰都肇始于对"伊斯兰""经济""历史""宗教"等其本身并不存在的意义实体的假设，而是作为结构关系的表达，是这些关系的结果且不只是来自我们开始研究的一套简单的有效术语，那么情况又会如何呢？在这种情况下，我们必须从"伊斯兰"的"本土"模式开始，分析产生其意义的关系。从这种假设开始，就能从任何一点进入并深入探究体系，因为体系中任何地方都没有完全的中断，没有独立自主的实体，体系中的每一点最终都可以达到另外任何一点。由此看来，没有固定且完全孤立的归属于每个基本分析单元的意义功能，无论象征、制度或过程，都不会从体系外部强加上人为的安排，也就是说体系秩序和体系实体的性质是一样的——体系的逻辑就是体系的内容，在此意义上，每种形式、体系中的每一实体，是同其他形式和实体之间结构关系的结果，在任何固定的、独立的点上既非开始，亦非结束。这种体系的逻辑、文化的逻辑，是内容固有的，且没有它则不会存在。不过，虽然从一种文化到另一种文化，其"内容"可能会有所不同，但嵌入这些不同内容中的逻辑是一样的。也就是说，人类学家和当地人共享一种超出其意识控制的逻辑。它是嵌入自然和文化中，可以通过复杂的内容分析揭示的一种逻辑，上述研究中反复讨论的客观性问题也就消失了，并且由于超越调查者意识和主观性的观念创造出来的问题，会像幻影一样消失，在其空间中留下主观与客观两者共享的逻辑。伊斯兰作为这种逻辑的表达，只能作为一个流动但又相干的系统中的某个方面而存在，不能被视为一个可供文化系统选择并用于各种用途的实体。如果不将其置于作为体系一部分的诸多方面，那么"伊斯兰"就不会存在。换句话说，作为一种因至上"真理"业已界定的宗教，"伊斯兰"概念的功用在人类学的分析中是完全受限的，即便是民间伊斯兰和精英伊斯兰的二分法也显得贫乏和无用。笔者力图表明的是，这种明显的二分法在分析中会减弱支配它的逻辑。

我们在这里讨论的作品，似乎并没有为揭示文化的逻辑和原则提供方法，这些逻辑或原则是文化中固有的，它们对文化承载者的思想和行为进行规范和说明。在这一意义层面，我们仍未被引向"伊斯兰"的结构，也不会被引向这一结构，因为就所谓"适当"体系，即作为一种自治实体的结构而言是一种矛盾。结构事实上无法在一种孤立的状态下呈现，且只有通过展开文化内容实际和潜在的多样性模式才能达到。整体而言，这种可变性表明没有任何积极的、普遍的内容。从这一角度出发，从意义出发，研究者不能根据某些真理标准选择相关材料，而必须考虑其整体系统。这样一来，文化意义的多重性就可以被探索和拓展，没有什么特选的真理表达。"客观性"必须同研究者和主观的共享结构关联，不管他们各自文化系统的内容。

这一关系的逻辑意味着伊斯兰和宗教观念都不以固定的、自主的形式存在，涉及积极的内容，能够被简化为普遍的特征。宗教作为一个统一的、有范围的形式成为一种随意的分类，没有必要存在"伊斯兰"作为分析范畴也因此而消解。

虚构还是现实

——关于"非洲伊斯兰教"概念的演变与讨论

李维建

摘 要 "非洲伊斯兰教"有两种不同的含义,一是指撒哈拉以南非洲的伊斯兰教,二是指全非洲的伊斯兰教。实际应用中,这两种含义并行不悖。学术界基于非洲文化多样性的现实,对这两种意义上的非洲伊斯兰教都提出了疑问,但就伊斯兰教与非洲本土宗教的文化统一性而言,"非洲伊斯兰教"具有实践上的合理性。围绕"非洲伊斯兰教"内涵的争论,显示出学术界对非洲区域内的伊斯兰教,从实践上的认识到理论上的理解,都在不断地深化。

关键词 伊斯兰教 非洲 非洲伊斯兰教

一 "非洲伊斯兰教"概念的形成

长期以来,"非洲伊斯兰教"是研究非洲的学者耳熟能详的一个重要概念。这个概念,在一定程度上代表着学界对非洲穆斯林所信仰的宗教的认识与概括,并且这一既有的思维模式非常难以改变。在近二三十年内出版的有关非洲穆斯林社会的文献中,"非洲伊斯兰教"概念的英语表述各不相同,通常有 African Islam, Islam in Africa 或 Islam in Sub-Sahara Africa, 或如法语所说的 Islam Noir(黑人伊斯兰教)。通常认为,与阿拉伯伊斯兰教相比,"非洲伊斯兰教"表现出一种和平的、混合论的、融合性的、适应性的特点,它比"征服性的、军事性的阿拉伯伊斯兰教"更具非正统性。

这里所谓具有非正统性的非洲伊斯兰教,指的是撒哈拉以南非洲的伊斯兰教，即法国殖民学者所说的"黑人伊斯兰教"。在早期研究非洲伊斯兰教的学者那里，非洲伊斯兰教就是撒哈拉以南非洲的伊斯兰教，这一认识的形成有特殊的历史背景，或者说学术史背景。

自7世纪中期起，阿拉伯穆斯林相继征服埃及和马格里布，这一地区的大部分科普特人和柏柏尔人接受了伊斯兰教，北非逐渐阿拉伯化和伊斯兰化。北非隔地中海与欧洲相望，历史上两地的交往非常频繁，欧洲人不但通过商业与文化交流，还通过战争，如穆斯林对西班牙的征服与欧洲人的反征服战争，来认识北非的伊斯兰教。北非与西亚的伊斯兰教，同属于阿拉伯伊斯兰教，长期共同处于阿拉伯帝国和奥斯曼帝国的统治下，虽然北非是非洲大陆的一部分，欧洲人并未将这两地的伊斯兰教进行严格区分，而是视为一个整体，同属阿拉伯伊斯兰教。另外，近代以前，地中海比撒哈拉沙漠更容易穿越，所以，相较北非与西亚，欧洲人对撒哈拉以南非洲的了解非常有限，这也阻碍了欧洲人将北非与撒哈拉以南非洲在地理概念上进行统合，更不用说作为制度与文化意义上的伊斯兰教了。

征服北非后，伊斯兰教并未停止南传的脚步。自8世纪起，通过撒哈拉商路和印度洋的航线，穆斯林商人与移民将伊斯兰教传播到撒哈拉南缘的苏丹地带和东非沿海，伊斯兰教在撒哈拉以南非洲开拓出另一片新天地。西苏丹先后形成加纳、马里、桑海三个伊斯兰王权帝国，中苏丹形成加涅姆-博尔诺伊斯兰帝国，尼罗河苏丹形成穆斯林的西纳尔-芬吉王国。在索马里，众多的穆斯林酋长国争奇斗艳。在东非沿海，先是自北向南出现一系列沿海穆斯林城邦，最后形成控制整个东非的穆斯林帝国——阿曼苏丹国。长期以来，对于撒哈拉以南非洲繁荣的伊斯兰教、强大的穆斯林政权，欧洲人知之甚少，只是零星地从阿拉伯人的记述中获得一点间接的信息。

殖民时期，欧洲人的力量首次大规模地延伸到撒哈拉以南非洲，第一次密切地关注那里的伊斯兰教与穆斯林。西方现代意义上对撒哈拉以南非洲伊斯兰教的研究，也因此于19世纪由欧洲的学者型殖民官员开启，其中法、英、德三国的殖民官员成果最为突出。以法国为例，殖民政府出于殖民统治的需要，鼓励在非洲的殖民官员对当地伊斯兰教展开研究。20世纪初，殖民政府内部甚至成立相关机构推动研究进程。如1913年，殖民政府内部成立了"穆斯林事务服务局"（Serive des affaires musulmanes），其重要任务之一就是搜集伊斯兰教的相关信息与资料，进行分析研究。伊斯兰教研究成为政府行为。法国殖民学者主要研究北非与西非的伊斯兰教，其中的杰出代表有罗伯特·阿诺德（Robert Arnaud）、科波拉尼（Coppolani）、威廉·庞帝（William Ponty）、弗朗索瓦·克洛塞（Framcois Closset）、莫里斯·德拉夫斯（Cllorris Draves）、保罗·马帝（Paul Marry）等。

正是这些殖民学者，通过对比研究北非阿拉伯伊斯兰教与撒哈拉以南非洲伊斯兰教，发现二者有明显的区域性差异，逐渐形成了"黑人伊斯兰教"的概念，以区别北非的阿拉伯伊斯兰教。罗伯特·阿诺德所著《穆斯林政策简述》（1906）一书，以对塞内加尔河北岸的摩尔人调查为基础提出两点建议，对后来法属西非政策影响深远：（1）是殖民政府应该关注西非伊斯兰教的特殊性，它与北非伊斯兰教有巨大的差异；（2）殖民政府应该利用西非的苏非教团为自己服务，而不是以镇压、限制为主。阿诺德对西非伊斯兰教的认识，要比他的前辈深刻、现实得多。他的研究前承学者们对阿尔及利亚伊斯兰教的共识，为后来"黑人伊斯兰教"的学术观点奠定了基础。

威廉·庞帝曾于1908~1915年任法属西非的总督，他首次提出西非伊斯兰教是"混合"伊斯兰教的观点。他认为苏非教团的力量来自马拉布特与部落酋长的联盟，西非伊斯兰教是《古兰经》思想与当地本土信仰的"混合"宗教："我们的穆斯林并未全部接受《古兰经》，他们总是希望保留自己祖先的风俗。"（Ponty，1911：15 G 103，Gov. -Gen. AOF to Lt. -Gov. ①）后来，曾长期在阿尔及利亚和西非的殖民政府中任职的弗朗索瓦·克洛塞，在大量实地调查的基础上，于1903年出版《象牙海岸的风俗》一书，详细论证了"混合"伊斯兰教的概念，认为西非的伊斯兰教是正统伊斯兰教与本土宗教的混合体。保罗·马帝则在"混合"伊斯兰教的基础上，以穆里德教团为具体事例，详细论证"黑人伊斯兰教"的内涵，结束了法国殖民政府对非洲伊斯兰教怀疑与不确定的时代。上述法国殖民学者的研究代表了当时西非伊斯兰教研究的最高水平。

20世纪40~70年代，英国传教士、学者斯潘塞·崔明翰（J. Spencer

---

① 15 G 103，Gov. -Gen. AOF to Lt. -Gov. 是档案编号。

Trimingham）出版了多本关于撒哈拉以南非洲伊斯兰教的著作。他的研究，已经超越学者型殖民官员仅对自己任职地内的伊斯兰教进行研究的局限，扩展到整个撒哈拉以南非洲，涉及东非、西非、苏丹的伊斯兰教。斯潘塞·崔明翰在"混合"伊斯兰教、黑人伊斯兰教的基础上，深入探讨了撒哈拉以南非洲伊斯兰教的特点，伊斯兰教对非洲人的影响，并试图构建伊斯兰教在撒哈拉以南非洲扩展的模式。他认为，撒哈拉以南非洲伊斯兰教经历了三个主要的发展阶段。

（1）伊斯兰教作为北非商人的宗教，被引入撒哈拉以南非洲，并成为这里的商业中心和地方宫廷的主要宗教。来自北非的穆斯林商人，被视为文化的传播者，代表着地中海的文明世界，掌握着许多先进的知识与技术，如医药、天文、书面文字等。但是当地人只是缓慢而有选择地接受伊斯兰教，伊斯兰教也仅限于商业中心和宫廷之中，并与本土宗教并存。

（2）伊斯兰教进入了过渡期。15～16世纪，随着撒哈拉以南非洲巨型商业帝国的消失，伊斯兰教失去了制度化的支撑，代之而起的是非伊斯兰的诸多小国家，地方崇拜再次出现，作为少数派的穆斯林不得不妥协，并将原本纯洁和正统的伊斯兰教与本土宗教融合为"混合"的伊斯兰教。因此，对伊斯兰教而言，这是一个止步不前的阶段。

（3）伊斯兰教再次崛起。17世纪以后，风起云涌的吉哈德运动席卷撒哈拉以南的苏丹地区，这是对非洲统治者"绥靖"政策和"混合"伊斯兰教的反叛。（Trimingham，1952：270）

从非洲伊斯兰教概念演变的意义上而言，崔明翰的研究不自觉间将"混合"伊斯兰教与黑人伊斯兰教的涵盖范围，扩大到整个撒哈拉以南非洲。受其研究的影响，人们在讨论非洲伊斯兰教时，潜意识地认为是在讨论撒哈拉以南非洲的伊斯兰教。在非洲大陆，撒哈拉以南非洲伊斯兰教与北非的阿拉伯伊斯兰教，成为两个互相独立的概念。1969年，詹姆士·克里泽克（James Kritzeck）和威廉·路易斯（William H. Lewis）编辑出版的《非洲伊斯兰教》，就只局限于撒哈拉以南非洲伊斯兰教的研究。

但是，自20世纪80年代起，在以前分别对北非和撒哈拉以南非洲伊斯兰教研究的基础上，学者们尝试撰写整个非洲大陆的伊斯兰教通史性著

作，并将书名定为"非洲伊斯兰教"或"非洲伊斯兰教史"。1983 年，
雷内·布拉夫曼的（Rene Bravmann）《非洲伊斯兰教》出版，首次将整
个非洲的伊斯兰教作为研究对象。接下来，黑斯克特（Mervyn Hiskett）
的《非洲伊斯兰教的发展历程》（1995），莱扶济昂（Nehemia Levtzion）
和派沃斯（Randall L. Pouwels）等的《非洲伊斯兰教史》（2000），罗宾
逊（David Robinson）的《非洲历史上的穆斯林社会》（2004），洛伊美尔
（Roman Loimeier）的《非洲的穆斯林社会》（2013）等通史性著作，都将
整个非洲的伊斯兰教作为研究对象。在这种情况下，非洲伊斯兰教的概
念，已经不再只是撒哈拉以南非洲的伊斯兰教，而是整个非洲的伊斯兰
教。但同时，原来的概念，即非洲伊斯兰教特指撒哈拉以南非洲伊斯兰教
的提法仍存在。在许多相关作品中，谈及非洲伊斯兰教，通常仍指撒哈拉
以南非洲的伊斯兰教，即黑人伊斯兰教。

二 "非洲伊斯兰教"的内涵

至此，当前的非洲伊斯兰教，事实上有两个并行的含义：一是撒哈拉
以南非洲的伊斯兰教，与北非阿拉伯伊斯兰教相对，这是自殖民时期以来
逐渐形成的概念；二是整个非洲的伊斯兰教，包括北非伊斯兰教，这是近
几十年来形成的概念。同一个名词，同时具有两种看似矛盾的含义，实际
应用中却基本上并行不悖。

非洲伊斯兰教的这两种用法，各自具体的内涵还是相当丰富的，或者
说是相当复杂的。谈到非洲伊斯兰教，如果不特别说明，一般指撒哈拉以
南非洲伊斯兰教，即"黑非洲"的伊斯兰教，这是个自殖民时代中期以
来约定俗成的用法。这是一个基于文化意义上的概念，以撒哈拉以南非洲
黑人文化为基础来定义外来的伊斯兰教。为了定义这个概念，探明它与北
非阿拉伯伊斯兰教的区别，学者们找出了撒哈拉以南非洲伊斯兰教所特有
的内涵。前面已经提到过一些，比如它是"混合"的伊斯兰教，由北非
而来的阿拉伯伊斯兰教与当地人的万物有灵论，长期交流、碰撞、融汇而
成，里面包含了许多非洲本土的传统。

事实上，在 18~19 世纪的圣战运动之前，撒哈拉以南非洲伊斯兰教
中，黑人的传统要远强于外来的伊斯兰传统，这可以从 14 世纪伊本·白
图泰（ibn Baṭūṭah）游记中对西非伊斯兰教的描述看得一清二楚。白图泰

对当地穆斯林不遵守伊斯兰教法而遵守本土习惯法的行为，既愤怒又无奈。除了"混合"的文化特征，撒哈拉以南非洲伊斯兰教还有其他特征。在思想与组织方面，这里的伊斯兰教以伊斯兰苏非主义为主体，苏非教团是主要的宗教组织形式。这是自 15 世纪以来，伊斯兰教的苏非组织与非洲本土的部落、家族相互结合的结果。"混合"宗教的特征与以苏非主义为主体的特征，事实上是撒哈拉以南非洲伊斯兰教的一体两面，"混合"主义是理论描述，苏非组织是实践层面的混合，而这种一体两面最直接的结果，就是撒哈拉以南非洲的第三个特征：温和的伊斯兰教。学者们认为，正是阿拉伯伊斯兰教与非洲本土传统的融合，将前者的圣战内容剔除掉，非洲万物有灵的多神论对伊斯兰教绝对一神论的强烈排他性有缓和作用，使这里的伊斯兰教具有黑人文化特有的温和主义。于是"混合"、苏非主义、温和，是第一种意义上的非洲伊斯兰教，也就是撒哈拉以南非洲的伊斯兰教的三个显著特征。

近代以来，尤其是现代交通工具的发展，给北非与撒哈拉以南非洲的交流带来翻天覆地的变化，交流的增加，使非洲大陆作为一个整体的意识逐渐增强，原来那种基于非洲南北不同人种与文化类型的意识，逐渐让位于非洲是一个整体的观念，即泛非主义。泛非主义与泛伊斯兰主义，对非洲穆斯林的影响，表现在试图统合撒哈拉南北的伊斯兰教。而这种统合的意图，也不自觉地在研究伊斯兰教的学者身上有所表现。正是在这种情况下，产生了第二种意义上的非洲伊斯兰教，即全非洲意义上的伊斯兰教，本质上讲这是一种基于地理概念的定义，即只要是在非洲这块土地上的伊斯兰教，不论具有什么特征，都属于非洲伊斯兰教。这种定义看似简单粗暴，实则简洁明了，不再区别北非阿拉伯伊斯兰教与撒哈拉以南非洲的伊斯兰教。这种意义上的非洲伊斯兰教，深得穆斯林学者的赞同。

从穆斯林学者的观点来看，伊斯兰教只有一个，没有所谓阿拉伯伊斯兰教、撒哈拉以南非洲伊斯兰教之分，只有伊斯兰教在不同地域发展的区别，只有"伊斯兰教在撒哈拉以南非洲"，没有所谓"撒哈拉以南非洲伊斯兰教"。而对于非穆斯林学者来说，这样定义非洲伊斯兰教，当然不是出于"伊斯兰教只有一个"的想法。一方面，是出于更好地阐释伊斯兰教在非洲这块土地上的发展演变，研究撒哈拉以南非洲伊斯兰教，如果把北非阿拉伯伊斯兰教切割出去，很难说明伊斯兰教自北向南传播的漫长历史过程，也不好说清楚为什么撒哈拉以南非洲伊斯兰教具有混合主义、苏非主义与温和主义的三大特征。另一方面，也是为了将非洲传统的具有苏非色彩的温和伊斯兰教与新近兴起的政治伊斯兰区分开来，伊娃·罗桑德（Eva Evers Rosander）和大卫·威斯特朗德（David Westerlund）出版的《非洲伊斯兰教与伊斯兰教在非洲：苏非与伊斯兰主义者的相遇》一书，将非洲伊斯兰教定义为温和的非洲苏非主义，将政治伊斯兰视为非洲之外的伊斯兰教（Eva Evers Rosander and David Westerlund, eds., 1997：3-12）。

基于文化传统基础上的非洲伊斯兰教（撒哈拉以南非洲伊斯兰教），与基于地理学意义上的非洲伊斯兰教（全非洲的伊斯兰教），仍属于一种从宏观视角观察研究伊斯兰教的方法。伊斯兰教本身是一种大传统，非洲黑人文化也是一种大传统，以这种大传统的宏观视角，才能更好地理解这两种意义上的非洲伊斯兰教。但是，如果从小传统（地方传统）来理解的话，这两种意义上的非洲伊斯兰教概念，都面临挑战。

三　对"非洲伊斯兰教"的质疑

对非洲伊斯兰教概念质疑的逻辑，其实很容易理解：非洲不只是地理范围广阔的地区，它所承载的文化也是多样的，在这种多样性的文化背景中，外来的伊斯兰教必然受本土文化的影响，从而使这里的伊斯兰教也具有多样性。所以，大卫·罗宾逊（David Robinson）就认为，对非洲大陆的穆斯林社会和伊斯兰教的讨论，必须考虑到非洲根本没有统一而特殊的伊斯兰教的"正统形式"，在非洲和整个伊斯兰世界都是如此。这个大陆太广阔，伊斯兰教不可能只有一种表达方式，伊斯兰教在非洲的历史经验也表明，这种历史经验的多样性，也不支持单一的"非洲伊斯兰教"这种概念。如果从地理学的角度，想象一下非洲的穆斯林社会的扩张，以及其与地方社会多种多样的联系与纠葛，这种论点立刻更有说服力（David Robinson, 2004：11）。言下之意，不论是原来撒哈拉以南非洲意义上的伊斯兰教，还是后来全非洲地理意义上的非洲伊斯兰教，都不能成立，这种所谓具有统一性的伊斯兰教，仅是学者的虚构。

对非洲伊斯兰教最新的质疑与否定，来自罗曼·罗伊美尔（Rowan Loimeier），他在《非洲穆斯林社会》中，试图系统地证伪"非洲伊斯兰教"。他认为，非洲的各个地理单元，人种与民族不同，文化各异，依托这种文化多样性而生成的伊斯兰教，差异也非常大（Roman Loimeier，2013：11-34）。北非与撒哈拉以南非洲，是截然不同的文化，在北非内部，埃及与马格里布也不相同，即使在马格里布，地中海沿岸的阿拉伯伊斯兰教，与沙漠深处的柏柏尔伊斯兰教，差异也是非常明显的。在撒哈拉以南非洲，西非、东非、中非的伊斯兰教也受当地部落文化的影响，西非的豪萨伊斯兰教与东非斯瓦希里伊斯兰教，呈现截然不同的面貌。索马里人的伊斯兰教与埃塞俄比亚人受基督教熏陶的伊斯兰教，也不相同。再看看南非具有南亚、东南亚色彩的伊斯兰教与北非的阿拉伯伊斯兰教，差异更大。在非洲各地穆斯林社会中，伊斯兰教法的实施程度千差万别。1818年，西部非洲的班巴拉人（非穆斯林）被穆斯林的吉哈德运动征服后，以此为基础建立了马西纳伊玛目国家，新生的帝国将伊斯兰教法作为唯一的立法渊源。但是，在马西纳社会中，图库洛尔①妇女的地位很高，当地的穆斯林学者不敢对她们严格实施伊斯兰教法。特别是当她们犯有重罪（胡杜德），根据教法要实施重罚的时候，则更为棘手。在马西纳，当图库洛尔妇女因犯罪而需要重罚时，不是根据相关伊斯兰法规定，直接对该妇女实施惩罚，如鞭刑，而是对她的财产实施惩罚，用鞭子对她的屋顶猛抽，让她因财产受损而心痛。同一时期，在作为伊斯兰文化中心的埃及，如果穆斯林犯有同样性质的错误，那是绝对要挨鞭子的。所以说，非洲范围内的伊斯兰教绝非铁板一块，没有所谓非洲伊斯兰教存在，非洲斯兰教，只能是一种假设。

在认识到全非洲范围内伊斯兰教的多样性时，也不能否定它的统一性，伊斯兰教的基本信仰与礼仪，全非洲都是一样的。事实上，不但全非洲一样，整个伊斯兰教也是大致统一的。因此，尽管非洲的各穆斯林社会在地域上、历史上和文化上存在惊人差异，它们仍被视为"伊斯兰社会"。为了弄清楚"多样的统一"这种似是而非的概念，我们应该将伊斯兰教想象成一种由多种元素构成的集合体：关于信仰、日常生活的

---

① 图库洛尔人是富拉尼人的一支，广泛分布于西非，主要生活在塞内加尔北部和毛里塔尼亚南部的塞内加河谷地。因聚居地区不同，又分为两支：生活在托罗地区的人称为托罗贝人，生活在贾隆地区的人称为富塔延克人。850年，西非塔克鲁尔帝国的缔造者，可能来自西非首批皈依伊斯兰教的黑人部落（11世纪）。18世纪时，图库洛尔人建立了图库洛尔帝国。

文本的集合体，关于宗教礼仪和节日的集合体，关于标准和价值的集合体，关于以《古兰经》和圣训为基础内容的教育传统的集合体以及关于大量法律和神学文献的集合体。

更重要的是，上述元素都是为了解释和服务于所有穆斯林社会共有"先知时代"的概念，这一概念将不同地域、不同时代的穆斯林统一在一个独有的时间段里，并且这一概念被反复地解读。正是因为这些"集合体"的内涵如此之多，各地的穆斯林只能部分地或有选择地拿来为己所用，即使宗教学者也通常只是熟悉其中的部分内容。他们在某些方面术有专攻，如作为伊斯兰法理学的专家，被授予传教凭证后，有资格教学授徒，但是相应地他们也不自觉地强调自己所擅长的领域。在穆斯林学术圈之外，普通穆斯林关于某神学立场、教法、伊斯兰历史或哲学的知识，所知更少，或根本一无所知。并且，在所有的穆斯林社会中，并非伊斯兰教的所有内容，在任何时候都被平等地受到重视。有的学术传统中，苏非主义受到格外重视，有的学术传统则更重视教法学。即使同一个穆斯林社会，不同历史阶段所关注的内容也不一样。

在桑给巴尔，从伊斯兰教育的课程表来看，19世纪末时比较重视教法学，到20世纪末已经转移到教义学和圣训上来了。同时，桑给巴尔宗教学校中伊斯兰各学科的教学文本，也从20世纪50年代的235种，减少到20世纪80年代的85种。其中许多教材，包括《古兰经》，已经被译成斯瓦希里语，并用斯瓦希里语教授。这种差异性，正是寓于伊斯兰教的统一性之中。

所以，全非洲的伊斯兰教，也是一个多样性的统一体。每个地方的穆斯林社会，都是一个独特而连续的"散漫的传统"（discursive tradition），即使所有穆斯林社会的这些传统不完全相同（David Robinson，2004：20）。但是，每个传统都有共同的伊斯兰基本知识，有一些被广泛接受和认知的要素：重要的圣地如麦加、麦地那、耶路撒冷等；重要的节日，如开斋节、宰特节、朝觐月等；关于先知穆罕默德名字、沙哈达、安拉至大的阿语书法（挂在墙上，绣在旗帜上或印在日历上）；代表一些圣人如艾哈迈德·邦巴、阿卜杜·卡迪尔·吉拉尼的符号；多种多样的护身符，或地毯、拜毯上麦加清真寺的图案等；多数穆斯林都熟知的重要事件或话语词汇等，所有这些符号或象征，林林总总，共同构成所谓伊斯兰教的

"大传统"。大传统与小传统（散漫的传统）的统一与结合，才是伊斯兰教丰富多样的真实存在。

基于小传统的逻辑对非洲伊斯兰教概合理性的质疑，有其合理性，它强调了伊斯兰教在不同地域的地方化特征。但是，对地方性小传统的强调，并不能否认伊斯兰教大传统所蕴含的统一性。这也说明，非洲伊斯兰教这个概念，不论是在撒哈拉以南非洲伊斯兰教意义上，还是在全非洲伊斯兰教的意义上，仍有其存在的合理性。

结　语

在非洲的伊斯兰教研究领域，"非洲伊斯兰教"这个概念，有两种基本含义，一是指撒哈拉以南非洲的伊斯兰教，二是指全非洲的伊斯兰教。前者是殖民时期的学者所建构起来的概念，旨在强调它与北非阿拉伯伊斯兰教的区别，突出撒哈拉以南非洲的特征；后者是最近几十年基于全非洲的地理意义所建构起来的概念，旨在突出"整个非洲地域内的伊斯兰教"，强调这一地区伊斯兰教的统一性。

当代学者以非洲文化的多样性为逻辑基础，对前两种意义上的非洲伊斯兰教提出了疑问，认为它们不是一种现实存在，根本没有所谓"非洲伊斯兰教"。但同时，这些学者也承认，非洲伊斯兰教概念的背后，蕴含着这个大洲的伊斯兰教所具有的统一性。也就等于说，非洲伊斯兰教这个概念，仍有理论与现实的指向，这也是它仍被广泛应用的基础。

非洲伊斯兰教概念的形成与演变、对其特征的探讨，以及对其存在的质疑，都可以理解为人们对非洲这块土地上的伊斯兰教，从认识到不断加深理解过程中的一种自然现象。从最初接触北非的阿拉伯伊斯兰教，到对撒哈拉以南非洲伊斯兰教的宏观了解，再到对非洲各地区伊斯兰教微观细究，每一步都代表着认识的深化、理解的深入。围绕着非洲伊斯兰教关于大传统、小传统、多样性、统一性的争论，是从现象到理论的探讨，表示学术界希望在理论建构上有所突破。

参考文献

Rosander，Eva Evers and David Westerlund，eds.

1997. *African Islam and Islam in Africa： Encounters between Sufis and Islamists*，Athens：Ohio University Press.

Robinson，David

2004. *Muslim Societies in African History*，Cambridge：Cambridge Univwuiy Press.

Kritzeck，James and William H. Lewis，eds.

1969，*Islam in Africa*，D. Van Nostrand Company（Canada），Ltd.

Trimingham，J. Spencer

1952. *Islam in Ethiopia*，Oxford：Oxford University Press.

Hiskett，Mervyn

1995. *The Course of Islam in Africa*，Edinburgh：Edinburgh University Press.

Levtzion，Nehemia and Randall L. Pouwels，eds.

2000. *The History of Islam in Africa*，Athens：Ohio University Press.

Bravmann，Rene

1984，*African Islam*，Smithsonian Inst Press.

Arnaud，Robert

1906. *Précis de politique musulmane*，Nabu Press.

Loimeier，Roman

2013. *Muslim Societies in Africa*，Bloomington：Indiana University Press.

Ponty，William

1911. *Haut Sénégal et Niger*. Archives naitonales de la république du Sénégal（ANS），15 G 103，Gov. -Gen. AOF to Lt. -Gov.

◎ 学科关键词

香　火[*]

赵雪萍

　　摘　要　古往今来,香火及其观念对人们的日常生活、精神世界有着深远影响。香火的媒介属性、生物—身份属性、文化属性、经济属性分别指向了香火的不同层面,却又相互含括。无论是作为一件实物、一个象征符号,还是个体抑或群体的身体实践、社会行为,香火已经成为中华传统文化的一个关键符号。无论在哪个具体的语境、情境,对"香火"理解都应有整体性视角。

　　关键词　香火　灵力　子嗣　香火经济

　　从"人"的层面来理解香火,我们通常想到的是子嗣,如常言所说延续某家、某门或某人的香火。在"物"的层面,香火往往是对庙宇中用于焚烧以沟通神灵的香与烛火,以及与求神、谢神相关祭品的统称。在宗教实践中,香火更指借由这些"物"的形式所指代的神(或祖先)的灵力,以及民众的美好愿望与评价。人们所说及所祈盼的"香火旺"将这些不同层面统合了起来:首先,是子孙兴旺;其次,是神的灵验;最后,是民众对神灵验的丰厚回报。如果将上述概念作为对香火的狭义理解,那么在广义上,香火还指一定地区人们的一种生活与生计方式,以及一定意义上可被个人与集体所利用的经济手段和资源。

---

　　*　本文系中国人民大学科学研究基金项目(批准号:22XNLG09)的阶段性成果。

一　香火的媒介属性

《辞海》中对香火有如下解释：一是指供奉及祭祀祖先神佛时燃点的香与烛（灯）火；二是指在寺庙中管理香火事务的人；三是指子嗣、后裔及继承人。由此可见，香火一词主要是指"物"和"人"。作为"物"的香火，它实则是一种连接媒介和手段。民众通过香火来取得与神灵或祖先的联络与沟通。香火帮助民众实现现实世界与看不见世界的连接，以及实现过去、现在与未来的连接。普通的民众在对神灵及祖先的长期供奉与定期求拜中，通过上香、烧香来表示其虔诚和敬意，并希望借此与神灵或祖灵建立联系并进行沟通，进而求得他们庇护，帮其排忧解难、实现愿望。王斯福（Stephan Feuchtwang）认为："烧香就是通过形式上的尊敬而达成的一种自由交流，往下说，就像是一位主人对待客人，往上说就像是臣民对于皇帝。"（王斯福，2008：149）台湾信众也普遍相信，"烧香好比是邀请别人进来接受一份真诚的礼物，并由此建立一种关系，这种关系也可以是一种重聚"（Feuchtwang，2007）。在烧香的过程中，袅袅烟气作为媒介将民众的祈求和心愿传达给神灵和祖先，使得人与超自然力量建立关系，与祖先实现重聚和沟通，从而获得祝福与护佑。

李慰祖早年的研究显示，在北平，一种被称为"香头"的神媒则通过"瞧香"和"顶香"来实现自己与仙家的沟通，进而在仙家的授意下给人看病。"瞧香"是指将香点燃后，神媒通过肉眼观察香的火焰，并在仙家的指示下说出病情及治疗方法。"顶香"则是通过焚香请神附体进而为人治病或解决问题。因此，顶香也称为顶神（李慰祖，1941）。如今，在华北乡野，神媒"瞧香治病"仍然是乡土宗教和乡野庙会的核心（岳永逸，2014）。

在中国，作为人神沟通的媒介，香火古已有之。"周人升烟以祭天，称作禋或禋祀。《诗·周颂·维清》：'维清缉熙，文王之典，肇禋。'笺：'文王受命始祭天。'即是说，这种祭制始于周文王。"（转引自为稼，1993）只不过，那时烧的还不是"香"，而是柴、玉帛、牲体、香蒿、粟稷等物。《周礼·春官·大仲伯》中"以禋祀祀昊天上帝，以实柴祀日、月、星、辰，以槱燎祀司中、司命、风师、雨师。注：'禋之言烟'，三祀皆积实柴牲体焉，或有玉帛，燔燎而升烟，所以报阳也"（转引自孙诒让，1987：1297）。由此可见，当时的禋祀就是点燃实柴、牲体、玉帛等物，以其烟气（香气）祭神，与后世的烧香类似。这或许也与古人对火的崇拜有关。火在古代是人类生存的必要条件。在古代先民的思维中，火就是神灵，他们崇拜并祭祀这一神灵。《周礼·夏官司马第四·司爟》中提到"凡祭祀，则祭爟"，其释义为："凡祭祀，（在祭祀结束时）就行祭爟礼。"（杨天宇，2004：433）其中，爟就是指火或火把。

在汉武帝大规模开边时期，西域的"香料"传入中国，进而开始了真正的烧"香"时代。《说郛》（卷35）引宋吴曾《能改斋漫录》称："又按汉武故事亦云，毗邪王杀休屠王，以其众来降。得其金人之神，置甘泉宫。金人者，皆长丈余，其祭不用牛羊，唯烧香礼拜。然则烧香自汉已然矣。"（陶宗仪，1986，卷35第六册：16）

对于香，刘枝万曾言："香在中国民间信仰上，实有通神、去鬼、避邪、祛魅、逐疫、返魂、净秽、保健等多方面作用，尤以通神与避邪为最，则由香烟与香气之二要素而演成者；盖香烟袅袅直上升天，可以通达神明，香气荡漾，自可辟御邪恶，乃是人类所易于联想到之作用。"（刘枝万，1967：129—130）从中，我们可以看出香作为人与神灵之沟通媒介的属性。在香火这一媒介的沟通作用下，神明成为"人间行政等级制度的翻版"，由此"分香"及其代表的地域性组织发展出来（王铭铭，2011：385）。张珣也指出，"香火具有沟通与表示渊源的作用，并且，香火是中国进香与西洋朝圣两者差异的核心"（张珣，2015）。

文人笔下的"香火"似乎在东汉就已经出现，至六朝尤盛。为此，黄典权强调"香"的重要性。他指出："'香火'一词在诗文中远超过'薪火'的出现，'香火'中的'香'字也重要于'火'字。'馨香蒸尝'转变成'焚香礼拜'，'薪火相传'变成'香火传承'。"（黄典权，1991）与此不同，张珣认为"火"更为重要。她指出，汉人以阴阳五行的分类来解释香产自南方，并将香定位为阴阳五行中的"火"。从制香过程中，张珣发现，香要依托于火才能产生灵力，即香火、香灰才有灵力。香只有经过焚烧才能产生香气，香点燃时产生火苗，火苗消失则转为香光或烟气等视觉上的表征。火是通过香来延续的，因此，"香"与"火"逐渐并称，形成了后世宗教仪式中独特的香火观念（张珣，2015）。刘枝万则将上述两种认知结合并认为，香实际上是中国圣火崇拜的一种形式。"火化"或许是香被赋予灵力的原因。人们认为神灵钟爱香火，香火是神灵灵力的具体化。因此，台湾有的地方也将分灵、进香称为割火、请火、刈火等。① 诸如福建坊前乡还在传承的那样，② 大陆一些地区仍留存的迎香火的仪式习俗或许也有着类似的思维。在当地民众心目中，香火与神灵、祖灵密切相关，甚至是其物质载体。因此，将香火迎回家隐喻着将神灵、祖灵以及它们的祝福与庇护迎回家。

二 香火的生物—身份属性

作为"人"的香火主要有两种指称，体现了其生物—身份属性，其一为《辞海》中所谓子嗣、后裔及继承人，其二为寺庙中管理香火事务的人。前者是我们所熟知的概念，如某家某个姓氏没了后人，通常就被叫作"断了香火"。由此，作为"物"的香火与作为"人"的香火产生了关联，即人们通过烧香来求得子嗣，请求神灵或祖先保佑不要断了某门香火，后继无人。"不孝有三，无后为大"这一深受儒家家庭伦理与宗族传统影响的思维，及由此而形成的习俗在民间社会自古流传至今。这一意义上的香火观念，既体现人们对家族后代的美好祈盼以及其背后所承载的家族责任，也造就了不少家庭、婚姻、生育的闹剧和悲剧。在小说及影视作品中，我们时常可以发现这一情节母题，如作家笑言的小说《香火》（2008）及电视剧《香火》③。

对于后者——作为寺庙中管理香火事务的人，香火也可以被理解成一种职务或者职业。香火与都讲、维那、梵叹都是寺庙讲经法会的成员。在法师讲经时，都讲充当其重要助手，负责读练、提问、发难等。维那是寺院的执事僧，常日里协助寺主主持寺内的事务，当法师讲经时则负责维持

---

① 王铭铭以福建溪村的游神活动为例介绍了刈火，并对其进行了分析，指出香火的纵向性，即将灵力纵向地贯穿起来，由此将大大小小的庙宇联结成一个由不同地方构成的等级秩序。

② 迎香火是一乡土宗教活动，在中国一些地区，有其固定的活动时间与仪式。如福建南安县坊前乡一般在春节期间举行迎香火的活动。初四起火（当天清晨要念文疏、做法事、抬佛、司公发牒、请火、运境）、初五接火、初五至初九看火、初十散火。

③ 电视剧《香火》，高寒执导，苗圃、周一围、韩童生、李彬、胡丹丹等主演，2015 年由北京长江传媒有限公司、浙江省东阳市富汇全影视有限公司出品。

纲纪。梵叹主要负责在法师讲经时作梵音。香火就是法师讲经时负责烧香、点灯事宜的僧人。他们都被称为"见讲诸僧"，是讲经法师的辅助人员（晓文，1992）。在东晋时期，行香在佛教徒礼佛讲法过程中十分重要。如当时名僧释道安"所制僧尼轨范，佛法宪章，条为三例，一曰行香定座上讲经上讲之法；二曰常日六时行道饮食唱时法；三曰布萨差使悔过等法"（释慧皎，1992：183）。其中，第一例就要求"行香定座"。因此，担任香火一职的僧人，除了在法师讲经时负责烧香、点灯事宜外，还可能负责寺内平时的烧香与点灯事宜。这类职位，在《金石萃编》中也有记载，"其寺职之称曰：和尚、比丘、比丘尼、都维那、维那、典录、典坐、香火、沙弥、门师"（王昶，影印版：18）。又《昌谷集》中有载："若造化未忍，终弃得一香火职事，则可以苟禄偷安矣。"（曹彦约，影印版：12）此外，在南北朝时期，由佛教信徒结成的以从事造像活动为中心的宗教团体"佛社"中，也有香火一职。他们主要是那些在礼佛活动时负责有关香火事宜的佛社成员，佛社内的香火也被称为"香火主"。《八琼室金石补正》云："昨和拔祖等合邑一百二十八人造像记中有香火主荔棐子和。"（陆增祥，1985：145）

晓文曾给香火总结出五个义项：一为香烟、灯火，用于祭祀鬼神；二为神前盟誓所用香火，指称结盟；三为寺院内主管香火事宜的执事僧；四为佛社内负责香火事宜的成员；五为香火作为佛法的象征（晓文，1992）。作为管理香火事务的人的香火正是体现了第三、第四个义项。

在范小青的小说《香火》（2011）中，主角是名字叫作香火并充当香火一职的人，正如程德培在读后感中所言："全书十二章，贯穿始终又无处不在的是香火，他在太平寺、阴阳岗、烈士陵园和孔家村之间来回穿梭。无论饥荒年代、动乱年代和太平年代，他都是亲历者和参与者；无论是活着的人还是死去的鬼，在场还是缺席，理解还是不理解的，他都起着媒介的作用，他既混淆着对立的双方，同时又站在两者之间。"（程德培，2012）在小说这一情境中，我们似乎可以看到作为"人"的香火类似于作为"物"的香火，而成为沟通媒介的一种隐喻。

三 香火的文化属性

如果把作为"人"的香火理解为香火的生物—身份属性的话，那么关于香火的习俗以及香火所承载的文化意指可以被认为是香火的文化属性。

迎香火、堆"达达火"① 等香火习俗主要体现的是民众对天地诸神及祖先的敬畏与崇拜。香火堂、香火榜、香火神位等正是这一观念习俗在空间上的呈现。香火堂中所供奉的神祇主要有主神和附神两种。其中，主神为天地君（国/宗）亲师，通常会在正中设其牌位。而附神则分布在不同的位置上，一般香火的左边为主家所信奉的神祇，香火右边为主家历代先祖。有的家庭在香火底下接地处还会供奉上本宅的土地神。另外，其他的构成要素还有香火堂的堂号与堂联。堂号指某一姓氏中某一支某一房的称号。② 堂联一般用红纸写成条幅贴在两旁。它们主要表达主家对祖宗的崇敬，称颂本族祖宗的源远流长及其功德，以及祈祷本族后人的兴旺长盛。在民众心目中书写香火、安香火是十分神圣重要的事情，并有相应的仪式。在其写作格式、字数、字体等方面也都有着严格的要求与禁忌（谢国荣，2015）。当然，不同地域香火堂的指称也不同。在一些地方，香火堂统指供奉祖宗牌位、神像以及家族祭祖的地方。而在浙江松阳石仓，阙氏香火堂则专指"祖堂"，里面供奉"唯一的不被他人分享的先祖"，由此体现出的是基于血缘的可确定性联系（王媛、曹树基，2014）。

《辞源》对香火的解释有二：其一指用于祭祀鬼神的香烟灯火，其二指在神前盟誓所用的香火，意指结盟（《辞源》，1988：1872）。在《中文大辞典》中，香火有三个意指：一是烧香燃火以敬神；二是佛家语烧香灯火人奉于寺庙之物，故寺庙中司香火之事者俗称香火；三是烧香燃火以结盟（《中文大辞典》第 10 册，1976：256）。两个辞典均指出香火除了上文已提及的作为"物"的和作为"人"形式的香火外，

① 堆"达达火"，也称生旺火，是北方地区，如山西、河北、内蒙古等地的一种风俗习惯。在山西文水，通常于正月十五元宵节前人们将蜂窝煤堆成塔状，并在晚上点燃，以旺盛的火势寓意全年兴旺发达。有人认为，这一习俗与古代的祭祖、驱邪有关，也有人认为，其与古人对火崇拜有关。

② 通常会写为"某某堂"，但也有写成"某某世第"的。对于没有家族谱并且以往堂号失传的家庭，其堂号往往写为"福禄祯祥""祖德流芳"等字样。详见颖川郎《香火的写法——农村乡党应酬之（三）》，http://blog.sina.com.cn/s/blog_ b26334be0101b4qx.html，查询时间：2016 年 10 月 6 日。

还意指结盟。关于结盟，如《北齐书·神武纪》亦载："其长史慕容绍宗谏……兆曰：香火重誓，何所虑也。"（李百药，2000：4）此外，"香火社""香火姻缘""香火兄弟""香火姊妹"等词与结盟这一意指同样有着密切的关系。

香火社是指佛教徒的结社，以香烟灯烛供佛而得名。如白居易的《兴果上人殁时题此诀别兼简二林僧社》："本结菩提香火社，为嫌烦恼电泡身。不须惆怅从师去，先请西方作主人。"（白居易，影印版：9）《旧唐书·白居易传》中记载："（白居易）与香山僧如满结香火社，每肩舆往来，白衣鸠杖，自称香山居士。"（刘昫等，1975，卷 166 第 13 册：4356）后来，香火社一词遂泛指志同道合的结盟。宋代林光朝《艾轩集·次韵贺邱国镇致仕》云："解后却成香火社，好将诗句细商量。"（林光朝，影印版：12）

由于古人盟誓时多设香火以告神。因此佛家通常称彼此契合为香火因缘，即似乎前生已结盟好，于是今生便十分有缘。香火因缘一词亦泛指普通人同奉佛教之人的亲切关系，有时也写作香火缘（《辞源》，1988：1873-1874）。

对于佛家之外的人而言，其结拜盟誓亦要焚香告神，这已是一种久远的习俗。唐代，香火结拜十分兴盛，且不乏帝王将相使用之。《旧唐书·突厥上》有载："太宗又前，令骑告突利曰：'尔往与我盟，急难相救，尔今将兵来，何于香火之情也？亦宜早出，一决胜负。'"（刘昫等，1975，卷 194 第 16 册：5156）在《旧唐书·高适传》中，也记载了监军李大宜曾与将士结为香火（刘昫等，1975，卷 111 第 10 册：3329）。

"香火兄弟"一词是指某种行业中，意气相投的人在神前立誓结为兄弟（《辞源》，1988：1873—1874）。正如岳永逸的研究表明，无论是唐代教坊中的香火兄弟还是宋代社会的香火姊妹，二者都有着各自时代的烙印和文化意涵：在唐代，与上层社会中出于政治、军事、外交等目的的香火结盟不同，教坊女艺人结为香火兄弟除了有维护自身利益将其作为一种生存策略的考虑外，还有着特殊的意义——不同族群文化交流中胡人习俗的渗入，以及作为男权社会之反结构对男权世界的戏仿、嘲弄、反判与挑战；较之于香火兄弟对男权的反抗，宋代香火姊妹则是以男性为中心，是对男权从属之果（岳永逸，2011：496—501）。

四 香火的经济属性

这里的经济属性有两层含义：一是指作为个体或群体的谋生手段、经济来源，二是指作为一种有待开发利用的经济资源。

在湖南冷水江市金竹山乡杨源村，香火是一种日常生活方式，是当地数百位师教与道教执仪者的生计手段。香火在当地有着三种意涵。第一，宗族意义上的理解，即张氏宗族的男性后代。这与前文所言的作为"人"的香火概念相一致。第二，行为意义上的理解，即打醮、做道场法事等行为。在当地，人们将外出"做功德"（做法事中自己的唱、念、做、演）称为"做香火"；张氏族人将学习做功德称为"学香火"；将收徒弟传做法事技艺称为"传香火"；一个家族经常出去做香火则被称为"香火旺"。第三，空间意义上的理解，即每户张坛道士在外做法事、道场的地域范围。这一范围通常为某个村落或某个宗族以及某个房份的聚居地。这样的"工作"范围是可以传承子孙的。例如，同为张坛弟子的兄弟二人，分别从其父亲那里继承属于自己的"工作"地域范围，这种情况一般被称为"分香火"。另外，如果家里子孙香火旺，一家人就可以拿下不同类型、不同难易程度的道场与法事。因此，在实际行香火的过程中，往往遵照"肥水不流外人田"的原则，父辈们的香火通常为兄弟共同继承、互为帮手。从父辈继承来的香火被称为"老香火"。如果家中人丁不旺，或是无人学香火，老香火由别人继承，那就意味着这门的香火跑了。此外，如张坛弟子去往本坛族人未曾涉足过的地域做法事、道场，并在当地建立起固定的合作关系，这一情况则被称为"创香火"。在杨源村，五十多位张姓族人以香火为生，或做师公，或扮道士，诵经打醮、祈福超度。（齐琨，2014）

综上所述，"香火"一词是个多面体。它有着不同的属性，如媒介属性、生物—身份属性、文化属性，以及经济属性。每一种属性都承载着不同的意义，并相互涵括。香火绝不仅仅是日常生活中的一个语词。无论是作为一件实物、一个象征符号，还是个体抑或群体的身体实践、社会行为，"香火"已经成为中华传统文化的一个关键符号。因此，无论是在哪个具体的语境、情境，对"香火"理解都应有整体的视角及全方位的感受和体验。

参考文献

中文

（唐）白居易：《白氏长庆集》，《钦定四库全书荟要》（影印版）。

程德培：《变化之中有变化——范小青长篇小说〈香火〉读后》，《当代作家评论》2012 年第 1 期。

陈纬华：《灵力经济：一个分析民间信仰活动的新视角》，《台湾社会研究季刊》2008 年第 3 期。

《辞源》（合订本）：商务印书馆出版，1988。

（宋）曹彦约：《昌谷集二十二卷》，《钦定四库全书》（影印版）。

范小青：《香火》，江苏文艺出版社，2011。

黄聪聪：《浅析坊前乡迎香火的内在意义》，《民族论坛》2008 年第 10 期。

黄典权：《香火传承考索》，《成功大学历史学报》1991 年第 17 期。

（唐）李百药：《北齐书》（简体字本），中华书局，2000。

（宋）林光朝：《艾轩集》，《钦定四库全书》（影印版）。

李慰祖：《四大门》，燕京大学法学院社会学系学士毕业论文，1941。

（后晋）刘昫等：《旧唐书》，中华书局，1975。

刘枝万：《台北市松山祈安建醮祭典：台湾祈安醮习俗研究之一》，《中央研究院民族学研究所集刊》（十四），中研院民族学研究所，1967。

（清）陆增祥：《八琼室金石补正》，文物出版社，1985。

齐琨：《香火生活——关于湖南冷水江市金竹山乡杨源村师教与道教执仪者的调查》，《中国音乐学》2014 年第 3 期。

（梁）释慧皎：《高僧传》，汤用彤校注，中华书局，1992。

（清）孙诒让：《周礼正义》，中华书局，1987。

（明）陶宗仪：《说郛》，中国书店，1986（据涵芬楼 1927 年 11 月版影印）。

为稼：《中国烧香源流简说》，载宁锐、淡懿诚主编《中国民俗趣谈》，三秦出版社，1993。

王铭铭：《人类学讲义稿》，世界图书出版公司，2011。

〔英〕王斯福：《帝国的隐喻》，赵旭东译，江苏人民出版社，2008。

（清）王昶：《金石萃编》，《经训堂藏版》（影印版）。

王媛、曹树基：《〈回闽路程〉：香火堂与移民先祖之祭》，《近代史研究》2014 年第 4 期。

谢国荣：《中国民间"香火"文化初探》，《中共桂林市委党校学报》2015 年第 1 期。

晓文：《释"香火"》，《首都师范大学学报》（社会科学版）1992 年第 5 期。

笑言：《香火》，北方出版社，2008。

杨天宇：《周礼译注》，上海古籍出版社，2004。

岳永逸：《老北京杂吧地：天桥的记忆与诠释》，生活·读书·新知三联书店，2011。

岳永逸：《行好：乡土的逻辑与庙会》，浙江大学出版社，2014。

岳永逸：《民族国家、承包制与香火经济：景区化圣山庙会的政治—经济学》，《中国乡村研究》2016 年第 1 期。

《中文大辞典》，中华学术院印行，1976。

张珣：《非物质文化遗产：民间信仰的香火观念与进香仪式》，《民俗研究》2015 年第 6 期。

英文

Feuchtwang，Stephan

2007. "On Religious Ritual as Deference and Communicative Excess," in *The Journal of the Royal Anthropological Institute*, 13 (1)：57–72.

Yue，Yongyi

2016. "The Nation-State, the Contract Responsibility System, and the Economy of Temple Incense：The Politics and Economics of a Temple Festival on a Landscaped Holy Mountain," in *Rural China：An International Journal of History and Social Science*, 13：240–287.

神　马[*]

蔡加琪

　　摘　要　神像画是人神沟通的重要媒介，更是民间宇宙观、生命观、宗教观以及审美观的对外展示和对内强化。神像画在民间有各种称呼，其中"纸马""神马""神码"等在学界存在混用情况。按照其功能，在民间信仰中使用的神像画可以分为祈愿后焚化的纸马和用于供奉的神码两大类。从形制、内容、使用、属性四个层面，可以进一步明确神马的基本特征。

　　关键词　神马　纸马　神码　神像画　民间信仰

一　混淆与误称

　　民间的神祇画像在不同地区有不同的称谓，如河北内丘叫"神码"，冀中南叫"神案""五花坛"，江苏无锡叫"纸马"，广东叫"禄马""贵人"，云南叫"神马""马子""甲马"，西南地区叫"神案""神榜"，台湾叫"甲马"。目前，学界尚未对这些民间叫法的实际对应物做出清晰的界分，尤其是纸马、神马、神码等，存在混用的情况。因在形制与性质上有共通之处，或名称发音相同、字形相近，它们常常被当作同一民俗事项。

　　首先，"纸马"一词的指涉有歧义。除了作为神祇画像的纸马，还有象生的纸扎纸马。前者是中国民间版画的一种，它与纸钱、纸扎、经符等具有内在联系（张道一，2013）。虽在名字中含"马"，但并不意味着画面只有马，其表现重点是神；甚或图上无马，唯有神明，诚如《燕京岁

　　＊　本文系中国人民大学科学研究基金项目（批准号：22XNLG09）的阶段性成果。

时记》中载："京师谓神像为神马儿，不敢斥言神也。"（潘荣陛、富察敦崇，1981：78）关于"纸马"的名称，大致有两种观点。一说纸画上的神仙往往骑着马，故称纸马。清赵翼《陔余丛考·卷三十·纸马》云："昔时画神像于纸，皆有马以为乘骑之用，故曰'纸马'。"[①]（赵翼，1990：524）从这个意义上讲，神仙或武将披甲骑马的狭义"甲马"可视为纸马的一类。一说"马"为比喻义，清虞兆隆《天香楼偶得·马字寓用》中"以此纸为神佛之所凭依，似乎马也"（《四库全书存目丛书·子部》第98册，1995：270），可通俗理解成燃纸化烟，如绝尘之马，将消息传递到神明那里。故有学者认为，神马即纸马。而使用"神祃"这一名称则是无视了军祭与民祭的区别（"祃"专指古代军队的祭仪），是对"神马"的误写（陶思炎，2010）。捎带提及，"神模"一词，唐时已有，意指神像，但有清人因音近而误"模"为"马"，彼时有簿册即以"神模"谓称"神马"（徐时栋，1996：607）。

其次，学者定义的纸马与民间所称之纸马的实际使用有出入。古代典籍中对于纸马的用法描述大多跟纸钱相近，"祭赛之，毕即焚化"（徐时栋，1996：607）。当代国内学者对于纸马的理解，也多为"供人祭祀后焚烧的神像"。[②] 而从田野调查的情况来看，在河北省内丘，纸马只有部分祭毕即焚，大多吉神的画像在法事结束后会被供奉起来，同属河北省的武强亦是如此（姜彦文，2013）。足见学界之纸马与部分地区所称之纸马不完全重合。就内丘纸马更名内丘神码，有非本地学者认为，古代"码"与"马"相通，"神码"就是"神马"，而"神马"又是"纸马"的别称，所谓内丘"神码信仰"与他地的纸马信仰别无二致，改名无意义。[③]如此判断，显然脱离实际。此外，东西方学者的理解也未达成共识。19世纪末，来华传教士最早对中国纸马展开研究，美国传教士队克勋的《中国农民信仰——中国纸马研究》即为相关成果。文中将浙江地区的"马张"（当地对纸马的别称）按惯例译为"paper gods"，所展示的内容包括了门神。对此，有东方学者指出，外国学者认为纸马还可作为神像供

---

① 赵翼不赞同虞兆隆对"纸马"的释义，且该文将"纸马"列于"纸钱"条目之下。

② 国内对纸马的研究兴起于20世纪80年代，张道一在《无锡"纸马"》（1984）一文中的表述为后来者奠定了基调。当时学者普遍认为"移风易俗，纸马已经失去了存在的条件"，确有时代的局限性，纸马至今仍然活跃在民间。

③ 姜彦文提到，当地文化精英将内丘纸马更名内丘神码，在学界引起争议。

奉，这或许是"重形态不重用途"的英文译名造成的理解偏差（泷本弘之，2013：41—48）。

最后，纸马之属不应与年画混淆。关于纸马铺的记载始见于宋代，如《梦粱录·卷六·十二月》："岁旦在迩，席铺百货，画门神、桃符、迎春牌儿。纸马铺印钟馗、财马、回头马等，馈与主顾。"（孟元老等，1982：45）可见，除了贩售香烛纸马等焚祭物品，纸马铺也会在年节时候印制一些可张贴于门房的吉祥画，但不能因为它们都出自纸马铺而一概泛称纸马。综观国内的纸马研究，时常并入年画领域。纸马确乎与年画关系匪浅。得益于雕版印刷术于唐代中后期的普遍应用，民间自行印制纸马和年画（最早形式为门神画）成为可能。晚唐时，随着商业和手工业的发展，一些画工的作品能够在市场出售甚至销往外地。而后，纸马和年画于宋代逐渐成熟，于明清进入繁荣阶段（薄松年，1980，1982；王树村，2008）。仅仅因为版刻印画、历史沿革相近，且同会在新年庙市上出售，就把纸马划为年画的一个特殊类型，忽略两者在使用方法和文化意涵上的差异，委实失之偏颇。同理，须焚香礼拜的神像画和用于装饰的神像画也应有所区别。例如上文提到的门神画，一些学者认为，门神画虽有辟邪功能，但未构成崇拜，其装饰功能更占上风（泷本弘之，2013：41—48）。

综上所述，对于民间的神祇画像，在尊重地方性知识的同时，须根据具体情况加以区分，以保证学术研究与交流的准确性。依笔者浅见，可将"神马"统称民间用于祭祀的神像画（区别于佛教、道教的水陆画），并按不同的处理方式，将之分为祈愿后焚烧的纸马类和用于供奉的神码类。以此类推，甲马、神奇纸、菩萨纸之类应属纸马类，神榜、神案、五花坛之类应属神码类。

二　神马的基本特征

（一）形制

神马一般为矩形纸张（纸马类个别为圆形或异形，神码类也有布、绢等质地），尺寸不一。画面有版刻印刷的，有手工绘制的，也有印、绘兼用的。版印神马多以墨色勾线，或有彩色填充（红、黄、绿三色最为常见）。其中，纸马类一般为单色墨印，纸张底色有白、黄、红、粉、青、紫等，各地情况不同。手绘神马或由道师、巫师、香头之类的神媒自行绘制，或由专门的民间艺人在被告知神明及排序后绘画而成。因对神明的认知根植于地方文化，故神祇之形象有鲜明的本土特色，而画师的个人理解与偏好也偶有显现。

传统神马风格古朴，部分版印甚至略显稚拙，"一般的神仙佛像、传说英雄、祖师像，其构图比较平稳，动态显得端庄，而对民间的神祇，则画得平易近人，构图也比较活泼"（徐艺乙，1989：158）。在众多神马中，无锡纸马因极高的制作工艺和艺术美感而备受称赞，它以少见的"印绘结合"崭露头角，按工序的复杂程度可进一步细分为亡人马、粗张、细张和精制大纸马（陶晓梦，2013：93—98）。

近些年也有了机印塑封的神码类神马，色彩绚丽，神祇形象似肖像，背景、配饰、圣光渲染等颇具现代特色。随着市场经济与信息技术的发展，如今按客户要求定制和于网上购买精装神码（有的号称已开光）的情况也初见端倪。现代人尤其是城里人对待神码的态度，从单纯的民俗—宗教用品，渐有艺术品—商品化倾向。

（二）内容

神马上的神祇有财神爷、无生老母、观音菩萨、玉皇大帝、祖先、灶王、哭神、鲁班等。《民俗生活中的神马信仰》一文中按神明类型将神马分为自然神灵、行业祖师、人生礼仪、日常信仰四个类别（刘燕，2015）。《民间纸马》一文则按功能细分为祈财、迎福、岁时、喜寿、敬祖、孝行、符经、禳灾、神佛共九类（王树村，2009）。这些划分都有其可取之处，但鉴于生产生活实践的复杂性，而且民间对于神明与神职的认定也并不一致，这些分类尝试难免有所重叠和遗漏。张道一指出，列出神马的全部名目不现实，因为造神活动仍在进行（张道一，2013：13—40）。

总的来看，神马的内容与民众的生产生活息息相关，反映出民众趋吉避凶的心理诉求和三教合流的文化现实。南方与北方、沿海与内陆在生计和信仰上的差异，以及一些少数民族地区受中原文化的影响，① 充分体现了民间信仰的多样性与实用性。

---

① 贾志伟在《腾冲神马调查报告》一文中指出，腾冲现存的神马图案与中原的神明具有相当的一致性，而传入时间应在明代，故腾冲神马保留了大量明代的汉族传统与信仰内容。

一张神马可为单神，也可为一组神。有一种神马被叫作"全神图""天地马""百分"等，有的还配以文字曰"三界十方万灵真宰"，顾名思义，就是所有神明都汇聚一堂。所画内容多为天地神、人神、三皇、儒释道三家的神，以及当地民间信奉的神明和仙家，数量少则十几位，多则上百位。华智亚发现冀中南地区"行好的"做供奉的全神案在神明的阶序上有一定规律，"神"总是位于最上面的一两行，儒释道三家的神明位于画面的中间，彼此之间的顺序没有严格区分，由动植物修炼成精的"仙"则位于最下面几行（华智亚，2013：51—55）。神马上的神明排序暗示着民间所理解的神明等级，是其宇宙观、生命观的投射。但是，神明的等级与其在信众心中的地位并不呈正相关。民间信仰以灵验为最高原则，而往往最能帮人实现愿望的是那些"小神""小仙"，民众在供奉诸神时还是会选择性地偏重某几位，也就是所谓"有意义的神丛"（meaningful god sets）（John M. Roberts，Chien Chiao and Triloki N. Pandey，1975）。

（三）使用

纸马类神马一般在民俗节日和重要农事活动中使用，如腊月二十三烧灶马送灶王爷上天，中秋烧月光马祭月，旱季时烧行雨龙王求雨。平日里烧纸马多是因为"有事"——在事情未发生前，为了求保佑、求平安；或在事情发生之后，为了求神相救。最常见的做法是边烧边述说或默念自己的愿望，复杂的会先请专人进行仪式，然后才烧掉。烧纸马时常伴有纸钱，人神之间的互动已经完成了单方面的施惠。按照范·盖内普（Arnold Van Gennep）的通过仪礼理论，从买回纸马的那一刻即算完成分离仪式，进入阈限阶段，之后在燃烧的火焰中向神倾诉自己迫切的愿望，直至焚烧结束脱离过渡状态，最终实现与神的沟通。另外，来月事的女性被视为不洁，不能碰触纸马。

神码类神马用旧了不能随意撕毁，而是要小心翼翼地揭下烧掉。新的神马在正式供奉前或要进行请神入画的开光仪式。仪式分大小，须唱诵相应的开光仪文，画师也须参与其中。[①] 开过光的神马即有了神性，用手指

---

① 黄建福的《瑶族神像画开光仪式的文化人类学阐释——以广西永福县三门口屯瑶族神像画开光仪式为例》一文，详细描述了"开小光"与"开大光"的仪式过程，对于认识神马如何获得神圣性颇有增益。

是为不敬。在家中供奉神马是一种长期而稳定的信仰实践。"神供在了这个家中，它就是这个家的神，有着这个家的属性"，尽管普通人家的"家神""常沦为一种象征性和习惯性的存在"，其灵验程度也不如香道家的"仙家堂"，但神马的在场就是神圣空间的敞开，且不同神马有自己专属的家居位置，神圣空间与世俗空间相互渗透（岳永逸，2014：118）。每一次与神马的"对视"，都是与神同在，都是对虔诚的肯定与庇佑的获得。在庙会和祭祀中还常见叙事型神马，神明成神和显灵的故事以连环画的形式呈现出来。换言之，神马记录下"原初事件"，"对相同神话事件的再现构成了他（信徒）最伟大的希望，因为借助于每一次的再现实化，他又一次有机会升华自己的存在，有机会使自己的存在与神圣范式完全一致"（伊利亚德，2002：56）。

特别要指出的是，有一种牌位性的神马介于纸马类和神码类之间，它们在短期供奉后会被焚化。例如，春节时"请全神"，众神在除夕被请来，贴在神龛里（画面为牌位形状，上书"天地三界十方万灵真宰"），全家人烧香上供，大年初三或初五时再进行送神的活动，烧掉全神图以示神明上天归位。无锡有一种彩色的长条形纸马，神祇位于画面正中，可卷或折成筒状插入一碗米饭中，成为一个简易的牌位。

（四）属性

在传统的乡土社会，神马应时应景或占据家居空间，具备日常生活属性。作为"民俗宗教"的外在表征之一，神马的确也是"沿着人们的生活脉络来编成"，"被利用于生活之中"，并"服务于生活总体的目的"（渡边欣雄，1998：3）。相较在特定历史时期凸显出强烈时代主题的年画（如抗战时期出现了骑马举刀的战士形象的、名为《军民合作》的门神画），神马尤其是纸马类神马则更加私人化。它所承载的愿景丰富、细致，对诉求直言不讳，融入生老病死的人生时序与春耕秋收的自然时序的各个节点。

面对非遗保护运动和传统文化复兴，神马又具有了文化遗产的属性。神马是宗教意识的真实写照，民众自有一套叙事策略，以陕北延安的老醮会为例，打醮时张挂的布质神马叫作"影"，临时佛堂供桌前的"影"对外宣称是释迦牟尼，东西侧墙的"影"除了韦陀、韦力两大金刚护法，还有两幅本教主神。通过对"忌口人"的深度采访可知，虽然信众平时是以佛教徒自居，但老醮会的"影"被证实为混元教的神祇（呼延胜，2013）。这就是斯科特（Janes C. Scott）提出的"隐蔽语本"（hidden transcript）与"公开语本"（public transcript）之间的转换（Scott，1990）。在争取信仰合法性的过程中，神马即使暂时被"替换"，相较神龛、神像，神马又是最好携带、隐藏的，故有的神马数次躲过劫难，历史颇为悠久，成为文物。延安老醮会的那套"影"于 2008 年入选陕西省首批非物质文化遗产保护名录，次年，省文化厅借此庆祝老醮会成立 80 周年，① 意味着"影"和老醮会开始受到官方保护。

结　语

神马是民间信仰的物质体现之一，有的会在特定时间、特定场合焚化，有的则供奉于仪式场合或信徒家中。从精神层面上看，神马代表了一种神圣感。这种神圣感不仅源于图像分析学意义上的神明形象自身的庄重威仪，更是源于信徒在面对神马时人神距离消弭、切换至神圣时序的仪式感，进而可以获得一种安全感以及重新面对世俗生活的勇气。深嵌于日常生活中的神马是人神沟通的重要媒介，更是民间宇宙观、生命观、宗教观，以及审美观的对外展示和对内强化。

参考文献

中文

薄松年：《早期年画》，《美术研究》1980 年第 2 期。

薄松年：《门画小史》，《美术研究》1982 年第 1 期。

〔日〕渡边欣雄：《汉族的民俗宗教》，周星译，天津人民出版社，1998。

黄建福：《瑶族神像画开光仪式的文化人类学阐释——以广西永福县三门口屯瑶族神像画开光仪式为例》，《广西民族师范学院学报》2015 年第 4 期。

呼延胜：《社会生活与宗教艺术的互相影响——以延安老醮会的"影"为例》，《南京艺术学院学报》2013 年第 3 期。

---

① 陕西省非物质文化遗产网，《延安老醮会成立 80 周年暨荣登陕西首批非物质文化遗产名录庆典》，网址 http://www.ihshaanxi.com/7.html，查询时间：2016 年 9 月 27 日。

华智亚：《龙牌会：一个冀中南村落中的民间宗教》，上海人民出版社，2013。

姜彦文：《供奉，还是焚化——内丘神码的祭祀方式及其成因小考》，《长江文明》2013 年第 4 期。

贾志伟：《腾冲神马调查报告》，载冯骥才主编《年画研究》，中国戏剧出版社，2013。

〔日〕泷本弘之：《纸马研究的开拓者——队克勋〈中国农民信仰〉中的纸马介绍》，韩雯译，载冯骥才主编《年画研究》，中国戏剧出版社，2013。

刘燕：《民俗生活中的神马信仰——以云南腾冲神马为例》，《民俗研究》2015 年第 6 期。

（宋）孟元老等：《梦粱录》，中国商业出版社，1982。

（清）潘荣陛、富察敦崇：《帝京岁时纪胜　燕京岁时记》，北京古籍出版社，1981。

四库全书存目丛书编纂委员会：《四库全书存目丛书·子部》（第 98 册），齐鲁书社，1995。

陶晓梦：《无锡的纸马》，载冯骥才主编《年画研究》，中国戏剧出版社，2013。

陶思炎：《中国纸马研究的现状》，《民族艺术》2010 年第 1 期。

王树村：《中国民间纸马艺术史话》，百花文艺出版社，2008。

王树村：《民间纸马》，中国轻工业出版社，2009。

（清）徐时栋：《烟屿楼笔记》，载《续修四库全书》编纂委员会编《续修四库全书·子部·杂家类》，上海古籍出版社，1996。

徐艺乙：《纸马话旧》，载王栋等主编《民俗论丛》，南京大学出版社，1989。

〔罗马尼亚〕米尔恰·伊利亚德：《神圣与世俗》，王建光译，华夏出版社，2002。

岳永逸：《行好：乡土的逻辑与庙会》，浙江大学出版社，2014。

张道一：《纸马三题——纸马正名·纸马为用·心灵慰藉》，载冯骥才主编《年画研究》，中国戏剧出版社，2013。

（清）赵翼：《陔余丛考》，栾保群、吕宗力校点，河北人民出版社，1990。

英文

Roberts，John M.，Chien Chiao and Triloki N. Pandey

1975. "Meaningful God Sets from a Chinese Personal Pantheon and a Hindu Personal Pantheon," *Ethnology*, 14（2）.

Scott，J. C.

1990. *Domination and the Arts of Resistance: Hidden Transcripts*, New Haven, CT: Yale University Press.

图书在版编目（CIP）数据

宗教人类学. 第九辑／陈进国主编. -- 北京：社
会科学文献出版社，2023.4
ISBN 978-7-5228-1563-3

Ⅰ.①宗⋯　Ⅱ.①陈⋯　Ⅲ.①宗教学-人类学-丛刊
Ⅳ.①B920-55

中国国家版本馆 CIP 数据核字（2023）第 048332 号

宗教人类学（第九辑）

主　　编／陈进国
执行主编／王超文

出 版 人／王利民
组稿编辑／宋月华
责任编辑／袁卫华
责任印制／王京美

出　　版／社会科学文献出版社·人文分社（010）59367215
　　　　　　地址：北京市北三环中路甲 29 号院华龙大厦　邮编：100029
　　　　　　网址：www. ssap. com. cn
发　　行／社会科学文献出版社（010）59367028
印　　装／三河市东方印刷有限公司

规　　格／开　本：787mm×1092mm　1/16
　　　　　　印　张：15.75　字　数：243 千字
版　　次／2023 年 4 月第 1 版　2023 年 4 月第 1 次印刷
书　　号／ISBN 978-7-5228-1563-3
定　　价／148.00 元

读者服务电话：4008918866